안동교회 이야기

우리가
꿈꾸던

바로
그
교회

안동교회 이야기

글
유승준

사진
김혜경

홍성사

1959년 양화진외국인선교사묘원 안에 세워진 배위량 선교사 내외의 기념비.
조용한 선비의 고장 안동에 처음 발을 들여놓은 서양 선교사인 그의 추모비 옆에는
한국에서 선교사로 활동하던 두 아들이 잠들어 있다. 흐드러지게 피어난
순백의 벚꽃과 핏빛 자목련의 조화가 처연하다.

양화진 언덕에 서서
안동교회를 생각하다

12년이 지났다. 설레는 마음으로 분주히 안동을 오간 끝에《안동교회 이야기》초판본을 출간한 지 십 년 하고도 두 해가 더 흐른 것이다. 짧지 않은 시간이었다. 2006년 11월 하순, 책이 나오자마자 나는 흑석동 중앙대학교병원을 찾았다. 노환으로 입원 중인 김광현 목사에게 막 출간된 책을 보여 드리기 위해서였다. 말씀은 못하셨지만 뼛속까지 안동교인이었던 그는 한동안 책에서 시선을 떼지 못했다. 그러고 나서 얼마 뒤인 12월 10일 93세를 일기로 하나님의 부르심을 받았다.《안동교회 이야기》개정판을 내기로 하면서 가장 먼저 떠오른 건 그날 병원에서 마지막으로 본 김광현 상원로목사의 처연한 눈빛이었다.

어른을 먼저 보낸 허전함과 쓸쓸함 속에서도 김기수 원로목사는 책을 보고 또 보고 쓰다듬고 또 쓰다듬으며 격려를 아끼지 않았다. 안경 너머로 책을 한 장 한 장 넘기는 그의 눈가가 촉촉했다. 세월에 얹힌 수많은 감회와 추억들이 한꺼번에 밀려든 탓이었을 것이다. 그렇게 정이 많던 그도 이듬해 성탄절 전날 김광현 상원로목사의 뒤를 따랐다. 급작스런 그의 소천은 전혀 예상치 못한 일이었다. 아직 한창 때인 74세였기에 아쉬움은 더욱 컸다. 출간의 기쁨도 잠시, 나는 연거푸 세 밑만 되면 상복을 차려입고 안동교회 예배당을 들어서야 했다. 두 거목을 잃은 교인들의 슬픔은 이루 말할 수 없는 것이었지만 그중에서도 졸지에 고아처럼 홀로 남겨진 김승학 담임목사의 두 어깨는 한없이 스산하고 적막하게만 보였다.

창립 100년을 향해 나아가던 교회는 그 사이 100년을 훌쩍 넘어 110년에 이르렀다. 겉모습도 많이 변했다. 예배당 왼쪽에 있던 야트막한 상원로목사 사택 자리에는 번듯한 안동유치원이 들어섰고, 교육관과 교역자 숙소가 자리했던 곳은 시원하게 닦여 너른 주차장이 되었다. 대신 예배당 오른쪽에는 지하 1층, 지상 4층 규모의 현대식 건물인 100주년기념관이 세워졌다. 100주년기념관은 코흘리개 어린아이에서부터 꼬부랑 할머니, 할아버지에 이르기까지 온 교인들을 위한 교육과 친교 공간인 동시에 모든 안동 시민에게 열려 있는 화합과 소통의 장이다. 비록 예전처럼 예배당 앞마당에서 잔치를 벌이고 떡을 나누어 먹기는 조금 어렵게 되었지만 교회를 드나드는 시민들의 발길은 더욱 빈번해져 세상을 향해 한 걸음 바짝 다가간 안동교회의 진취

성과 개방성을 여실히 체감할 수 있게 된 것이다.

자유로 방면에서 한강을 끼고 강변북로를 달리다 보면 양화대교 밑을 지나자마자 왼편으로 가파르게 솟아오른 봉우리 하나가 눈에 들어온다. 머리를 치든 누에를 닮았다고 해서 '누에 잠蠶' 자에 '머리 두頭' 자를 써 '잠두봉蠶頭峰'이라 불리던 곳이다. 1866년 병인박해 때 이곳에서 숱한 천주교인들이 참수형을 받아 목이 잘려 나갔다. 그 뒤 사람들은 잠두봉을 '끊을 절切' 자와 '머리 두頭' 자를 붙여 '절두산切頭山'으로 부르기 시작했다. 순교의 피가 뿌려진 가슴 아픈 역사가 살아 숨 쉬는 곳이다. 절두산에서 합정동 방향으로 조금만 내려오면 양화진 언덕이 나타난다. 예로부터 버드나무가 무성하고 경치가 뛰어난 나루터였기에 '버들 양楊' 자와 '꽃 화花' 자를 써서 '양화진楊花津'이라 불렸다. 이곳은 도성에서 강화로 가는 교통의 요지였을 뿐만 아니라, 한강을 통해 전국 각지에서 올라온 세곡을 저장했다 분배하는 곳이었으며, 군사적으로도 한양을 방어하기 위한 요지였으므로 진鎭이 설치되기도 했다. 이토록 중요한 의미를 가진 양화진 언덕 위에 지금은 양화진외국인선교사묘원이 조성되어 있다. 나는 이곳에서부터 안동교회에 관한 이야기를 다시 쓰려고 한다.

왜 하필 양화진인가? 양화진은 한국 교회의 출발점이기 때문이다. 1885년 4월 5일 부활절에 처음으로 조선 땅을 밟은 미국 북장로교와 북감리교 파송 선교사 원두우(元杜尤, Horace G. Underwood,

1859~1916)와 아펜설라(亞扁薛羅, Henry G. Appenzeller, 1858~1902) 가족을 포함한 145명의 외국인 선교사와 그 가족들의 무덤과 기념비 등이 있는 곳이 바로 양화진외국인선교사묘원이다. 더불어 양화진은 안동교회의 출발점이기도 하다.

F묘역은 강변북로로 연결되는 도로와 담장을 사이에 두고 맞닿아 있는 구역이다. 원두우 선교사 가족묘 왼편 18번 자리에는 회색 갓이 씌워진 비석이 있다. 평양에 숭실학당을 설립한 미국 북장로교 배위량(裵緯良, William M. Baird, 1862~1931) 선교사 내외의 기념비다. 1891년 2월에 내한한 그는 부산에 머물며 초량교회를 개척한 뒤, 1893년 4월 15일부터 5월 20일까지 경상북도 지방으로 전도여행을 떠났다. 말을 타고 마부와 함께 길을 나선 그는 밀양, 청도를 거쳐 대구를 지나 상주에 들렀다가 안동에 도착한다. 이것이 조용한 선비의 고장 안동에 개신교 복음이 들어오게 된 첫 번째 통로가 되었다. 안동에 처음으로 발을 들여놓은 선교사의 흔적이 양화진에 남아 있는 것이다. 그의 시신은 아내와 함께 평양 숭실학당 안에 있는 장산묘지에 묻혔으며, 양화진에는 선교사로 활동하던 두 아들이 잠들어 있다.

멀리 멀리 갔더니 처량하고 곤하며 슬프고도 외로워 정처 없이 다니니
예수 예수 내 주여 지금 내게 오셔서 떠나가지 마시고 길이 함께 하소서

배위량 선교사 부부의 기념비와 두 아들의 묘소를 둘러볼 때마다

어디선가 이 찬송가가 울려 퍼지는 듯하다. 문학적 재능이 뛰어났던 그의 부인 안애리(安愛理, Annie A. Baird, 1864~1916)는 찬송가를 한글로 번역하는 일에 동참했으며, 직접 두 곡의 찬송가를 작사했다. 375장 '나는 갈길 모르니'와 387장 '멀리 멀리 갔더니'이다. 먼 이국땅에서 선교사 부인으로서 겪어야 했던 고달픔을 애절하게 표현한 가사들이다. 특히 '멀리 멀리 갔더니'는 큰딸을 잃은 슬픔과 경상도로 전도여행을 떠난 남편을 그리워하는 마음을 절절히 담아낸 곡이다.

원두우 선교사 가족묘로부터 오른편 뒤쪽에 있는 39번 무덤은 미국 북장로교 안의리(安義理, Lillian B. Anderson, 1892~1934) 선교사의 묘소다. 비석이 워낙 작아 주의를 기울여야만 찾을 수 있다. 그녀는 남편과 함께 1917년부터 1922년까지 안동에서 헌신했다. 안동여성성경학원을 설립해 교장으로 봉사했는데, 신중하고 온화한 성품 탓에 한국인들로부터 '절대 화내지 않는 부인'이라는 별명까지 얻었다. 태어난 지 7개월 만인 1920년 1월 25일 세상을 떠난 첫째 딸 도로시 Dorothy Eleanor는 안동 경안고등학교 교문 옆 묘지에 묻혀 있다.

그녀의 남편 안대선(安大善, Wallace J. Anderson, 1890~1960) 선교사는 청년 활동에 지대한 관심을 가지고 활약했다. 3·1운동 이후 의식 있는 청년들이 안동교회로 모여들자 이들을 중심으로 민족운동, 사회운동과 함께 새로운 신앙운동을 일으키기 위해 1881년 미국 클락 목사가 창설한 면려회(勉勵會, The Society of Christian Endeavor) 운동을 도입하여 1921년 2월 5일 청년면려회를 조직했다. 이것이 우리나라

기독청년면려회의 효시다. 1924년 12월 2일 서울에서 기독청년면려회 조선연합회 창립총회가 개최되었을 때 그는 총무로 피선되었다. 청년면려회는 기도회와 전도회는 물론 각종 강습회, 강연회, 토론회를 개최하고, 노동야학과 부인야학을 설립하는 등 계몽운동과 문맹퇴치, 절제운동에 많은 노력을 기울였다.

F묘역에서 정문 방향으로 가파른 나무 계단을 오르면 A묘역 51번 위치에 미국 북장로교 오월번(吳越璠, Arthur G. Welbon, 1866~1928) 선교사의 가족묘가 자리하고 있다. 그는 강원도 철원과 원주 지역에서 선교의 초석을 놓다가 선교구역 분할정책으로 원주가 감리교 관할이 되자 1909년에 설치된 미국 북장로교 안동선교부 대표 선교사로 임명되어 안동으로 내려왔다. 이후 그는 시골에 있는 마을들을 하나씩 방문하면서 전도에 온 힘을 쏟아 부었다.

그 무렵 대구와 경북 지역 선교에 크게 기여한 배위량 선교사의 처남인 안의와(安義窩, James E. Adams, 1867~1929) 선교사가 당시 전도지나 복음서를 짊어지고 다니며 팔던 매서인賣書人으로 풍산 교인 김병우를 정해 안동에 파송하여 대석동에 있던 다섯 칸짜리 초가를 사들여 서원을 개점하고, 교인들을 모아 예배를 드리도록 했다. 그래서 1909년 8월 8일 둘째 주일 이곳에 모여 처음 예배를 드리게 되었는데, 이날이 바로 안동교회의 창립일이다.

처음 여덟 명이 예배를 드렸던 안동교회는 1년 뒤 75명이 넘게 모일 정도로 부흥했다. 이어 오월번 선교사와 함께 안동선교부에서 복음을 전하던 조사(助事, 선교사의 활동을 보좌하던 과도기의 직분) 김영옥이 평양 장로회신학교를 졸업한 후 1911년 안동교회 초대 목사로 부임하고, 1913년에는 매서인 김병우가 안동교회 초대 장로로 선출되면서 교회는 점점 안정된 틀을 잡아 나가게 되었다. 오월번 선교사는 창립 때부터 목사가 없던 안동교회에서 지도 선교사로 일하다가 김영옥 목사가 부임하게 되자 동사목사(同事牧師, 동등한 자격과 권리를 갖춘 2인 이상의 목사가 같은 교회에서 함께 시무할 때 사용하는 명칭)로 섬기며 당회장을 역임했다.

한국에서 유학의 전통이 가장 강한 안동에서 외래 종교인 기독교가 이토록 화려하게 꽃을 피운 것은 오월번 선교사의 끝없는 기도와 노력의 결과였다. 그는 관할 지역 교회의 설교를 선교사가 독점하지 않고 한국인 조사와 영수에게 맡겨 스스로 성장할 수 있도록 배려했다.

그는 간호 선교사였던 아내의 건강이 나빠지자 1919년 미국으로 돌아갔다가 3년 만에 혼자 돌아와 대구와 안동에서 활동하던 중 과로가 겹치면서 장티푸스에 걸려 1928년 하나님의 부르심을 받았다. 초대 동사목사로 안동교회의 기틀을 잡았으며, 누구보다 안동 사람들을 사랑했던 그는 태어난 지 열흘 만에 사망한 큰아들 하비Harvey Thomas와 세 살 때 사망한 막내딸 엘리스Alice Rittenhouse가 누워 있는 양화진 언덕에서 영원한 안식에 들었다.

안동교회는 한국 개신교 역사의 축소판이다. 안동교회의 110년 역사를 들여다보면 한국 교회 130여 년의 역사를 고스란히 꿰뚫어볼 수가 있다. 오늘날 교회 안에서나 밖에서나 이구동성으로 한국 교회의 위기를 이야기한다. 지난 세월 한국 교회는 겉으로 드러난 성장과 영광의 이면에 부끄러운 치욕과 모순의 시간들을 켜켜이 쌓아 왔다. 그 어느 때보다 결연한 참회와 회심이 필요한 시기임은 분명하다. 하지만 과연 그것뿐일까? 한국 교회의 과거와 현재가 온통 회색빛이며 부정의 대상일 뿐인가? 그렇지 않다. 혼탁한 역사의 흐름 속에서도 복음의 순수성과 공동체의 본질을 지키고자 고군분투한 아름다운 교회들이 있다.

나는 안동교회가 그중 하나라고 믿는다. 지금까지 내가 다녀보고 둘러본 많은 교회 가운데 진심으로 다니고 싶은 교회, 어렸을 때부터 꿈꿔왔던 교회, 그 교회 공동체의 일원임이 부러웠던 교회, 누구에게라도 당장 다녀보라고 권할 수 있는 교회는 안동교회가 유일했다. 흠결 하나 없는 완벽한 교회라서가 아니다. 목회자와 교인들이 다 천사 같아서가 아니다. 안동교회 역시 흠도 있고, 부족한 것도 있고, 갈등도 있다. 그러나 안동교인들에게 그런 것은 문제가 되지 않는다. 신앙과 말씀과 지혜로 이 모두를 풀어내고 녹여내기 때문이다. 그래서 나는 주저 없이 안동교회 이야기를 다시 쓰려는 것이다. 한국 교회의 과거가 궁금한 사람, 한국 교회의 현재가 답답한 사람, 한국 교회의 미래가 두려운 사람에게 나는 과감하게 안동교회를 보라고 말해 주고 싶다. 이제부터 나는 본격적으로 그 이유를 말하고자 한다.

2018년 8월

안동교회를 알게 된 후 열세 번째 여름을 맞아

유승준

우리나라에 이런 교회가 있다는 게
너무 행복합니다!

2005년 가을 어느 날 아침 신문에 다음과 같은 기사가 실렸다.
'90세 성경 할머니 성경 필사 세계 신기록……25년간 한국·영·일
어로 4번씩 쓰다'

기사에 등장하는 할머니는 경북 안동에 있는 안동교회 김광현 원
로목사의 아내인 최의숙 권사였다. 아흔이 넘은 할머니가 온종일 성
경을 쓰시다니, 젊은 사람도 힘든 일인데, 게다가 한국어로만 쓰는 게
아니라 영어와 일어로까지 쓰시다니 이게 과연 사실일까……. 나는
좀처럼 기사 내용을 믿기가 힘들었다. 성경책이 얼마나 두꺼운 책인
지, 그냥 읽기만 하는 것도 어려운 성경을 쓰는 일이 얼마나 힘겨운 일
인지 아는 사람이라면 누구나 믿기 힘든 일이었다. 나는 이 충격적인
내용의 신문 기사를 오려 읽고 또 읽었다.

며칠 시간이 흐른 뒤 나는 최의숙 할머니에게 편지를 보냈다. 신문 기사를 보고 너무 놀랐으며 할머니를 존경한다고, 괜찮으시다면 한번 뵙고 싶다고, 책을 쓰고 싶은데 그냥 가벼운 마음으로 인사나 드리고 싶다고 쓴 그런 내용의 편지였다. 답장은 오지 않았다. 열흘 남짓 지나 이와 비슷한 두 번째 편지를 보냈다. 역시 답장은 오지 않았다. 세 번째 편지를 보낼 무렵 계절은 벌써 초겨울로 접어들고 있었다. 편지를 보내고 답장을 기다린다는 것은 예나 지금이나 인내가 필요한 일이었다.

결국 나는 교회 사무실로 전화를 걸게 되었다.

"저…… 원로목사님 댁 전화번호 좀 알 수 있습니까?"

"어느 원로목사님 말씀이신가요?"

"네? 원로목사님이 여러 분이신가요?"

"상원로목사님이 계시고 원로목사님이 계신데, 어느 분을 찾으시는 거죠?"

나는 순간 말문이 막혀 확인해서 다시 전화하겠노라고 대답하고 전화를 끊었다. 상원로목사는 뭐고 원로목사는 또 뭔가? 모태에서부터 40년 이상 교회를 다녀 교회 행정과 문화에 대해서는 웬만한 건 모르는 게 없다고 생각했던 나로서도 상원로목사라는 명칭은 처음 들어보는 말이었다. 마치 텔레비전 역사 드라마에서나 나올 법한 단어처럼 느껴졌다.

그때부터 나는 안동교회에 대해 알고 싶어졌다. 아주 묘한 호기심이 일었다. 최의숙 할머니와 통화를 하거나 편지를 쓰는 일을 잠시 미룬 채 인터넷에 들어가 안동교회 홈페이지를 뒤지기 시작했다. 그런데 이럴 수가, 세상에 이런 교회가 있다니, 안동교회 홈페이지는 내 호기심을 자극시키는 놀랍고 신비로운 내용으로 가득했다.

안동교회는 100여 년 전 유교의 본고장인 안동시 한복판에 세워져 단 한 번의 분열이나 갈등 없이 숱한 고난의 세월을 견디며 민족 복음화의 역사를 이어온 교회로 안동 지역에서는 어머니와 같은 역할을 감당해 왔다. 일제강점기 때는 일제의 총칼로부터 교회와 고장을 지키며 독립운동에 앞장섰고, 6·25전쟁 전후로는 공산당으로부터 복음과 자유를 지키기 위해 목숨을 걸었으며, 한국 교회 중흥기인 1960~1970년대에는 교파와 교단을 초월하여 안동 지역 복음화를 위해 손발을 걷어붙인 교회였다.

안동 지역 복음화의 위대한 선각자였던 고 김수만 장로를 길안 지방 개척 전도사로 파송하여 온갖 박해를 딛고 열 개의 교회를 개척하게 한 선교하는 교회였다. 그리고 1980년대 이후에는 자연스럽게 세대교체가 이루어져 담임목사가 원로목사로 물러나고 후배 목사에게 목회를 넘겨주는 일이 두 번이나 반복되어 지금은 상원로목사, 원로목사, 담임목사 3대가 할아버지, 아버지, 아들처럼 서로 도와 한 교회를 섬기고 있는 아름다운 교회다. 아마도 이와 같은 일은 세계적으로도 드문 일이며, 우리나라에서는 그 예를 찾아보기 어려운 일일 것이다.

또한 안동교회는 일제강점기에 우리나라 최초로 기독청년면려회를 만들어 한국 기독교 청년 운동을 주도하여 훗날 장로교 고등부, 청년회, 남선교회 전국연합회로 발전하는 기틀을 닦았으며, 해방 후 1948년에 안동유치원을 개원하여 오늘날 안동 지역에서 젊은 학부모들이 가장 선호하는 유치원으로 발전시켰고, 경안노회를 통해 경안중학교, 경안고등학교, 경안여자중학교, 경안여자정보고등학교의 설립을 도와 지역 사회 교육 사업에 크게 이바지하였으며, 교회 안에 기독노인정과 경로대학을 세워 지역 정서에 맞게 노인 어른들을 극진히 대접하고 모시는 일에 남다른 모범을 보이고 있었다.

아울러 안동교회는 최의숙 할머니뿐만 아니라 모든 교인이 철저하게 말씀 중심으로 살아가는 교회였다. 목사는 오직 말씀 중심으로 설교하고, 교인들은 쉬지 않고 말씀을 읽고, 쓰고, 묵상하며, 실천하는 것을 신앙의 최우선 순위로 생각하는 교회가 바로 안동교회다. 안동교회에는 4대째 장로로 한 교회를 섬기는 집안이 있다. 현재 시무장로인 이정일 장로의 증조할아버지, 할아버지, 아버지가 모두 안동교회에서 장로로 교회를 섬겼다고 한다. 이것 또한 한국 기독교 역사상 전무후무한 기록이 될 것이다.

안동교회는 정말 신기한 교회였다. 알면 알수록, 파고들면 파고들수록 땅 속에서 보화를 캐내듯 참으로 기막힌 이야깃거리들이 주렁주렁 매달려 나왔다. 그럴수록 나는 신이 나서 호미질을 해댔다. 그해 겨울 나는 수없는 호미질 끝에 캐낸 풍성한 안동교회 이야기를 끌어 안고 벅찬 흥분에 감싸인 채 평화롭고 행복한 겨울잠에 빠져들었다.

봄이 왔다. 나는 다시 분주한 일상으로 돌아왔다. 아침이 되면 이 내 저녁이 되었다. 너무 바빠서 정신이 없었지만 늘 머릿속을 맴도는 오래된 숙제 하나가 있었다. 겨울잠을 자는 동안 꾸었던 그 꿈을 이루고 싶었다. '왜 이 일을 내가 해야 하지?' 이런 생각이 들었다가도 '아, 정말 이 일을 꼭 해보고 싶다'는 생각이 거대한 파도처럼 밀려들었다.

여름이 다가올 무렵 나는 더 이상 참을 수가 없었다. 내 생각을 빼 곡하게 정리해서 김승학 담임목사에게 이메일을 보냈다. 안동교회에 대해 책을 쓰고 싶다고, 안동교회 이야기를 책으로 만들어 널리 읽히 는 것은 한국 교회 120년을 정리하고 평양 대부흥운동 100주년을 기 념하는 의미에서도 대단히 뜻깊은 일이라고, 지난 한 세기를 반성하고 새로운 한 세기를 준비하는 데 있어 한국 교회가 모델로 삼아야 할 교회가 있다면 안동교회가 바로 그 모델이라고, 부족하지만 그 일 을 정말로 해보고 싶다고 마음을 담아 편지를 썼다.

김승학 목사로부터 연락이 왔다. 뜻이 그렇다면 한번 해보자고, 일 단 만나보자고. 서울에서 안동까지 생전 처음 가보는 초행길이 그렇 게 즐겁고 신날 수가 없었다. 안동교회 담임목사실에는 김광현 상원 로목사, 김기수 원로목사, 김승학 담임목사 3대 목사 부부가 함께 찍 은 사진이 정겹게 걸려 있었다. 2003년 말에 새로 부임한 김승학 목사는 유학과 불교, 무속 신앙이 견고하게 뿌리내린 안동 지역을 예수 마을로 새롭게 변화시키기 위한 놀라운 비전을 가지고 열정적으로 안동교회를 섬기고 있었다. 이 일은 이렇게 시작되었다. 그때까지도 내가 안동에 대해 알고 있던 거라고는 간고등어, 안동찜닭, 안동식혜 같은 먹을거리와 하회마을, 하회탈, 도산서원, 병산서원 정도가 전부였다.

사진은 아내 김혜경 집사가 찍었다. 중학교 교사인 아내는 결혼 전부터 취미로 사진을 찍었다. 학교에서는 사진반 지도교사를 맡고 있다. 아마 이 일을 하기 위해 하나님께서 준비시키신 게 아닐까 생각한다. 우리는 주말마다 안동으로 내려갔다. 이 일을 위해 아내는 여름방학을 고스란히 반납해야 했고, 격주로 쉬는 토요일마다 나와 함께 안동으로 가야만 했다. 너무 미안했지만 한편으로 마음 든든한 일이었다. 이 책에 실릴 사진들은 앵글로만 담아내는 사진이 되면 곤란했다. 마음으로, 신앙으로, 감사와 감격의 가슴으로 찍어야 하는 사진들이었기 때문이다. 아내는 너무도 그 일을 잘해 주었다.

"안동교회 자랑? …… 에이, 뭐 그런 거 없어요."
"그기 당연한 기제. 뭐이 이상스럽노? 응당 그래야제……."
"하나님께 순종하고, 목사님께 순종하고, 어른들께 순종하고……
그게 다야!"

안동교회를 취재하면서 만난 교인들은 한결같이 이렇게 대답했다. 자랑할 거 없다고, 당연한 일을 한 거라고, 순종하면 다 되는 일이라고. 하지만 그 당연한 일, 별것 아닌 일, 순종하면 누구나 할 수 있는 일을 제대로 하고 있는 교회가 우리 주변에 별로 없는 게 현실이다. 안동교회는 지방 소도시에 있는 알려지지 않은 작은 교회다. 서울에 있는 큰 교회에 비하면 초라하기 그지없고, 수만 명이 모이는 대형 교회에 비하면 보잘 것 없는 수준이며, 최첨단 시설과 프로그램을 가진 유명 교회에 비하면 열악한 형편의 교회다.

그러나 안동교회가 지난 100년 동안 간직해 온 좋은 전통과 아름다운 모습, 그 헌신, 그 열정, 그 순종, 그 무욕의 순결함은 어떤 큰 교회, 대형 교회, 유명 교회가 가진 것보다 소중하고 값진 것이다. 앞으로 100년, 안동교회가 꿈꾸고 만들어갈 지역 사회와 교회가 어우러진 예수 공동체 마을에 대한 놀라운 비전 또한 선교 2세기와 평양 대부흥운동 100주년을 맞는 한국 교회와 크리스천들이 본받고 따라가야 할 바른 길이라고 생각한다.

부족하고 미련한 나에게 이런 귀한 일을 맡겨 주신 하나님께 감사드리며, 기쁜 마음으로 허락해 주시고 협조를 아끼지 않으신 김승학 담임목사께 깊은 감사를 드린다. 교회 모든 일정을 조정해 주시고 자료를 챙겨 주신 권오광 부목사께도 감사함을 전하며, 즐겁게 취재에 응해 주신 안동교회 당회, 제직회, 하늘청년교회, 비전터교회, 꿈나무교회, 새싹교회 모든 분들께 고맙다는 인사를 드린다. 이 일을 하는 동안 나는 너무도 즐겁고 행복했다. 이 책에서 부족한 부분이 있다면 모두 내 무지와 무능 때문이며, 안동교회의 참모습을 제대로 담아내지 못한 내 책임이다. 한국 교회와 안동의 어른이신 김광현 상원로목사와 김기수 원로목사 부부의 건강과 행복을 위해 기도드린다.

2006년 11월
안동교회를 알게 된 후 두 번째 겨울을 맞으며
유승준

차례

개정판 서문 양화진 언덕에 서서 안동교회를 생각하다 5
초판본 서문 우리나라에 이런 교회가 있다는 게 너무 행복합니다! 14

제1장 | 담임목사 3대가 한 마을에 모여 살던 교회

할아버지 목사님, 아버지 목사님, 아들 목사님 27 | 상원로목사님, 저 밖에 나갔다 들어왔습니다! 35 | 정년을 채우지 않고 조기 은퇴한 김광현 상원로목사 45 | 자신의 공과 의를 먼저 내세우는 법이 없었던 참 그리스도인 55 | 마포삼열 목사의 묘소를 한국으로 이장한 김기수 원로목사 66 | 이념과 정파를 초월해 모두를 품에 안았던 포용의 예수쟁이 79 | 공대생에서 사람을 살리는 목사로 변신한 김승학 담임목사 90 | 섬김과 사랑이 삶이 되어 버린 목회자들 99

제2장 | 오직 말씀으로 똘똘 뭉친 교회

25년간 성경을 12번 필사한 최의숙 할머니 111 | 김광현 목사와 최의숙 권사의 아름다운 성경 이야기 123 | 온 교인이 참여한 성경 천독 대행진 130 | 신구약 성경 전체를 그림으로 그린 열 살 소년 이다니엘 군 139 | 기드온 300용사들이 쓴 사순절 무지개 언약 성경 149 | 성경을 읽고 쓰면 몸도 영혼도 맑아진다 155 | 변함없는 안동교회만의 말씀 제일주의 전통 166

제3장 | 다른 교회가 부흥하기를 바라며 돕는 교회

유교와 불교, 구교와 신교가 한데 어우러진 화합의 장 179 | 지금까지 단 한 번의 분열도 없었던 교회 188 | 복음 전파를 위해서라면 어떤 교회라도 돕는다 195 | 분가식 교회 분리를 통해 교회를 개척한다 203 | 다리를 절면서 열 교회를 세운 안동의 사도 바울 김수만 장로 213 | 농촌 교회 개척의 선봉이 된 안동교회 223 | 찢기고 넘어지며 쌓아 올린 종탑에서 울려 퍼진 종소리 236

제4장 | 순종하며 사니까 너무 행복합니다

전국 각지에서 찾아오는 순례자들의 발길 249 | 순종의 습관이 몸에 밴 사람들 258 | 뭐든지 할 수 있는 최첨단 교회 267 | 안동교회에서 4대째 장로가 된 이정일 장로 집안 277 | 추억을 공유하는 오래된 피아노처럼 285 | 고풍스러운 정자 아래서 진행되는 새 가족 환영 모임 294

제5장 | 지역 사회와 함께하는 공동체 교회

365일 열려 있는 담장 없는 교회 309 | 받는 것보다 주는 것을 더 좋아하는 선한 사마리아인의 교회 317 | 지역 사회에 뿌리내리되 그들을 변화시킨다 326 | 안동 사람들에게 전도하는 방법 336 | 먼저 팔 걷고 땀 흘리는 교회 348 | 교회는 지역민들의 안식처가 되어야 한다 364 | 나의 진정한 이웃은 누구인가? 377

제6장 | 안동을 예수 마을로 만들어 가는 사람들

오늘도 우리는 기도하며 땅을 밟습니다 387 | 일 년 내내 기도 소리가 끊이지 않는 교회 396 | 안동은 선교의 땀과 눈물이 뿌려진 고장이다 403 | 3·1운동 때 만세 부르다 순교한 열혈 청년 조춘백 412 | 안동 독립운동의 한 축을 담당하다 423 | 저전리 삼베 밭에 불어 닥친 성령의 바람 436 | SOLI DEO GLORIA! 446

제7장 | 110년의 전통을 넘어 다시 청년이 된 교회

기독교 청년운동이 맨 처음 시작된 곳 455 | 교회학교는 학교가 아니라 교회다 468 | 서원에서 성경 공부를, 종가에서 찬양을 484 | 평양에서 안동으로, 안동에서 세계로 495 | 이제 안동은 유교의 고장이 아니라 선교의 고장이다 506 | 안동교회 200년을 향한 새로운 발걸음 516

글을 마치며 저녁 어스름에 교인 묘지를 바라보며 안동교회를 생각하다 524

제
1
장

담임목사 3대가
한 마을에 모여 살던 교회

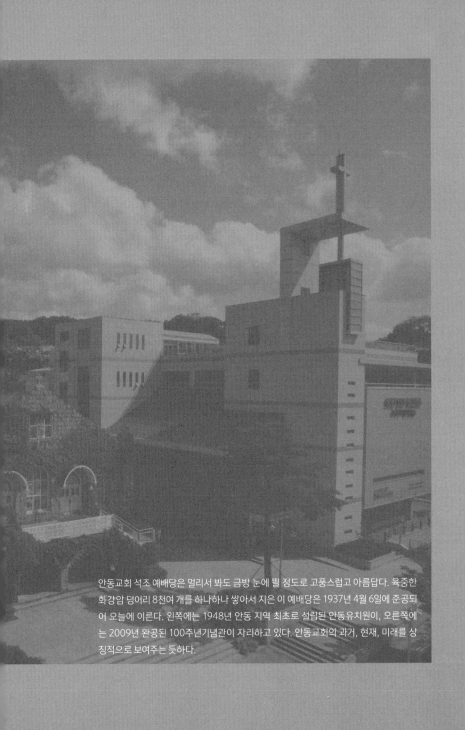

안동교회 석조 예배당은 멀리서 봐도 금방 눈에 띌 정도로 고풍스럽고 아름답다. 육중한 화강암 덩어리 8천여 개를 하나하나 쌓아서 지은 이 예배당은 1937년 4월 6일에 준공되어 오늘에 이른다. 왼쪽에는 1948년 안동 지역 최초로 설립된 안동유치원이, 오른쪽에는 2009년 완공된 100주년기념관이 자리하고 있다. 안동교회의 과거, 현재, 미래를 상징적으로 보여주는 듯하다.

할아버지 목사님,
아버지 목사님,
아들 목사님

내가 처음 안동교회를 방문해 받아본 주보는 다른 교회 주보와 달랐다. 앞표지에 목사 이름이 셋이나 등장했기 때문이다. 담임목사 이름은 맨 아래서 확인할 수 있었다.

'원로목사 김광현, 원로목사 김기수, 담임목사 김승학'

전화번호도 마찬가지였다. '원로목사: ○○○-○○○○, 원로목사: ○○○-○○○○, 목사관: ○○○-○○○○' 안동교회 사람들은 이를 전혀 이상하게 생각하지 않고 당연하다고 여겼지만 이런 주보를 처음 구경한 나는 신기해서 자꾸만 들여다보았다.

김광현 상원로목사는 1913년 9월 22일 경북 의성군 봉양면 삼산동에서 태어났다. 평양 숭실전문학교를 거쳐 평양 장로회신학교와 일본 고베중앙신학교를 졸업하고, 1943년 1월 17일 서른 살

안동교회를 지켜 온 세 개의 십자가 아래 나란히 함께 선 3대 목사.
왼쪽으로부터 김광현 상원로목사, 김기수 원로목사, 김승학 담임목사.

젊은 나이에 안동교회 담임목사로 부임하여 1979년 12월 31일 조기 은퇴할 때까지 37년 동안 안동교회를 섬겼다.

김기수 원로목사는 1933년 6월 19일 경북 영주군 장수면 반구리에서 태어나 장로회신학대학을 졸업하고 일본과 미국에서 유학한 후, 1980년 1월 1일 안동교회 담임목사로 부임하여 24년을 목회하다가 2003년 12월 14일 은퇴하였다. 김광현 상원로목사와 정확히 스무 살 차이가 난다.

김승학 목사는 1960년 10월 26일 서울시 마포구 아현동에서 태어나 한양공대와 대학원을 졸업한 뒤 장로회신학대학원을 거쳐 미국 유학을 마친 후 지금까지 15년째 안동교회 담임목사로 사역 중이다. 유일하게 이 지역 출신이 아닌 그는 그렇기 때문에 오히려 안동교회와 지역 사회를 훨씬 더 객관적으로 바라보면서 젊은 열정을 불어넣고 새로운 비전을 세워가는 일에 매진하고 있다.

안동교회만의 독특한 풍경 중 하나는 이 세 목사가 다 함께 예배에 참여하는 모습이었다. 지금은 두 어른 모두 안 계셔서 이런 예배 모습을 볼 수 없지만 두 분이 정정하실 때만 해도 특별한 일이 있을 때나 절기 예배 혹은 기념 예배를 드릴 때면 담임목사가 사회를 보고, 원로목사가 설교를 하며, 상원로목사가 축도를 하는 광경을 종종 볼 수 있었다. 교인들은 그런 모습을 보는 것만으로도 더 할 수 없는 은혜를 받았다고 한다.

한집안에서도 할아버지가 기도를 하고, 아버지가 말씀을 읽고, 아들이 예배를 진행하며 가정 예배를 드린다고 했을 때 그 모습이 얼마나 복스럽고 아름답게 보일 것인가. 하물며 자신이 출석하고 있는 교회에서 담임목사 3대가 조화롭게 섬겨 가며 정성껏 예배드리는 모습을 볼 수 있다는 것은 대단한 복이 아닐 수 없다.

안동교회 교인들의 이 세 목회자에 대한 존경과 사랑은 그 끝을 모를 만큼 지극하다. 남선교회장으로 봉사하다 지금은 은퇴한 장필모 장로는 달콤한 추억을 떠올리듯 조용히 말을 이어갔다.

"세 분 목사님 전부 그 시대상에 딱 맞는 분들이셨어요. 김광현 상원로목사님은 그분의 삶을 그대로 따라가면 바르게 살 수 있다는 믿음을 주셨죠. 김기수 원로목사님은 성도들 하나하나 사생활을 다 파악해서 기도해 주고 찾아가 위로해 주고 그러셨고요. 두 분 다 대외적으로도 큰일을 참 많이 하셨습니다. 원로목사님은 기억력이 참 좋아서 무슨 이야기를 들으면 꼭 다시 묻고 확인하고 그러셨어요. 누가 어디를 간다든가 하면 잊지 않고 기도해 주고 격려해 주고 지원해 주고 그러셨지요."

예나 지금이나 안동교회 교인들은 별로 말이 없다. 그저 조용히 자기 할일을 하면서 순종하며 사는 게 확실하게 몸에 밴 사람들이다. 안동이 옛날부터 유학이 발달하면서 학문을 장려하고 체면을 중시하는 선비 문화가 이어져 온 까닭이기도 하다. 하지만 이 3대 목사에 대한 이야기만 나오면 너나없이 이야기가 길어지고 칭찬이 끝없이 이어졌다.

"목사님께서 회복의 빛을 발하라고 말씀하셨어요. 솔직히 저는 1980년부터 지금까지 수십 년 동안 신앙생활을 하면서도 교회에서나, 직장에서나, 가정에서나 늘 똑같은 일만 반복해 왔어요. 이런 속에서 뭔가 영적인 회복이 필요하다는 생각이나 애절함을 가지고 있었죠. 그런데 목사님께서 그 말씀을 하시는 순간 비로소 제 기도 제목을 찾게 된 느낌이었어요. 하나님께서 우리 지역에 정말 딱 맞는 목사님들을 보내주셨어요. 김광현 목사님은 말씀으로 기초를 닦으셨고, 김기수 목사님은 사랑으로 교회를 품으셨는데, 김승학 목사님은 영적인 문제를 깊이 들여다보고 치유하는 목회를 하시는 것 같아요. 너무너무 감사한 일이죠."

오랫동안 경로대학 교사로 봉사하고 있는 김경숙 권사는 세 분 목회자로부터 받은 감동을 이렇게 표현했다.

잘 모르는 사람들 중에는 이 세 목사가 정말 할아버지, 아버지, 아들인 줄 아는 사람들도 있었다. 성姓도 같고, 어찌 보면 생김새도 비슷하고, 다들 목사이고, 한 교회를 섬기다 보니 그렇게 보는 것도 무리는 아닐 것 같았다. 요즘 여론의 따가운 비판 속에서도 한국의 일부 교회에서 목회 세습이 버젓이 자행되고 있는 게 현실이니 자칫 오해를 살 수도 있는 일이다. 하지만 안동교회의 3대 목회는 전혀 그런 것이 아니다. 아무런 혈연이나 지연이 없는 목회자들 사이에서 신앙적으로 자연스럽게 세대교체가 이루어지면서 만들어진 현상이다. 이들은 비록 육신적으로는 다른 핏줄을 타고 태어났지만 영적으로는 아브라함과 이삭과 야곱처럼 한 하나님과 한 교회와 한 성도들을 섬기는 친할아버지와 친아버지와 친아들의 관계라 해도 결코 과언이 아니었던 것이다.

부임한 지 얼마 되지 않았을 때 김승학 목사는 교회 홈페이지에 '행복한 손자 목사, 아들 목사'라는 제목으로 다음과 같은 글을 써서 올린 적이 있다.

3대 목사가 함께 공존하는 안동교회를 신비의 눈으로 쳐다보는 분들이 적지 않음을 느낀다. 어떤 모임에 가든 두 분의 원로목사님을 모신 우리 교회는 그 자체만으로도 화젯거리가 된다. 안동교회는 1909년 설립되었으며, 나는 9대 담임목사로 2004년 첫째주일부터 교회를 섬기고 있다. 김광현 원로목사님께서는 제7대 담임목사님으로 1943년 부임하신 이후 37년 간 한결같은 마음으로 교회를 섬기셨고, 이어서 1980년부터 제8대 담임목사님으로 사역을 시작하신 김기수 원로목사님은 지난 2003년 12월 퇴임하시기까지 24년 동안 교회를 위해 분골쇄신하셨다.

두 분 원로목사님께서 교회를 섬기신 기간은 61년으로 우리 안동교회 96년 역사의 3분의 2를 차지한다. 전국적으로 유례가 없는 두 분의 원로목사님을 모시게 된 우리 당회는 비록 헌법 조항에는 없지만 두 분을 구별하기 위하여 상원로목사와 원로목사로 호칭하기로 결정하였다. 한국 교회와 우리 총회의 거인과도 같은 생존하는 두 분의 증경총회장(51회-1966년, 79회-1994년)을 모신 교회임을 생각하면 세인의 눈길을 끄는 것이 오히려 당연할지도 모른다. 더욱이 전임 담임목사님과 후임자의 관계가 어떤지 궁금해하는 분들이 적지 않은데, 한마디로 말하면 3대 담임목사의 관계는 할아버지, 아버지, 아들의 관계처럼 매우 평화스럽다는 것이다. 3대 담임목사 간의 정상적인 관계가 지극히 당연하고 상식임에도 불구하고 이것이 오히려 화젯거리가 되는 이유가 그렇지 못한 오늘의 세태를 반영한다고 생각하니 쓸쓸한 생각이 든다.

어떤 분들은 내가 혹독한 시집살이를 할 것으로 생각하는 모양이다. 아마 시할아버지 같은 상원로목사님, 시아버지 같은 원로목사님을 모시고 있을 것이라는 생각에서 나왔을 것이다. 난 한번도 시집살이한다고 생각한 적이 없다. 난 며느리가 아니며 며느리라고 생각해 본 일도 없다. 난 사랑받는 손자요 아들이기 때문이다. 상원로목사님은 시할아버지가 아니라 할아버지다. 원로목사님은 시아버지가 아니라 아버지와 같은 분이다. 난 며느리가 아니라 손자요 아들일 뿐이다. 손자를 시집살이 시키는 할아버지가 세상에 있는가. 아들을 시집살이 시키는 아버지가 세상천지에 어디 있는가. 이미 우리 교회는 지난 24년 간 전임 두 분 원로목사님 사이의 아름다운 소문이 전국적으로 자자했던 교회다. 우리 교회는 이 아름다운 전통을 계속해서 이어갈 뿐이다. 또한 원로목사와 후임목사의 아름다운 전통에 조금이라도 누가 되지 않기 위해서 최선을 다할 것이다.

난 두 분의 사랑을 듬뿍 받으며 교회를 섬기고 있다. 한국 교회의 거인이신 상원로목사님께서는 담임 사역 초년병인 내게 늘 격려하는 말씀을 잊지 않으신다. 미숙한 것 투성임에도 불구하고 "김 목사, 잘하고 있어요"라는 말씀을 빼놓지 않으신다. 요즘도 왕성한 활동을 보이시는 원로목사님께서는 만날 때마다 "큰 짐을 맡겨서 미안해요"라고 하시면서 사랑이 듬뿍 담긴 기도를 해주신다. 후임인 내게 부담을 주지 않으시려고 교회에 나오시는 것조차 인색(?)하신 편이다. 한국 교회의 거인이신 두 어른의 사랑과 기도와 후원을 듬뿍 받으며 교회를 섬기고 있으니 난 정말 행복한 손자 목사인 동시에 행복한 아들 목사다.

이런 목회자들과 더불어 신앙생활을 했던 안동교회 교인들은 정말 행복한 사람들이다. 원로목사는 상원로목사를 극진히 섬기고 모시며, 담임목사는 원로목사 두 분을 할아버지와 아버지 대하듯 정성을 다하고, 나이 일흔과 여든이 넘은 장로들이 젊은 담임목사를 깍듯이 대접하고 순종하는 모습을 보이니 이를 보고 배우며 자란 안동교회 어린이들이나 학생, 청년들이 예절 바르고 품행이 단정하며 반듯할 거라는 것은 보지 않아도 알 수 있는 일 아닌가?

상원로 목사님,
저 밖에 나갔다 들어왔습니다!

안동교회 석조 예배당은 멀리서 봐도 금방 눈에 띌 정도로 고풍스럽고 아름답다. 육중한 화강암 덩어리 8천여 개를 하나하나 쌓아서 지은 이 예배당은 1937년 4월 6일에 준공되어 오늘에 이른다. 삼각형 지붕 위로 삼위일체를 상징하는 돌로 만든 세 개의 십자가가 나란히 서 있고, 그 주위를 고즈넉한 담쟁이 넝쿨이 휘감고 있다. 여름에는 초록 빛깔의 담쟁이 넝쿨이, 가을에는 붉은 빛깔의 담쟁이 넝쿨이 오래된 화강암의 질감과 어울려 환상적인 분위기를 연출한다. 밤이면 아래쪽에서 전등 불빛이 예배당 전면을 환하게 비추게 되어 있어 상상을 뛰어넘는 장관을 이룬다. 가끔 자욱하게 안개가 긴 날이나 새벽녘 교회 뒤편에서 슬그머니 태양이 떠오를 때면 예배당을 바라보는 것만으로도 묘한 신비감

석조 예배당 1층 가운데 기둥에는 문화재청에서 등록문화재 제654호 대한민국
근대문화유산으로 지정한 것과 대한예수교장로회 총회에서 한국기독교 사적 제32호로
지정한 것을 표시하는 동판이 박혀 있다.

에 휩싸인다. 이런 예배당을 일제의 탄압이 극심하던 당시 교인
들이 한 푼 두 푼 정성껏 모아 지은 것이라고 하니 그저 놀라울
뿐이다. 안동교회 석조 예배당은 2015년 12월 16일 문화재청으
로부터 등록문화재 제654호 대한민국 근대문화유산으로 지정
되었으며, 2017년 4월 6일에는 대한예수교장로회 총회로부터 한
국기독교사적 제32호로 지정되었다. 정부와 교단 모두 안동교회
석조 예배당이 역사적으로나 건축적으로 보존 가치가 있는 문화

재라고 인정한 것이다.

이전 담임목사 사택은 예배당 오른쪽 지금의 100주년 기념관 자리에 있었다. 잔디가 깔린 자그마한 정원에 대표적인 장수목이자 선비의 절개와 기상을 나타내는 오래된 향나무 한 그루가 심어져 있고, 아담한 단층 가옥이 이를 바라보고 있었다. 예배당 왼쪽에 있던 상원로목사 사택은 'ㄱ'자 모양의 단아한 한옥이었는데, 예배당에서 여길 가려면 잣나무, 복숭아나무, 석류나무 등이 어우러진 작지만 예쁜 산책로를 거쳐야 했다. 지금은 볼 수 없으나 정겹고 예쁜 길이었기에 나는 안동교회를 찾을 때마다 이 길을 따라 걷곤 했다.

김기수 원로목사의 사택은 교회에서 조금 떨어진 서후면 저전리 산기슭에 있다. 은퇴한 스승을 위해 제자들이 지어 드린 '영곡의 집'이 그의 거처였다. 생전에 그는 이 집을 살림집 겸 영곡목회연구소로 사용했다. '영곡靈谷'은 김기수 목사의 아호로 '영혼이 숨 쉬는 계곡' 또는 '영성이 충만한 골짜기'라는 뜻이다. 집과 집주인과 집터 풍경이 참 잘 어울렸다. 지금은 아내인 박정규 권사가 안동성소병원에 시무하는 사위와 딸 가족과 함께 생활하고 있다.

안동교회를 중심으로 이 세 목사가 서로를 섬기고 모시며 존경하고 대접해 온 이야기를 들으면 어떻게 요즘 세상에 이런 일이 있을 수 있었을까 믿기지 않을 정도다.

김기수 원로목사의 어른 모시는 원칙은《예기禮記》에 나오는 '출필곡 반필면出必告 反必面'과 《논어論語》에 나오는 '도리시재 효재 무타道理是在 孝弟無他'라는 말로 압축된다. '집을 나갈 때는 반드시 이를 아뢰어 허락을 받고 나갔다 들어와서는 꼭 얼굴을 뵙고 다녀왔다는 인사를 드려야 한다'는 뜻이고, '사람이 살아가는 도리가 바로 여기에 있으니 부모에게 효도하고 형제끼리 우애하는 것보다 더 큰 것은 없다'는 의미다. 사람들은 이를 김기수 원로목사의 '효도목회철학'이라고 불렀다.

실제로 김기수 원로목사는 김광현 상원로목사에게 대구나 서울 등지로 다녀올 일이 있으면 집을 나서기 전에 꼭 찾아뵙고 무슨 일로 언제까지 어디를 다녀오겠다는 말씀을 드리고 길을 떠났고, 돌아와서는 다시 찾아가 어디서 무슨 일을 하다가 돌아왔는지를 자세하게 말씀드렸다고 한다. 부모의 마음을 편안하게 만들어 드리는 것이 효도라고 한다면 자식이 집을 드나들 때 이를 상세히 아뢰는 것만큼 부모 마음을 편안하게 해드리는 게 또 어디 있겠는가? 김기수 원로목사는 그렇게 한가한 분이 아니었다. 개신교 최대 교단인 대한예수교장로회 총회장과 장로회신학대학 이사장, 한국기독교총연합회 대표회장 등을 지낸 분이니 보통 바쁜 게 아니었지만 안동교회에서 목회하는 동안 한 번도 이 원칙을 어겨본 적이 없다.

"제가 안동교회에 부임하고 나서 은퇴할 때까지 24년 동안을 김광현 상원로목사님과 한마당에서 지냈어요. 그전에 협동목사

안동교회 이야기

로 6년을 같이 있었으니까 30년을 함께한 셈이죠. 그러면서도 한 번도 다퉈 본 적이 없어요. 김광현 목사님께서 저에게 '너 왜 그러나?' 하신 적도 없고, 제가 목사님께 '왜 그러십니까?' 해본 적도 없어요. 그 관계가 꼭 부자 관계 같았어요. 그건 제가 잘해서 그런 게 아니라 어른께서 잘해 주셔서 그렇게 된 거예요. 사랑이란 게 위에서 아래로 내려오는 거 아닙니까? 저는 정말 그 어른을 아버지처럼 모셨어요. 어른들이 계시면 집안이 든든한 겁니다. 저는 한 번도 '저 어른이 계시니 내가 짐스럽다' 이런 걸 느껴 본 적이 없어요.

제 후임인 김승학 목사님도 미국 유학 떠나기 전에 6년 조금 못되게 안동교회 부목사로 있었기 때문에 잘 알죠. 김승학 목사님도 담임목사로 오신 후에 잘하고 있고, 또 생각과 행동이 아주 바릅니다. 제가 어른하고 잘 지냈으니까 본인도 잘 안 지낼 수가 없잖아요? 이래서 틀이 딱 잡힌 겁니다. 상원로목사, 원로목사가 있든 없든 상관없이 자기 일을 잘하면 되는 거죠. 우리 생각은 하나예요. 어른을 잘 섬기고 후임자를 아들처럼 생각하면 됩니다.

은퇴해 놓고 자꾸 간섭하려고 하면 안 됩니다. 제가 담임목사 시절에 김광현 원로목사님과 그렇게 오랫동안 함께 지냈어도 전혀 간섭하신 게 없었어요. 서로 양보하고 그러면 안 되는 게 없어요. 그건 잘하는 게 아니고 당연히 그리 해야 하는 거예요. 도리예요 도리. 모두 그런 마음으로 나가면 돼요. 잘 안 하는 게 나쁜

거지 그렇게 한 거는 당연한 거예요. 할 걸 하는 게 잘한 게 아니죠. 제 아내도 며느리처럼 잘했어요. 생신도 다 챙기고 무슨 일 있으면 꼭 가서 의논드리고 하니까 늘 감격하고 그러셨죠."

김기수 원로목사는 자신이 어른을 잘 모셨다거나 김광현 상원로목사를 아버지처럼 섬긴 게 특별히 잘한 일이 아니며 칭찬받을 일도 아니라고 강조했다. 그건 당연한 일이라고, 할 걸 한 것일 뿐이라고, 누구나 다 그렇게 하는 거라고. 하지만 나는 직접 그의 말을 듣고 또 들으면서도 신기하고 대단하다는 생각밖에 들지 않았다. 그래서 김기수 원로목사를 인터뷰하면서 옆에 앉아 있던 박정규 권사에게 다시 한 번 넌지시 질문을 던졌다.

"어른들 모시는 게 힘들지 않으셨나요?"

"에이, 그냥 뭐…… 저희는 두 분 곁에 있고 두 분 자제분들은 외국이나 타지에 나가 있으니까 자연스럽게 저희들이 자식 노릇을 하게 된 거죠. 팔순 잔치 때는 두 분이 걱정을 하시기에 '저희들이 있잖아요. 걱정 마세요.' 하니까 아주 좋아하시더라고요. 그래 어딜 가면 꼭 그 말씀을 하시고 그랬어요. 저는 그저 바로 옆에 사니까 자주 가서 뵙고, 음식도 만들면 가져다 드리고, 몸이 안 좋으시면 죽이라도 끓여다 드리고 그랬죠. 그냥 제가 할 도리를 한 거지 특별히 잘했다 이런 건 없어요. 연세 많으신 어른들이니까 당연히 할 걸 한 거죠."

똑같은 대답이었다. 그렇다면 김승학 목사는 두 어른을 어떻

안동교회 이야기

3대 목사 뒤에는 기도와 봉사로 묵묵히 목회를 도운 헌신적인 아내들이 있었다.
뒷줄 왼쪽에서부터 최의숙 권사, 박정규 권사, 소미화 사모.

게 모셨을까? 상당히 부담스러운 면이 있을 것 같았다. 자라온 환경과 문화, 세대가 다르기 때문이었다. 이에 대해 그즈음 영아부 교사로 봉사하고 있던 박영자 권사는 이렇게 말했다.

"우리 교회 젊은 분들이 어른들을 참 잘 섬겨요. 원로목사님이 상원로목사님을, 담임목사님이 원로목사님을 지극정성으로 섬기니까 다 이를 본받는 거죠. 원로목사님도 노인이신데 늘 상원로목사님께 '다녀왔습니다, 다녀오겠습니다' 인사를 드리세요. 김승학 목사님은 날이 너무 더울 때나 추울 때는 꼭 몸에 좋은 보양 음식을 만들어서 두 어른께 똑같이 나눠서 대접하고 그럽니다. 지나가다가도 누굴 보면 집안 어르신 안부를 꼭 묻고 챙기시더라고요. 너무 고맙죠. 김승학 목사님은 참 멋쟁이예요. 옛날 분들이야 그렇게 사셨으니까 그렇다고 하지만 젊은 분이 어찌 그리 잘하시는지…… 참 존경스럽습니다."

이쯤 되니 나는 할 말이 없어졌다. 어쩌면 이렇게 하나 같이 똑같을까? 이런 교회에서 이런 어른들을 보며 신앙생활을 하는 사람들이 불효자나 불효녀가 될 수 있을까?

김승학 목사가 신학대학원을 마치고 미국 유학을 떠나기 전 5년 반 동안 안동교회 부목사로 일할 때의 일이다. 어느 토요일 저녁, 김기수 목사가 저녁식사나 하자며 아내와 함께 나오라고 전화를 했다. 대개 토요일 저녁은 주일 설교 준비를 해야 하기 때문에 목사들에겐 여유가 없고 바쁜 시간이다. 그래서 무슨 일일까 하고 나가 봤더니 교회 마당에 담임목사 내외분과 원로목사 내외분이 나란히 서 계셨다. 그러면서 그냥 식사나 하러 가자고 했다. 아무 영문도 모르는 김승학 목사는 따라가서 즐겁게 이야기하면서 저녁밥을 잘 대접받고 돌아왔다. 그러고 나서 담임목사 내외분은 사택으로 들어가셨다.

김승학 목사는 김광현 원로목사 내외분을 모셔다 드리며 최의숙 권사에게 "사모님, 아니 오늘 무슨 날입니까?" 하고 물었다. 그랬더니 최의숙 권사가 "아, 오늘이 원로목사님과 저의 결혼기념일이에요"라고 대답하더라는 것이다. 순간 김승학 목사는 깜짝 놀랐다. 세상에, 생신도 아니고 결혼기념일인데, 그런 것까지 다 기억했다가 챙겨 드리다니. 바쁘지 않은 시간으로 옮겨서 할 수 있음에도 불구하고 토요일 저녁 때 딱 맞춰서 두 분 결혼기념일까지 챙겨 드리는 모습을 보고 김승학 목사는 굉장한 감동을 받았다고 한다.

"참 대단한 일이죠. 자식들이 자기 부모 결혼기념일도 제대로 기억하지 못하는 세상인데, 그 연세에 원로목사님 결혼기념일을 기억해서 챙기실 정도였으니 그 나머지야 오죽했겠습니까? 생신이나 명절 같은 건 당연히 잘 챙겨 드렸죠. 아마 친자식이라도 이렇게 하기는 힘들었을 거예요. 그런 모습들이 두 분의 관계를 정말 아름답게 만들었어요. 두 어른이 보여 주신 24년 동안의 원로목사와 담임목사로서의 관계는 정말 한국 교회를 통틀어 가장 아름다운 모습 중 하나가 아닐까 생각합니다."

　　김기수 목사는 담임목사 시절에도 "원로목사님이 계시는 한 나는 담임목사가 아니라 영원히 부목사다"라는 말을 자주 하곤 했다. 그리고 1980년부터 2003년 은퇴할 때까지 담임목사로 있으면서 김광현 원로목사가 어디 외출한 경우가 아니면 꼭 3부 예배 축도를 하시도록 했다. 일부 사람들은 "아니, 교단 총회장까지 하신 어른이 왜 꼭 원로목사님에게 축도를 하게 하느냐?"고 수군거릴 때도 있었지만 김기수 목사는 "나는 어른이 축도하시는 게 훨씬 더 좋다. 건강하셔서 축복 기도해 주시는 게 얼마나 좋으냐?" 하면서 끝까지 이런 예배 방식을 고집했다고 한다. 본인은 밖에 나가면 어딜 가나 어른 대접을 받았지만 교회 안에서는 늘 낮은 자세로, 아들의 입장에서 어른을 모시고 섬긴 모습을 통해 안동교회 교인들은 그 어디에서도 배울 수 없는 겸손과 공경과 순종의 도리를 배울 수 있게 된 것이다.

정년을 채우지 않고 조기 은퇴한
김광현 상원로목사

김광현 상원로목사는 참 복이 많은 분이었다. 한국 현대사의 모진 세월 속에서 참으로 힘들고 험난한 목회의 길을 걸어왔지만 그 과정에서 수많은 주님의 종과 성도들을 만났으며, 아들처럼 손자처럼 믿고 사랑할 수 있는 후배 목회자들과 함께할 수 있었으니 말이다. 지금껏 숱한 안동교회 사람들을 만났지만 어느한 사람도 김광현 상원로목사를 존경하고 사랑한다고 말하지 않는 사람이 없었다. 생전에는 하나같이 그분 말씀이라면 뭐든지 순종하겠노라고 했고, 사후에는 언제나 보고 싶고 그리운 어른이라고 입을 모았다.

그렇다고 김광현 상원로목사가 늘 존경과 사랑과 공경을 받기만 한 분은 아니었다. 그가 담임목사로 일할 무렵에는 누구보다도 극진히 전임 목사인 임학수 목사를 섬겼다. 임학수 목사는 1884년생으로 평양 장로회신학교를 졸업하고 안동교회 제5대 목사로 부임하여 11년 동안 시무하면서 지금의 석조 예배당을 신축하신 분이다. 한학자로 서예에 능해 이승만 대통령 당시 전국 백일장에서 장원으로 당선되어 대통령 표창을 받기도 한 그는 은퇴 후 교회 근처에 살며 병석에서 요양을 하고 있었다. 그때 김광현 목사는 하루도 빠지지 않고 임학수 목사 거처를 찾아 문안을 드리고 이야기도 나누면서 속 깊은 벗 노릇을 했다고 한다.

몇 년 전 세상을 떠난 임학수 목사의 손녀사위 우하영 집사는 어느 날 내게 이런 이야기를 들려준 적이 있다.

"광석동 252번지에 살 때 김광현 목사님이 매일 같이 오셨어요. 아침밥을 드시면 와서 놀다가 점심때쯤 되면 슬그머니 나가 진지를 드신 후에 다시 와서 해질 무렵까지 있다 가시곤 했죠. 점심때가 되도록 계속 계시면 식사를 해야 하니까 폐를 끼칠까 봐 식사는 꼭 댁에 가서 하고 다시 오신 거예요. 그때 제 생각에 '아, 참 어른을 저렇게도 잘 모시는구나' 그랬습니다. 바둑을 좋아하시니까 저를 불러다 놓고 할아버지 앞에서 바둑을 두고 그러셨어요. 저는 그저 바둑에만 몰두했었는데 나중에 생각해 보니 목사님께서 바둑이 두고 싶어 그런 게 아니라 임학수 목사님 심심하시지 않게 말벗을 해드리려고 그런 식으로 시간을 보내신 것 같아요. 인격적으로 정말이지 대단한 분이셨어요."

안동교회 이야기

안동교회 목회자들의 어른을 공경하고 섬기는 모습과 후배 목회자에 대한 순수한 내리사랑은 이렇듯 오랜 시간을 통해 숙성되고 무르익어 내려온 아름다운 전통이다.

김광현 상원로목사는 일제의 탄압이 극에 달할 무렵인 1943년 1월 안동교회 담임목사로 부임하여 그들의 악랄한 핍박에도 결코 굴하지 않고 끝까지 교회를 지켜냈다. 일제에 맞서 교회와 신앙을 지키기 위해서는 용기만 가지고는 되지 않았고, 그때마다 적절한 임기응변과 지혜가 필요했다. 김광현 목사는 젊지만 인내심이 많고 지혜로운 목회자였다.

일제는 교회에 대한 간섭과 지시를 더욱 노골화하여 모든 예배의 설교를 일본어로 하도록 강요했다. 일본에 나라를 빼앗긴 것도 통탄할 일인데, 하나님께 드리는 예배조차 일본어를 사용해야 한다니 기가 막힐 노릇이었다. 김광현 목사는 양심상 도저히 그렇게 할 수 없었다. 그래서 그는 일본 경찰들에게 "교인들이 일본어에 능숙지 않아 당장 일본어로 설교를 하면 알아듣지를 못하니 일단 일본어 강습회를 열어 공부를 시킨 다음 일본어를 능숙하게 알아듣게 되면 그때부터 일본어로 설교를 하겠다"라고 설득하여 위기를 넘겼고, 나중에 문제가 생기지 않도록 예배 후에는 설교 원고를 다 태워 없애 버렸다고 한다.

또 한 번은 전쟁에 사용할 무기를 만든다는 명분으로 집 안에서 쓰던 모든 쇠붙이를 다 빼앗아가면서 교회 본당 2층에 설치한

안동교회 2층 돌계단 난간에 있는 총탄 자국. 6·25전쟁 당시 안동 시내가 폭격으로
쑥대밭이 되었는데도 안동교회만은 총탄 자국 몇 군데 난 것 외에는 멀쩡했다고 한다.

난간대의 쇠붙이마저 뜯어서 제출하라는 명령이 떨어졌다. 온 교인들이 쌀 한 톨, 보리 한 줌을 아껴가며 헌금하여 피와 땀으로 지은 예배당인데, 거기서 난간 쇠붙이를 뜯어내면 모양새도 안 좋으려니와 난간이 허물어질지도 모를 일이었다. 이때도 역시 김광현 목사는 "뜯어서 제출하기는 하겠지만 이걸 뜯으면 난간이 허물어지니 대신 시멘트 기둥을 세울 수 있도록 시멘트를 먼저 좀 구해 달라"라고 일본 경찰에게 부탁했다. 이렇게 차일피일 시간을 버는 동안 광복을 맞이하게 되었고, 교회 난간대의 쇠붙이는 뜯어내지 않아도 되었다.

해방되던 해에 일본 육군부대는 안동교회를 점령해 육군기지로 사용했다. 이에 안동교회는 동산 선교부 건물에 모여 예배를 드리게 되었는데, 하루는 부대장이 김광현 목사를 불러 교회 지붕 위에 세워진 돌로 된 십자가를 없애라고 지시했다. 대신 그 자리에 군영 표시로 별 모양의 표지를 세울 거라고 했다. 예배당을 빼앗긴 것만 해도 한없이 억울한 판에 십자가를 없애라는 건 말도 되지 않는 이야기였다.

하지만 서슬 퍼런 일제 앞에 맞설 수도 없고 말이 통할 리도 없었다. 김광현 목사는 "그리 하겠지만 언젠가 전쟁이 끝나면 부대는 돌아가고 예배당은 다시 예배 장소로 사용해야 하니까 십자가를 없애지 말고 그 위에 나무로 별 모양을 만들어 덮는 게 더 좋을 것 같다"라고 제안했다. 부대장은 그것도 괜찮겠다며 생각해 보자고 했으나 그가 어떻게 하는 게 더 좋을까를 생각하는 사이에 해방이 되었다.

그렇지만 김광현 목사는 원수를 악으로 갚거나 악행을 복수로 되갚지 않았다. 해방되기 얼마 전 예비검속으로 구속되어 안동경찰서에 수감된 김광현 목사는 감방에서 해방을 맞았다. 감방 문이 열리자 수감되어 있던 젊은 학생들이 흥분해서 일본 경찰들을 가만두지 않을 것 같았다. 그는 즉석에서 "우리 심정으로는 일본인들을 하나도 남김없이 없애 버려도 시원치 않을 겁니다. 그러나 그것이 뭐 그리 시원할 게 있겠습니까? 가만 둬도 저들은 손들고 우리 땅에서 돌아갈 겁니다. 저들은 우리를 악으로 괴롭혔지만 우리는 저들을 선으로 대해 고이 돌려보냅시다. 그리고 유리 한 장, 종이 한 장 깨버리거나 찢어 버리면 우리가 우리 것을 없애는 꼴이니 결코 이와 같은 어리석은 짓을 하지 맙시다!"라고 설득했다.

그리고 거리에 나와 보니 이미 거리 곳곳에 '일본인을 선대하자'라는 벽보가 붙어 있었다. 김광현 목사의 평소 소신과 뜻을 잘 알고 있던 교인들이 사회적 혼란을 방지하기 위해 이런 벽보를 만들어 붙인 것이었다. 그 목사에 그 교인들이 아닐 수 없었다. 덕분에 안동 지역은 다른 어느 지역보다도 평온한 분위기 속에 해방의 기쁨을 누릴 수 있었다고 한다.

광복 이후 김광현 목사는 치안을 유지하면서 좌익 세력으로부터 지역 사회를 보호하기 위해 독립촉성국민회 초대 위원장을 맡게 되었고, 미비한 법령을 제정하기 위해 만들어진 남조선 과도 입법의원으로도 활동하였으며, 노회장을 맡아 일제의 탄압으로 폐지된 교회들을 재건하고 복구하는 일에 전력을 쏟았다.

교회가 다시 자리를 잡아갈 무렵 이번에는 6·25전쟁이 터졌다. 이때도 김광현 목사는 홀로 남아 교인들을 다 피난시킨 후에 중요한 교회 문서들을 교회 마당에 묻어두고 나서야 피난을 떠났다. 그러나 아직 교인들 중 미처 빠져나오지 못한 사람들이 있다는 말을 듣고 그 난리 통에 다시 안동으로 돌아와 사람들을 찾아 모두 피신시킨 다음 의성과 우보를 거쳐 대구로 들어갔다고 한다. 자신의 목숨을 아끼지 않고 한 사람의 교인이라도 더 구하기 위해 전쟁터를 누볐던 김광현 목사의 그 헌신적인 사랑 앞에서 교인들은 뜨거운 눈물을 떨굴 수밖에 없었다. 이런 사랑과 기도의 힘 덕분이었는지 그 무렵 안동 시내가 폭격으로 거의 쑥대밭이 되었는데도 안동교회만은 총탄 자국 몇 군데 난 것 외에는 멀쩡했다고 한다.

시련의 시기가 지나자 부흥의 시기가 왔다. 전후 복구 작업을 진행하면서 사회가 점점 안정되자 교회는 날로 부흥하였다. 1966년에 들어와 안동교회는 교인 수가 2,230명에 달하게 되었고, 그해 가을 김광현 목사는 제51회 교단 총회장으로 선출되었다. 이때도 김광현 목사는 자신을 총회장에 추대하려는 총회 대의원들의 뜻에도 불구하고 다른 사람들에게 세 번씩이나 양보한 끝에 마지못해 총회장에 오르게 된 것이다.

일반적으로 평신도들은 잘 알지 못하지만 교단 총회라는 곳은 목사와 장로들의 정치 무대라고 할 수 있다. 그런데 김광현 목사는 전혀 정치적인 분이 아니었다. 오히려 신학자라고 해야 어울릴 분이었다. 그래서 당시 총회에서 여러 안건들을 놓고 서로 의견이 분분할 때면 김광현 목사가 마이크를 잡고 나지막한 목소리로 "많은 좋은 의견들이 있지만 하나님 말씀에 비추어 볼 때 이러이러한 방향으로 결정하는 게 옳은 것 같습니다"라고 하면 분위기가 갑자기 조용해지면서 회의가 마무리되었다고 한다.

김광현 목사가 교단 총회장으로 있을 때 목사의 정년을 70세까지로 제한하는 규정을 마련하여 이후 이 규정에 따라 목사도 정년이 지나면 은퇴할 수 있도록 했다. 그 이전에는 딱히 연령 제한이 명문화되어 있지 않아서 개인의 건강이나 교회 사정에 따라 정년이 천차만별이었다. 하지만 김광현 목사는 이런 규정을 만들었음에도 불구하고 "70세도 너무 많으며 나는 65세가 되면 물러나도록 하겠다"라는 이야기를 기회 있을 때마다 했다고 한다.

그러고는 본인의 선언대로 65세가 되기 1년 전 당회에 은퇴를 선언했으며, 곧바로 후임 목사를 초빙하도록 했다. 당회에서는 김광현 목사의 평소 말씀을 그냥 선언적 의미로만 이해하고 있다가

9·28 서울 수복 후 안동으로 다시 돌아온 김광현 목사가 가정 예배를 드리고 있다.
미국 연합장로교 기관지인 〈프레스 비테리언 라이프〉에서 교회 복구에 여념이 없는 그를
취재하면서 찍은 사진이다.

실제로 그런 일을 당하고 보니 당황스럽기 그지없었고, 워낙 전
임자의 발자취가 크다 보니 후임자를 초빙하는 일이 쉽지가 않
았다. 그래서 부득이하게 1년을 더 일한 뒤 66세가 되던 1979년
12월에 37년 동안의 파란만장했던 목회를 마감하고 은퇴를 하
게 된 것이다.

　김광현 목사의 조기 은퇴 소식은 교계에 큰 파장을 불러일으

켰다. 대개 목사들이 정년을 다 채우고도 이런저런 편법을 동원해서 정년을 연장하거나 은퇴 후에도 계속 막강한 영향력을 행사하기 위해 여러 장치를 마련하는 경우가 많았던 한국 교계에서 총회장까지 지낸 어른이 깨끗하게 조기 은퇴를 선언하고 물러나는 모습은 충격적이기까지 할 정도로 신선한 모습이었던 것이다.

교회 창립 75주년이 되었을 때 김광현 원로목사는 다음과 같은 설교를 했다.

"자, 이제 나의 시대는 지나갔습니다. 이제부터는 여러분의 시대올시다. 여러분이 교회의 주인이요, 이 교회는 여러분의 것입니다. 우리 교회가 100주년이 될 때 우리 교회는 어떠한 교회가 될 것인가? 이것은 여기 있는 나이든 세대들의 문제가 아니요, 바로 젊은 세대들의 문제라 이 말입니다. 누군가 해주려니 하는 생각은 마시기 바랍니다. 여러분 모두에게 지워진 책임이올시다. 여러분은 이것을 여러분의 사명으로 물려받아야 합니다."

모세의 마지막 메시지가 이러했을까? 그는 과연 거인이었다. 그의 삶은 하나님과 동행한 삶이었으며, 안동교회와 안동교회 교인들, 안동과 안동 지역 사람들과 함께한 행복한 삶이었다. 그 관계는 혈육 그 이상의 것이다. 피보다 진한 인연이 있다면 바로 이것이리라.

자신의 공과 의를 먼저 내세우는 법이 없었던 참 그리스도인

1938년 9월 10일 오전 11시 평양 서문밖교회에서 개최된 조선
예수교장로회 제27회 총회에서는 끝내 신사참배 결의안이 가결
되었다. 신사참배라는 광풍 앞에 한국 교회가 무릎을 꿇고 만 것
이다. 일제의 핍박에 결연히 저항하던 기독교 학교들도 잇따라 폐
교되었다. 이즈음 청년 김광현은 장로회신학교와 신학 노선이 비
슷한 고베중앙신학교로 전학해 공부를 마치기로 결심한다. 그는
평양에서 만나 결혼한 아내 최의숙과 함께 일본으로 건너갔다.

신학교를 졸업하고 귀국한 그는 여러 교회로부터 청빙을 받았
다. 김광현 전도사가 첫 목회지로 선택한 곳은 배위량 선교사가
설립한 부산의 초량교회였다. 그가 세운 학교를 다니다가 그가
설립한 교회에서 목회를 하게 되었으니 두 사람의 인연은 실로

남다른 셈이었다. 그는 교회 사정이 복잡하고 힘든 곳을 택해 제대로 목회를 배우기 위해 일부러 초량교회를 찾아갔다. 초량교회는 전임자인 주기철 목사, 이약신 목사, 한상동 목사 등이 신사참배 반대로 옥고를 치르고 있었고, 당회원과 제직원들 사이에 분쟁이 그치지 않던 교회였다.

8개월 동안 전도사로 일하던 그는 경남노회에서 목사 안수를 받았다. 경남노회는 신사참배 반대운동을 주도하는 핵심 인사들이 포진해 있던 곳이었다. 그는 생전에 기록한 자서전《이 풍랑 인연하여서》에서 초량교회에서 목회하던 시절을 다음과 같이 회고한 바 있다.

> 그때 초량교회 안에는 특별한 기도 그룹이 있었다. 그들은 매월 모여서 기도회를 열고 성금을 모아서 평양 감방에 수감 중이신 주기철 목사님께 의복이나 음식물을 차입해 드리는 일을 했다. 그들은 그 모임에 나를 청하기도 했다. 나는 당회장 목사님과 상의한 다음에 다른 지장이 없는 한 가서 그들을 도와주었다. 부산에서 평양이 얼마나 먼 곳인가. 그런데도 그들은 매달 그 일을 계속했다. 갸륵하고 고마운 일이었다. 물론 주기철 목사님도 참으로 훌륭하신 목사님이셨지만 교인들의 그분에 대한 사랑도 특별한 것이었다. 아마 목사님 중에 주 목사님처럼 교인들의 사랑을 많이 받으신 분도 드물 것이다. 주 목사님은 그때 초량교회 시무목사도 아니었다. 초량에서 마산 문창교회로 가셨다가 거기서 다시 평양산정현교회로 가셨던 분이다.

안동교회 이야기

1942년 12월 초량교회로 김광현 목사를 찾아온 사람이 있었다. 안동교회 김재성 장로였다. 당시 안동교회는 후임 담임목사를 물색 중이었다. 1929년부터 담임을 맡고 있던 임학수 목사가 불가피한 사정으로 사임한 뒤 후임자를 구하지 못해 초대 담임목사를 지낸 김영옥 목사가 1940년부터 임시로 담임을 맡고 있었는데, 일흔 살이 넘은 고령이라 빨리 후임 목회자를 청빙해야 할 급한 처지였다. 김재성 장로는 초량교회에 부임한 김광현 전도사의 설교를 듣고 눈여겨뒀다가 그를 모셔가기 위해 찾아온 것이었다. 일은 일사천리로 진행되었다. 목사 안수를 받은 지 1년 만에 그는 안동교회 7대 담임목사로 부임했다. 그는 안동에서 태어나지는 않았지만 안동김씨 후손이었기에 안동에 대한 애정이 남달랐다. 하지만 자신이 은퇴할 때까지 37년 동안이나 안동교회를 섬기게 될 줄은 꿈에도 생각지 못한 일이었다.

　　김광현 목사는 일제의 탄압으로 위축된 교회의 예배와 제도를 정비하고, 사기가 떨어진 교인들을 독려하면서 신앙 공동체 재건에 온 힘을 기울였다. 안동군 전체를 통틀어 시무목사라고는 자신밖에 없었기에 그는 30군데가 넘는 교회의 당회장을 혼자 맡아 돌봐야 했다. 그는 1년에 두 차례씩 모든 교회를 일일이 방문해 일제의 폭압 속에서도 꿋꿋하게 신앙을 지켜가는 교인들을 격려하고 다독였다. 그는 어려운 상황 가운데 교회를 사수하고 있는 나이 많은 장로들을 진심으로 존경하며 깍듯하게 모셨

1966년 서울 남대문교회에서 열린 제51회 교단 총회에서 총회장에 피선되어 사회를 보는 김광현 목사. 한창 교단이 분열된 때여서 그의 어깨는 더없이 무겁기만 했다.

다. 이후 전국의 모든 노회가 극심한 분열을 겪었지만 경안노회
만은 한 번도 분열의 아픔을 겪지 않았다. 그때 인연을 맺은 나
이 많은 장로들이 모두 김광현 목사의 신앙과 인품을 믿고 따라
주었기 때문이다.

해방이 되고 나서 그가 가장 먼저 한 일은 일제에 의해 강제
해산당한 청년회를 복구하는 것이었다. 어수선한 정국의 질서를
바로잡고, 일제의 잔재를 청산하며, 신앙 공동체를 회복하기 위
해서는 젊은이들의 힘이 필요했다. 청년회의 강령은 첫째 '하나
님을 사랑한다', 둘째 '민족을 사랑한다', 셋째 '국토를 사랑한다'
로 정했다. 이어 일제에 빼앗겼던 예배당을 돌려받아 대청소를
한 뒤 9월 셋째주일에 수복예배를 드렸다. 옛날 유대인들이 헬
라인들에 의해 더럽혀진 예루살렘 성전을 수복할 때 수전절修殿
節을 지켰듯이 온 교인들이 경건한 몸과 마음으로 광복의 기쁨
을 주신 하나님께 경배를 드렸다. 그날부터 그는 교인들과 함께
건국완수 새벽 기도회를 시작했다. 그가 목사임에도 불구하고
해방 정국에서 미 군정고문 회장, 독립촉성국민회 위원장, 지금
의 국회의원 격인 남조선 과도 입법의원 등을 맡아 정치 일선에
나선 것은 목사 이전에 민족의 일원이요 국민의 한 사람으로서
일제의 억압에서 해방된 조국이 하루라도 빨리 안정된 국가를
건설할 수 있기를 바라는 순수한 애국심에서였다.

그러나 그는 교회 밖에서 해야 할 일이 점점 많아지는 데 대해

심한 부담을 느끼고 있었다. 길어야 6개월이라 생각하고 교회의 양해를 얻어 시작한 일이었지만 나랏일은 하면 할수록 끝이 없었다. 그는 결국 의원직을 사퇴했다. 자서전에는 그때 심경을 이렇게 고백했다.

내가 입법의원이 된 것은 그것이 과도의회로, 미·소공동위원회가 맡은 정부수립에 산파역을 할 것을 기대했기 때문인데 점차 그 기대감이 흐려지게 되니, 나는 곧 의원직을 사퇴할 생각을 하게 되었다. …… 드디어 새 선거법이 제정되었다. 나는 가벼운 마음으로 의원직 사퇴서를 냈다. 입법의원직을 그만두고 돌아온 후 마음을 정리했다. 처음부터 교회를 완전히 떠나지 않았을 뿐 아니라, 한 6개월 정도면 새 정부가 설 기틀이 잡히리라는 기대에서 시작한 것이 기대대로 되지 않아서 돌아선 것인 만큼, 미련 같은 것이 있을 리가 없었다.

이후 목회에만 전념한 그는 대립과 분열로 치닫기만 하는 한국 교회에서 끝까지 통합과 화해를 위한 목회, 즉 에큐메니컬 운동(Ecumenical Movement, 기독교의 다양한 교파를 초월하여 모든 교회의 보편적 일치 결속을 도모하는 신학적 운동)의 최전선을 지키는 전사가 되었다. 그는 학연, 지연, 혈연이나 교파, 정파, 이념을 떠나 신앙의 본질만 잃지 않는다면, 성경의 근본 원리만 왜곡하지 않는다면 모든 교회가 서로의 차이를 이해하고 끌어안아 하나가 되어야 한다는 신념을 가지고 있었다. 이에 따라 신학교가 분리되고, 교단이 나뉘고, 총회가 갈라질 때마다 이를 막기 위해 동분서주했다. 교회의 일치와 화합을 위해서라면 자신에 대한 평가가 어떻게 내려지든지, 어떤 모함과 비난을 받게 되든지 개의치 않고 고군분투한 것이다.

훗날 그는 자신이 에큐메니컬 운동의 기수가 됐던 일들에 대해 이런 소회를 밝혔다.

나를 잘 아는 한 친구는 나를 가리켜 선천적인 에큐메니스트라고 한다. 사실 나는 성경대로의 교회는 에큐메니컬한 것이라고 믿고 있다. 그리고 에큐메니컬을 주장하면서 분파작용을 한다면 무슨 에큐메니컬이냐고 생각한다. 그리고 신앙은 정통적인 것을 좋아하지만 정통주의자가 되는 것은 싫어한다. 그것은 일종의 율법주의자가 되는 것 같이 생각되기 때문이다. 이렇게 믿고 이렇게 가르치며 살아왔다. 그러다 보니 어언 정년도 되고 은퇴도 했다. 바라는 것은 나누어진 교회들이 율법에서 떠나서, 복음으로 하나 되는 것이다. 내 생전에 그날을 못 볼지도 모르겠다. 그러나 낙심하지는 않는다. 주님이 오시는 날에는 모두 하나가 될 것이기 때문이다.

안동 시내에서 영덕 방면으로 34번 국도를 따라 15킬로미터가량 가다 보면 의성김씨종택과 귀봉종택 등이 있는 임하면 천전리川前里, 즉 내앞마을에 이른다. 문화재급 고택들이 즐비한 마을

옆으로 새로 지은 웅장한 한옥들이 눈에 들어온다. 경상북도독립운동기념관이다. 2007년 8월 지방자치단체로는 처음으로 안동독립운동기념관이 들어선 이후 2014년 1월 경상북도독립운동기념관으로 확대되었다. 전국에서 가장 많은 독립운동가를 배출한 고장답게 각종 역사 자료와 문헌들이 잘 정리되어 있다. 기념관 뒤편에는 야트막한 담벼락이 길게 이어져 있으며, 상단 동판위로 독립운동가들의 이름이 빼곡하게 새겨져 있다. 오른쪽 담장은 '경북 사람들 광야에 서다'라는 주제 아래 각 시군 단위로 독립운동가 명단이 기록되어 있고, 왼쪽 담장은 '나라 위해 살다간 안동 독립운동가 1000인'이라는 주제 아래 안동 지역 독립운동가 천 명의 명단이 기록되어 있다. 이 왼쪽 벽에는 포상자들과 미포상자들의 이름이 나란히 새겨져 있는데, 김광현 목사의 이름은 미포상자 명단에서 발견할 수 있다.

김광현 목사의 막내아들인 김무년 목사로부터 이에 관한 숨겨진 일화를 들을 수 있었다.

"안동독립운동기념관이 설립되기 전에 정부와 지자체 차원에서 독립운동에 기여하신 분들을 포상자로 추서하기 위해 자료를 발굴하고 대면 조사도 실시한 일이 있었어요. 포상자가 되면 훈장도 받고 매달 일정액의 포상금도 나온다고 하더군요. 제 아버지께서 독립운동에 관여하시고, 일제에 의해 옥살이도 하시고, 해방 후에는 남조선 과도 입법의원을 지내시는 등 나라를 위해

안동교회 이야기

임하면 천전리 경상북도독립운동기념관 뒤편에는 야트막한 담벼락이 길게 이어져 있고, 한옥으로 지은 경상북도독립운동기념관 본관이 어렴풋이 투영된 상단 오석(烏石) 위에 독립운동가들 이름이 빼곡하게 기록되어 있다. 포상자들과 미포상자들의 이름이 나란히 새겨져 있는데, 김광현 목사 이름은 미포상자 명단에서 발견할 수 있다.

많은 일을 하신 건 안동 지역 어른들이 다 알고 있는 사실입니다. 자식들 입장에서는 상을 받는 게 중요해서가 아니라 역사적 사실을 명확히 기록하기 위해 당연히 포상자 명단에 올라가실 것으로 기대했었죠. 얼마 뒤 그 일을 담당하시는 분들이 확인차 아버지를 찾아오셨어요. 관련 자료와 기록들을 아버지께 제시하면서 최종적으로 사실 여부를 판단하려던 것이었죠. 그런데 그분들이 '다 맞습니까?' 하고 묻는데도 아버지는 대답을 안 하셨어요. 한참을 그렇게 계시다가 고개를 절레절레 흔드시더라고요. 그러고는 '나, 그런 일 없습니다'라고 대답하셨어요. 독립유공자로 포상하기 위해 이미 자료 검토와 사실 확인을 마치고 인터뷰를 하러 찾아온 분들에게 본인이 모든 것을 다 부정해 버리니까 도리가 없었지요. 아버지보다 활동을 훨씬 적게 한 분들도 포상자 명단에 올라갔는데, 아버지는 그 일 때문에 포상을 받지 못하셨어요. 그래서 아버지 함자가 미포상자 명단에 올라간 겁니다."

김무년 목사는 나중에 아버지와 단 둘이 있을 때 넌지시 이에 관해 여쭤봤다고 한다.

"아버지, 그때 왜 그러셨어요?"

"…… 진정한 애국의 길은 말없이 하는 거야. 나는 나라를 위해 일한 것이지 내 이름이나 내세우려고 일을 한 게 아니다. 정부에서 혜택 조금 준다고 자그마한 일까지 들춰내 자기 공적으로 삼으려 하면 되겠니? 그건 아니지. 설령 내 자식 놈들이라도 내

공로를 팔아서 나랏돈 받아 생활하려 한다면 그건 내 자식도 아니다. 그건 정말 못난 자식인 게야."

그는 아버지께 야단을 맞았다. 더 이상 어떤 말씀도 드릴 수가 없었다. 그는 세월이 흐를수록 자신의 공과 의를 먼저 내세우는 법이 없었던 아버지가 존경스럽고 그립다고 했다.

안동교회에서는 은퇴한 김광현 목사를 위해 예배당 옆에 아담한 사택을 마련해 개인 소유로 등기까지 해주었다. 37년이나 목회하며 자신의 전 생애를 바쳐 오늘의 안동교회를 있게 한 산 증인이니 그만한 정도는 기꺼이 받아도 누가 뭐라고 할 사람이 없었다. 그는 사택에서 아내와 함께 어머니를 모시고 살았다. 최의숙 권사는 시어머니가 무릎 관절을 다쳐 출입을 못하게 되자 1983년 94세를 일기로 소천하실 때까지 10년 동안 수종을 들며 극진히 모셨다. 어머니가 돌아가시자 김광현 목사는 틈만 나면 자녀들에게 이렇게 일렀다고 한다.

"언젠가 우리가 하늘나라로 가게 되면 그 즉시 이 집을 교회 앞으로 귀속시켜야 한다."

그는 무소유를 실천한 목회자였다. 오직 신앙 외에는 자식들에게 아무것도 물려준 것이 없었다. 그는 노환으로 병석에 눕게 되자 아들들을 시켜 예배당 옆 사택을 기어코 안동교회 앞으로 등기 이전시켰다. 그가 더 많이 소유하고자 한 것은 주님을 향한 사랑뿐이었다.

마포삼열 목사의 묘소를
한국으로 이장한
김기수 원로목사

　김광현 상원로목사가 모진 비바람 속에서도 안동교회라는 좋은 옥토를 가꿔낸 분이라면 김기수 원로목사는 그 좋은 땅 위에 씨를 뿌려 아름다운 꽃을 피우고 열매를 맺게 한 분이다. 그 꽃과 열매는 과연 무엇일까? 사람들은 그것을 '사랑'이라고 말했다.

　"그거야. 김기수 목사님 특징이…… 사랑, 사랑이 참 많아. 남 도와주는 거. 어디 나가서 누굴 만나든 나중에 차비 하라고 꼭 돈을 쥐여 줬지……."

　안동교회에서 가장 어른이었던 김학준 원로장로는 2006년 처음 뵈었을 때 흐릿한 기억을 더듬으면서 또렷한 음성으로 김기수 원로목사를 이렇게 기억하고 있었다.

　안동교회 담임목사로서 김기수 목사는 다섯 가지 목회 방침을 가지고 있었다.

첫째, 말씀 중심의 교회
둘째, 선교하는 교회
셋째, 주는 교회
넷째, 시간을 엄수하는 교회
다섯째, 안정된 교회

이것을 다시 요약하자면 결국 '하나님과 사람들에 대한 지극한 사랑'이라고 할 수 있다. 김기수 목사는 부임 이후 은퇴할 때까지 이 원칙을 확고하게 지켜나갔다.

하나님에 대한 사랑, 그것은 예배를 강화하고 말씀을 강조하는 목회로 이어졌다. 지금도 안동교회 교인들은 새벽예배, 오전예배, 오후예배, 특별예배 등 예배가 있을 때면 무슨 굉장한 일이 있거나 외지에 나가 있는 경우가 아니면 반드시 참석하는 게 습관처럼 되어 있다. 서울에 있는 대부분의 교회들이 주일 오전예배에는 많이 모이지만 저녁이나 새벽에는 자리가 텅 비는 것과 대조를 이룬다. 온 교인들이 늘 성경을 읽고 쓰고 외우는 문화가 정착하게 된 것도 이 때문이다. 모든 것은 말씀에서 시작되고 말씀으로 끝난다.

사람에 대한 사랑은 교육과 구제, 선교로 나타났다. 특히나 안

'하나님과 사람들에 대한 지극한 사랑'을 목회 원칙으로 삼고 실천한 김기수 원로목사.
부임 이후 은퇴할 때까지 이 원칙에는 흔들림이 없었다.

동교회는 교육에 힘쓰는 교회였다. 김기수 목사는 경안성서신학원을 통해 많은 제자들을 길러냈고, 경안학원을 통해서도 우수한 인재들을 배출했으며, 안동유치원에서부터 경로대학에 이르기까지 모든 연령층에 맞는 교육 프로그램을 개발해 적용시켰다. 은퇴 후에는 경안신학대학원대학교를 인가받아 이사장으로 봉사하면서 후학들을 위해 대학원 교육에까지 열정을 쏟았다. 아울러 가정 형편이 어려운 학생들을 위해 장학위원회를 만들어 지금까지 수백 명의 학생들에게 장학금을 지급했으며, 수재민 돕기와 적십자 운동, 해외 난민 구호 등에도 열정적으로 참여해 왔다.

김승학 목사는 아들 목사로서 아버지 목사에 대한 기억을 이렇게 떠올린 바 있다.

"김기수 원로목사님은 참 정이 많고 사랑도 많고 포용력이 커서 대인관계를 아주 잘하신 분입니다. 목사님께서 가르치신 경안성서신학원 출신 제자들이 전국에 수도 없이 많습니다. 목사님은 그분들에게 똑같은 사랑을 베푸셨어요. 상원로목사님과 원로목사님은 성격이 많이 다르십니다. 삶의 형태도 다르시고요. 그럼에도 불구하고 이분들이 이렇게 잘 조화롭게 지내시는 걸 보면서 정말 많이 배웁니다.

제가 미국에 갔을 때도 원로목사님께서 가끔씩 전화해서 격려해 주시고 그랬어요. 많은 힘이 되었죠. 저에게는 아버지 같은 분이세요. 지금도 그래요. 조심스럽기는 하지만 이게 필요한 일이다 하면 아버지처럼 생각하고 말씀을 드립니다. 저뿐만 아니라 제 아내도 두 분 사모님을 보고 많이 배웠어요. 사모 교육을 제대로 한 겁니다. 사모로서의 역할과 태도에 대해서 어느 누구에게서도 배울 수 없는 것을 배운 거예요. 교육비 한 푼 안 들이고 최고의 사모학을 공부한 셈이죠."

김기수 목사의 사람에 대한 사랑은 교회 안에만 국한된 게 아니었다. 1980년대 살벌했던 군사정권 시절에 1979년 제30차 장청(대한예수교장로회 청년회 전국연합회)총회, 1980년 제30차 장청겨울선교교육대회, 1982년 제1차 장청농촌선교교육대회, 1987년 제38차 장청대회가 모두 안동교회에서 개최되었다. 제5공화국 시절 진보적 청년들의 모임인 장청대회를 위해 선뜻 장소를 제공하는 교회는 거의 없었다. 하지만 정부의 압력과 탄압에도 불구하고 안동교회에서는 청년들을 위해 기꺼이 장소를 제공한 것은 물론 정성껏 만든 음식으로 극진히 식사 대접까지 했다.

경안지방 청년연합회장을 지낸 전경상 장로는 그때 일이 지금도 눈에 선하다고 한다.

"1979년 6월에 광주제일교회에서 총회 임원회가 열렸어요. 거기서 다음 해 겨울선교교육대회를 안동교회에서 열기로 결정했죠. 그래서 1980년 2월 6일부터 9일까지 안동교회에서 장청겨울선교교육대회가 개최되었어요. 대략 600명 정도 모일 걸로 예상했습니다. 안동 시내 여관과 천주교 문화회관 등 숙소로 쓸 만한 곳은 전부 예약을 했어요. 교회 식당이 너무 작아 앞마당 노천에서 큰 가마솥을 걸어 놓고 장작을 때서 밥을 해 먹었습니다. 일찍 온 사람들부터 저녁식사를 하고 집회를 시작했어요. 그런데 밥을 해도 해도 끝이 없는 겁니다. 전국에서 1,240명이 모였어요. 모임 끝나고 잘 곳이 모자라 여인숙이고 뭐고 방이란 방은 죄다 얻어서 겨우 방 배정을 마쳤습니다. 그래도 잘 곳이 없는 청년들은 교회 기도실이나 유치원에서 잤어요. 권사님들이 밥솥과 국솥을 걸어 놓고 하루 세 끼 밥 해 먹이느라 고생 많이 하셨죠. 그분들이 나중에 저만 보면 그때 진짜 힘들었지만 정말 기쁘고 즐겁게 일했다고 말씀하시곤 했어요. 그렇게 감동적으로 행사를 잘 치렀습니다. 누구도 불평 한마디 없었어요. 청년들이 많은 은혜와 깨달음을 얻었습니다. 10·26사건을 거쳐 서울의 봄을 맞으며 청년들이 갈 바를 알지 못하고 있을 때 비로소 뭔가 희망이 있다는 걸 발견한 겁니다."

진보적인 성향을 가진 교회에서도 나서길 꺼리던 시절, 완고하고 보수적일 것으로 짐작되는 안동 지역 어른들이 어떻게 청년들의 이런 집회를 전폭적으로 지원할 수 있었을까?

"어른들의 반대나 뭐 그런 것은 전혀 없었습니다. 장로님들 가운데 반대하는 분이 계셨으면 그런 집회를 갖기가 쉽지 않았겠죠. 안동 어른들이 보수적이지만 청년들이 하는 일이 옳다고 생각하면 아무 말씀도 하지 않고 따라주십니다. 안동교회 어른들이 의식이 깨어 있고, 한 발 앞서 가시는 분들이 많아요. 김광현 목사님이나 김기수 목사님이나 그런 면에서 포용성이 많고, 정부 비판에도 적극적인 분들이셨어요. 한 가지 웃지 못할 일화가 있는데, 안동교회 2층 예배당이 나무로 된 마루잖아요? 많은 사람이 올라가서 뛰면 위험하죠. 그런데 당시 마루는 물론 복도와 강대상까지 청년들로 가득 찼었어요. 그러니까 장로님들이 무슨 일이 날까봐 전전긍긍이셨죠. 청년들은 노래를 부르고 마루 위를 구르면서 분위기를 뜨겁게 달궜어요. 그렇다고 그러지 말라고 말릴 수도 없었죠. 아무튼 집회는 별 탈 없이 잘 치렀지만 그후 1층에 있던 나무기둥을 치우고 튼튼한 쇠기둥을 여러 개 받쳐뒀습니다."

현재 안동교회 역사위원회 위원장을 맡고 있는 김대성 장로 역시 그때의 주역 가운데 한 명이었다. 그는 중학교에서 역사를 가르치는 교사였는데, 민주화 운동을 하다가 1986년 11월 전경상 장로와 함께 구속되기에 이른다. 이후 그는 해직까지 당하는 고초를 겪었다. 우여곡절 끝에 1988년에 복직된 김대성 장로는 무사히 정년 때까지 교편을 잡을 수 있었다.

예전에는 안동교회에 들어서면 예배당 계단 앞 오른쪽 화단에 살며시 눕혀져 있는 비석 하나를 볼 수 있었다. 무슨 사연이 있기에 비석을 세워 놓지 않고 눕혀 놨을까? 이 비석은 그 무렵 안동교회에서 모임을 가졌던 청년들이 후일 다들 목사나 장로가 되어 그때 정말로 고마웠다며 모금을 해서 만들어온 '장청 기념비'다. 1979년 3월 안동교회에서 처음 열렸던 장청총회로부터 25년이 지난 2004년 8월 21일 이들이 안동교회에 다시 모여 기념예배를 드리면서 이 기념비를 교회에 전달했다. 그런데 이를 두고 당회에서 의논한 결과 안동교회가 100년이 다 되도록 기념할 만한 일이 많이 있음에도 불구하고 이렇다 할 비석 하나 세우지 않았는데, 청년들을 위한 기념비부터 먼저 세워 놓는 것은 조금 민망한 일이라고 하여 눕혀 놓은 것이었다. 하지만 2009년 여름 100주년기념관이 건립되면서 이 기념비는 비로소 5년 만에 화단 앞에 똑바로 세워져 비석에 새겨진 뜻을 온전히 읽을 수 있게 되었다.

2006년 5월 9일 서울 장로회신학대학교 교정에서는 많은 사람들이 모여 평양 장로회신학교를 세웠던 미국인 선교사 마포삼열(馬布三悅, Samuel A. Moffet, 1864~1939) 목사의 유해 안장식과 반신상 제막식을 거행했다. 이 자리에서 설교를 한 분이 바로 김기수 원로목사다. 김 목사는 설교를 통해 "그가 비록 죽었으나 이제 이렇게 유언대로 유해가 장신대 교정에 안장됨으로써 그의 믿음이 이 땅에 다시 살아났고, 선교의 역사가 살아났으며, 교훈과 사상이 새로 살아나게 되었다"라고 강조했다.

마포삼열 목사는 미국 인디아나 매디슨에서 태어나 1890년 26세의 나이로 한국에 건너와 원두우, 아편설라 등 초창기 선교사들과 함께 사역하며, 평양 장대현교회 담임목사를 역임하고,

100주년기념관 앞 화단에 놓인 장청 기념비. 2004년 장청동우회에서 전달한 이 기념비는
안동교회가 서슬 퍼런 군사독재 시절 민주화 운동에 앞장섰던 것을 상징하는 기념물이다.

평양 장로회신학교를 설립해 초대 교장을 맡아 근대교육에 힘을 쏟은 분이다.

김기수 목사는 나와의 인터뷰에서 이 일을 추진하게 된 배경을 이렇게 설명했다.

"당시 언더우드는 새문안교회와 연희전문학교를 세웠고, 모펫은 마포에 있다가 평양으로 옮겨 거기를 거점으로 선교를 했어요. 1901년에 김종섭과 방기창이라는 두 학생을 자기 집에서 가르쳤죠. 이게 평양 장로회신학교의 출발이었어요. 그 후에도 많은 일을 하시다가 1936년에 신사참배를 거절하면서 일본군으로부터 생명의 위협을 느끼게 되자 급히 미국으로 건너가게 됩니다. 그래 조금만 있다가 다시 온다던 분이 1939년에 미국에서 그만 돌아가시고 말았어요. 캘리포니아에 있는 카핀테리아라는 공동묘지에 안장되어 계셨죠. 둘째아들 증언에 의하면 '내가 죽으면 한국에 묻어 달라'는 유언을 남기셨다고 하더군요. 그러니까 그로부터 꼭 67년 만에 한국으로 이장해서 그 소원을 이루신 거예요.

제가 언젠가 미국에 갔더니 이분이 글쎄 초라하게 공동묘지에 그냥 묻혀 계시더라고요. 이게 도대체 말이 안 되는 이야기죠. 그래, 이래선 안 되겠다는 마음이 들어 귀국 후에 사람들에게 이야기를 해서 운동을 벌여 가지고 이번에 장신대로 이장을 하게 된 겁니다. 그분의 살아 있는 아들들이 있지만 셋째아들 마삼락 박사가 90세고, 넷째아들 마포화열 박사가 89세니 누가 그

걸 챙기겠어요. 준비해서 이장하는 데까지 꼬박 1년이 걸렸습니다. 다 하나님 은혜지만 우리가 절대 그분의 은혜를 잊어서는 안 됩니다."

마삼락(馬三樂, Samuel H. Moffet, 1916~2015) 박사는 안동에서 선교사로 일하다가 장신대 교수를 거쳐 장신대 협동학장으로 일했으며, 마포화열(馬布和悅, Howard F. Moffett, 1917~2013) 박사는 한국에서 45년 동안 의료선교사로 봉사하면서 대구 동산병원장을 지냈다. 대를 이어 우리나라 선교와 교육과 의료 분야에서 실로 눈부신 공헌을 한 분들이다.

누구나 그냥 지나칠 수 있는 것도 '사랑의 눈'을 가진 김기수 목사의 눈에는 그냥 지나칠 수 없는 특별한 것으로 보이는 것 같았다. 김기수 목사가 연세대학교 이사로 있을 때인 1999년에도 미국 뉴저지 주 그로브개혁교회에 안치되어 있던 원두우 목사의 유해를 83년 만에 대한민국 양화진외국인선교사묘원으로 옮겨 이장예식을 거행한 일이 있었다. 그때도 역시 김기수 목사가 설교를 했다고 한다. 이것을 어떻게 우연이라고만 할 수 있을까?

김기수 목사의 '하나님과 사람들에 대한 지극한 사랑'이 가장 극적으로 드러난 것은 1990년 6월 3일에 있었던 '예수 초청 큰 잔치'에서였다. 당시 안동교회 사람들은 안동시를 복음화하기 위한 뜨거운 열정을 가지고 밤낮 없이 기도하면서 전도에 힘을 쏟았다. 어린아이들도 예외가 아니었다. 이날의 목표는 5,000명이

장로회신학대학교 교정에 세워진 마포삼열 목사의 반신상. 평양 장대현교회 담임목사를
역임하고, 평양 장로회신학교를 설립한 분으로 67년 만에 유언에 따라 한국에 이장되었다.

었다. 지방 소도시인 안동에서 아무리 안동교회라고 해도 과연 5,000명을 채울 수 있을까 반신반의하는 사람들도 많았다. 6월 3일 아침 교인들은 떡과 과일, 차와 음료를 잔뜩 준비하고 교회 입구만 바라보고 있었다.

시간이 되자 사람들이 구름처럼 몰려들기 시작했다. 온 안동 시내 사람들이 다 안동교회로 몰려드는 것 같았다. 1부부터 6부 까지 모든 예배에 본당과 친교실, 기도실까지 사람들이 들어차 앉을 자리가 없었다. 행사 준비로 인해 땀으로 범벅이 된 교인들이었지만 연신 입에서는 "할렐루야, 아멘!" 소리가 저절로 터져 나왔다. 안 먹어도 배가 불러 앉아 있을 수가 없는 날이었다. 아무것도 안 마셨는데, 하루 종일 갈증이 나지 않았다고 한다.

그날 출석 인원은 유치부 160명, 유년부 140명, 초등부 110명, 소년부 620명, 중고등부 500명, 장년 4,770명, 타 교회 교인 800 명으로 전부 7,500명이었다. 이날 안동교회 사람들은 모두 오병이어의 기적을 체험했다고 한다. 성령이 안동교회에 임하신 날이 었다. 안동처럼 보수적이고 유학과 불교와 무속이 강한 지방에서 이런 일이 일어났다는 것은 그동안 안동교회 사람들이 지역 사회에서 얼마나 빛과 소금처럼 그 역할을 잘 감당해 왔으며, 모범적인 생활을 하고, 사랑을 실천해 왔는가를 생생하게 보여 준 것이라고 할 수 있다.

이념과 정파를 초월해
모두를 품에 안았던 포용의 예수쟁이

어머니의 흔들림 없는 신앙을 물려받은 김기수는 6·25전쟁 중에 안동중학교를 졸업하고, 대구로 내려와 있던 장로회신학교의 전신인 총회신학교에 진학한다. 가세가 기운 탓에 그는 스스로 일해서 학비를 벌어 학업을 이어가야만 했다. 휴전 후 학교가 다시 서울로 올라가자 그도 서울에 자리를 잡고 계속 학교를 다니게 된다. 그러던 1955년 봄, 기도 끝에 중매로 만난 박충락 목사의 둘째 딸 박정규와 혼례를 치른다. 박충락 목사는 일제강점기 때 신사참배 반대운동에 앞장섰다가 옥고를 치른 바 있는 강직한 목회자였다. 1957년 신학교를 졸업한 그는 경안고등성경학교에서 학생들을 가르치며 본격적인 목회자의 길로 접어들었다.

아내 박정규는 남편이 학교와 교회 일에 바빠 집에 잘 들르지 못하고 쥐꼬리만 한 월급을 가져다주었음에도 불구하고 불평이나 타박 한마디 없이 육아와 집안 살림을 알뜰히 도맡았다. 오히려 텃밭을 가꾸고 닭이나 양 등을 길러 가사는 물론 교회에까지 보탬을 주었다. 남편이 예고도 없이 불쑥 손님이나 학생들을 데리고 왔지만 없는 형편에도 이들에게 늘 따뜻한 밥상을 대접했다. 어떨 때는 손님상을 차려 내느라 자신은 굶기까지 했다. 김기수 목사의 제자들 중 집에서 그의 아내가 정성스레 차려 준 밥상을 받아 보지 않은 사람이 없을 정도였다. 신기하게도 두 사람은 사람을 사랑하고 대접하는 마음에 있어 한 치의 차이도 없었다.

지내교회에서 전도사로 봉사하던 김기수는 경안노회에서 강도사 자격을 얻어 용상교회에서 사역하게 된다. 1958년 영주제일교회에서 개최된 경안노회에서 마침내 목사 안수를 받은 그는 용상교회 임시목사로 일하면서 인근 지역 교회의 대리 당회장을 맡아 바쁜 나날을 보냈다. 이후 무릉교회를 거쳐 일본으로 유학을 다녀온 뒤 1968년 4월부터 안동교회 협동목사로 청년들을 지도했다. 안동교회와 인연을 맺게 된 것은 바로 이때부터였다. 그 뒤 경안성서신학원장과 경안노회장으로 일하던 그는 김광현 목사의 권유를 받아 1974년 3월 미국 매코믹 신학대학으로 유학을 떠났다. 귀국 후 경안성서신학원에서 원장으로 일하던 그는 안동교회의 청빙을 받아 1980년 1월 제8대 담임목사로 부임한다. 이는 김광현 목사의 지극한 배려였다.

1981년 3월 4일, 경안노회에서는 김광현 목사 원로목사 추대식과 김기수 목사 위임식이 함께 거행되었다. 이날 김광현 목사는 갑자기 김기수 목사를 앞으로 불러냈다. 식순에도 없는 일이었다. 그는 원로목사 추대 기념으로 받은 금메달을 김기수 목사의 목에 걸어주었다.

　　"이것은 보시는 대로 교회가 나를 원로목사로 추대하면서 기념으로 걸어준 금메달입니다. 나는 이것을 내 믿음의 아들 그대에게 줍니다. 후에 이것을 그대로 후임에게 물려주기 바랍니다."

　　김기수 목사는 교회 안에 분열이란 있을 수도 없고, 있어서도 안 된다는 확신을 가지고 있었다. 그는 교회가 끝없이 쪼개지고 나뉘며 대립하는 상황을 차마 두고 볼 수가 없었다. 형제자매가 잠깐만 싸워도 부모의 마음이 찢어지는 것처럼 아픈데, 주님의 몸인 한 교회끼리 사사건건 반목을 일삼는다면 하나님 마음이 어떠실까 생각하면 견디기 힘들었다. 그는 사람과 교단과 교회를 끌어안고 포용하는 것이 자신의 사명임을 깨달았다.

　　1994년 9월 8일, 소망교회에서 열린 대한예수교장로회 제79회 총회에서 그는 통합 교단 총회장에 취임했다. 이후 그는 개혁과 함께 화해와 일치를 위해 온몸을 내던진다. 그해 12월 8일, 그는 합동 교단 총회장 김덕신 목사를 만나 이렇게 말했다.

　　"우리 시대에 와서 멀어져 있던 형제가 하나가 되도록 합시다. 형제의 만남은 아름다운 것입니다. 사심 없이 마음을 털어놓고 의논하고 도우면 얼마나 좋겠습니까? 이런 게 하나님의 역사가 아니겠습니까?”

이듬해 1월 5일, 김기수 총회장과 김덕신 총회장은 교단 분열 후 처음으로 상대 교단 총회의 신년하례식에 참석했다. 합동 교단에서 행한 김기수 목사의 축사는 감격 그 자체였다.

“무려 37년 만에 여러분 앞에 서게 된 저로서는 감격과 기쁨을 감출 수 없습니다. 가슴 아픈 과거를 뒤로 하고 한 뿌리 한 줄기의 형제임을 확인하는 가운데, 서로를 축하하면서 이렇게 손잡고 신년 인사를 할 수 있게 된 것은 참으로 하나님의 축복이 아닐 수 없습니다.

······ 한강을 건널 때, 끊어진 성수대교를 바라보며 오늘날 우리의 모습이 혹시 저렇지는 않을까 하는 생각이 들었습니다. 모든 성도들의 가슴을 아프게 하고 교회의 위신을 실추시켰던 우리의 나뉨이, 37년이 지난 지금도 여전히 끊어진 그대로입니다. 이 문제는 우리 세대가 앞장서 해결해야 될 과제라고 생각합니다. 귀 교단과 저희 교단이 선봉장으로 나선다면 못 넘어설 산이 있겠습니까? 그렇습니다. 한국 교회의 화해와 일치, 그리고 나아가서 민족적 과제인 조국의 평화적 통일과 민족의 복음화를 위해서 우리 양 교단이 동반자로서 사명을 감당해야 할 시대적 요청을 받고 있습니다. 교회가 하나 되지 못하고 어떻게 나라의 통일을 말할 수 있겠습니까? 그러므로 서로 용서하고 수용하고 화

해하는 일에 인색함이 없이 허심탄회하게 손을 맞잡고 나갑시다. 헤어진 형제가 아니라 그리스도 안에서 한 가족으로 모이는 일에 서로 발 벗고 나서 봅시다."

같은 날 오후, 이번에는 한국교회백주년기념관 소강당에서 열린 통합 교단 신년하례식에 합동 교단 김덕신 총회장이 임원들과 함께 참석했다. 참으로 설레고 흥분된 날이었다.

2월 28일에는 양 교단 임원들이 만나 그 자리에서 다섯 가지 합의 사항을 발표했다.

첫째, 양총회 임원들은 상호 만남을 지속한다.

둘째, 양측은 한국 교회 연합운동에 힘을 모은다.

셋째, 상호 교환 방문으로 한국 교회에 희망을 준다.

넷째, 광복 50주년이 되는 1995년 8월 15일에 양 교단이 함께 광복 50주년 기념예배를 드리는 데 합의한다.

다섯째, 향후 총회 임원뿐 아니라 양 교단 원로급의 모임도 주선한다.

1995년 7월 20일, 미국 장로교 제207차 총회에서는 남북한 교계 지도자들이 모여 '한국의 밤' 행사를 치렀다. 남쪽에서 준비한 한라산 나무와 북쪽에서 준비한 백두산 나무를 엮어 십자가를 만들어 세웠다. 가운데는 예수의 보혈과 구속을 상징하는 붉은 천과 한민족을 상징하는 푸른 줄을 이용해 단단히 묶었

1995년 7월 20일 미국 장로교 총회 당시 '한국희년축제'를 맞아 남측 대표인 김기수 목사와
배야섭 목사가 북측 대표인 강영섭 목사와 함께 한라산과 백두산에서 가져온 나무로
십자가를 만드는 행사를 가졌다.

다. 이 자리에서 김기수 목사는 장로교가 하나 되고, 한국 교회
가 하나 된다면 남과 북도 반드시 하나가 될 것임을 더욱 굳게 믿
게 되었다.

　그리고 그해 8월 15일 오후 3시, 기독교연합회관 대강당에서
는 한국 장로교의 양대 축인 통합과 합동 교단이 연합하여 광복
50주년 기념예배를 드렸다. 이는 분열 이후 양 교단이 연합해서
드린 첫 번째 예배였다. 예배에 참석한 모든 사람들은 감동과 흥

안동교회 이야기

분에 휩싸였다.

이후 그는 한국기독교장로회 총회를 방문하여 배야섭 총회장을 만나 교회의 화해와 일치를 위한 교분을 나누었으며, 대한예수교장로회 고신 총회도 방문하여 최해일 총회장과 함께 단절되었던 교류의 끈을 다시 이었다. 이런 노력의 결과로 한국장로교 연합예배가 서울을 비롯해서 부산, 대구, 광주, 안동에서 드려졌으며, 7개 교단장의 이름으로 작성된 '공동선언문'이 발표되었다. 공동선언문에서 이들은 한국 교회의 연합과 일치를 위해 노력하며, 사회 통합과 민족 통일 그리고 인류 보편의 정의와 평화와 사랑을 실천해 나갈 것을 천명했다.

"목사가 가는 대로 교회가 가고, 교회가 가는 대로 민족이 간다."

김기수 목사는 이 말을 자주 했다. 교회가 사회와 민족을 위해 신선한 바람을 불러일으켜야 할 사명이 있다는 의미였다. 그는 전임자인 김광현 목사에 이어 누구보다 열렬한 에큐메니컬 신봉자였다. 그만큼 그는 사람과 교회와 사회와 민족 앞에서 열려 있는 인물이었다.

여성이 장로와 목사로 안수받아 활동할 수 있게 된 데에도 그의 공이 지대했다. 교회 안에서 여성 교인들이 차지하는 비중이 절대적이었음에도 불구하고 당시까지 여성은 장로와 목사가 될 수 없었다. 감리교가 1933년에, 한국기독교장로회가 1956년에 여성 안수를 시작했지만 장로교단은 완고함을 유지하고 있었다.

김기수 목사는 초대교회의 전통을 이어 여성에게도 안수를 함으로써 많은 지도자가 배출되어야 한다는 굳건한 소신을 가지고 있었다. 그의 설득과 노력이 결실을 맺어 1994년 9월 12일 제79회 총회에서 여성 안수 헌의안이 통과된 순간 모든 여전도회 관계자들은 환호성을 지르며 눈시울을 붉혔다. 이후 법제화를 거쳐 지금은 당연한 것으로 여겨지는 여성 안수가 본격 시행될 수 있었다.

2003년 12월 14일 안동교회에서 열린 김기수 목사의 퇴임 예배 도중 그는 다음과 같은 '열 가지 감사'를 읽어 내려가며 자신의 목회 인생을 정리했다.

하나, 내가 나 되게 오늘까지 이끌어주신 에벤에셀의 하나님께 감사합니다.

둘, 아버지 같은 원로목사님을 만나고, 형제 같은 장로들을 만나고, 가족 같은 좋은 성도를 만나서 평안하게 목회를 하게 하신 하나님께 감사합니다.

셋, 학원에서 제자 양성(23년), 교회에서 목양(24년)하며 교육 목회를 아울러 하게 하신 하나님께 감사합니다.

넷, 우리 경안노회를 한 번도 떠나지 않고 강도사로, 목사로 47년간 일하게 하신 하나님께 감사합니다.

다섯, 39년간 총회 총대로 참석하여 총회와 세계 교회를 위하여 일하게 해주신 하나님께 감사합니다.

여섯, 거의 반세기 동안 주를 위하여 동분서주 뛰면서(교회, 노회, 총회, 세계

교회, 국가) 24시간이 모자랄 때도 수없이 있었으나 건강하게 일하게 하신 하나님께 감사합니다.

일곱, 지난 세월 동안 특별히 누구와도 다투거나 미워하는 마음을 갖지 않고 사랑하는 마음을 갖고 살아오게 하신 하나님께 감사합니다.

여덟, 인간은 다 부족하고 불완전한데, 나 역시 많은 허물이 있었지만 따뜻한 사랑으로 덮어주신 모든 분들과 하나님께 감사합니다.

아홉, 디모데처럼 좋은 영적 아들, 좋은 후임 목사 김승학을 보내주셔서 3대가 한 교회를 섬기게 하신 하나님께 감사합니다.

열, 목사의 아내로, 목사의 자녀들로 제약이 많고 어려운 여건 가운데서도 가족들이 불평 없이 따라오게 하신 하나님께 감사합니다.

그때만 해도 그가 이토록 빨리 우리 곁을 떠나리라고 생각한 사람은 아무도 없었다. 은퇴 후에도 교계 원로로 왕성한 활동을 이어가던 그는 이따금 가슴 통증을 호소하곤 했다. 2007년 12월 17일, 그는 결핵퇴치운동을 위해 설교를 하러 서울로 길을 나섰다. 평소와 달리 가슴 통증이 심해 동네 개인 병원에서 간단한 진료를 받은 뒤 19일이 제17대 대통령 선거일이라 안동에 내려왔다가 투표를 마치고 안동성소병원 응급실에서 진료를 받았다. 의사로부터 담도가 막혔다는 진단을 받았다. 하루가 지나 병세가 악화되자 그는 구급차를 타고 서울 세브란스병원 응급실에 도착했다. 하지만 정규 진료 시간이 지나 정밀검사를 받지 못했고, 다음 날은 주말이라 월요일까지 기다려야만 했다. 23일 밤 10시경, 누가 연락을 했는지 미국 로스앤젤레스에서 목회하고 있는 아들 김신 목사가 급하게 귀국해 병원으로 달려왔다. 그는 아버지를 보자마자 기도를 하려고 했다. 이때 김기수 목사가 아들을 가로막았다.

"내가 널 위해 기도하마."

그는 병상에 누워 아들의 손을 잡고 아들과 그 가족들의 이름을 하나하나 부르며 기도했다. 기도를 마친 김기수 목사는 통증이 점점 심해졌고, 급히 의료진이 달려왔지만 병세가 더욱 악화되어 12월 24일 새벽 3시 15분, 하나님의 부르심을 받았다. 후에 밝혀진 정확한 병명은 심근경색이었다. 그는 생의 마지막 남은 시간마저도 자신을 위해 쓰지 않고 아들과 그 가족들을 위해 모두 사용했다. 그는 그렇게 평생을 주기만 하다 간 사람이었다. 이념과 정파를 초월해 세상 모든 사람들을 품에 안았던 그는 이날 조용히 주님의 품 안에 안겼다.

2014년 103년 동안의 삶을 마치고 하늘나라로 떠나기 전까지 최고령 성직자로 존경받던 영등포교회 방지일 원로목사는 김기수 목사를 예의 바르고 한결같은 목사로 기억했다.

"반드시 어디에 가면 '어디 다녀오겠습니다', 다녀오면 '돌아왔습니다' 하고 소식을 보내 주심이 한결같으셨습니다. 한국에서 가장 예의가 정중한 안동에서 오랫동안 사역하신 목사님! 안

안동교회 이야기

동의 하회마을은 세계에서도 예의 바른 곳으로 지정되어 영국의 여왕도 다녀갔다고 하는데, 목사님은 그래서인지 그 누구보다도 예의가 바르고 정중하셨습니다. 한국 교회의 동역자로서 약간의 연장자라는 것 외에는 아무런 이유가 없는데도 절기 때면 그저 지나가는 법이 없었습니다. 그 지역에서 나는 맛 좋은 사과를 절기마다 보내 주시고, 그 좋다는 황토내의도 보내 주시니 너무나 과분한 대접에 늘 송구했습니다. 목사님이 세상을 떠나시기 직전, 또 사과 한 상자를 보내셨더군요. 그러고는 곧바로 부음을 듣고 너무나 놀랐습니다."

한국기독교장로회 총회장을 지낸 황용대 목사는 시인이기도 하다. 그는 김신 목사가 엮은 책《화해와 일치의 사람 김기수》에 실린 자신의 시를 통해 김기수 목사의 생애를 이렇게 표현했다.

지갑 열어 나누어 주고
따뜻한 가슴으로 이름 불러줄 때
모두에게 형님, 아버님 느끼게 하는
인격의 신비함이여
사람들은 기쁨으로 찾아들었고
격려로 힘을 얻었네

공대생에서
사람을 살리는 목사로 변신한
김승학 담임목사

오늘의 김승학 목사를 있게 한 분은 바로 어머니다. 김승학 목사의 어머니는 아들을 낳은 후 하나님께 주의 종이 되기를 서원했으며, 아들이 어머니 말을 알아들을 정도의 나이가 되면서부터 "너는 앞으로 목사가 되어야 한다"는 말을 귀에 못이 박이도록 했다고 한다. 그래서 김승학 목사는 어렸을 때 누가 너 커서 뭐가 될 거냐고 물으면 당연히 목사가 될 거라고 대답했다. 그런데 중고등학생이 되면서 곧장 성직자가 된다는 게 좀 어색했고, 나중에 목사가 되더라도 해보고 싶은 공부는 하고 나서 해도 되겠다 싶어 일반 대학에 진학했다.

대개 목사들은 영성과 감성이 풍부한 사람들이라 인문적 소양이 발달하기 마련이다. 그러나 김승학 목사는 남달리 이과 과

목에 관심이 많아 공대를 들어갔고 대학원까지 마쳤다. 내가 알고 있는 주변의 목회자 중에 공대 출신 목사는 거의 없는 걸로 봐서 상당히 특이한 경력을 가진 분이라 할 수 있다. 본인은 계속 공부해서 공학박사까지 될 생각이었다고 한다. 하지만 오랜 기도 끝에 그쯤에서 일반 학문의 길을 중단하고 장신대 신학대학원에 진학해 목회자의 길로 들어서게 된다. 김승학 목사는 그때를 회상하면서 이런 고백을 했다.

"그것은 역시 인간적인 생각이었습니다. 하나님께서는 한 치의 오차나 실수도 없으신 분입니다. 여러 모로 부족한 것뿐인 저에게 그 뒤 말할 수 없는 은혜로 채워 주셨습니다."

신학대학원을 졸업할 무렵 김승학 목사에게 결정적인 두 가지 사건이 일어난다. 하나는 신실한 장로였던 아버지의 죽음이었고, 다른 하나는 낯선 땅 안동으로의 부르심이었다. 이때도 역시 어머니의 현명한 가르침으로 문제를 잘 수습하고 올바른 선택을 할 수가 있었다. 김승학 목사는 2005년 4월 한 기독교 신문에 쓴 칼럼을 통해 당시 일을 이렇게 회고했다.

벌써 10년도 지난 일이지만 나는 그날을 잊을 수 없다. 1992년 1월 6일 월요일. 이날 오전 10시경 사랑하는 아버지께서 64세의 비교적 짧은 삶을 조용히 마치고 이 세상을 떠나 하나님 나라로 가셨다. 바로 전날인 주일, 아버지께서는 호흡을 힘들게 하고 계셨지만 우리 식구 모두는 그리 쉽게 가족의 곁을 떠나실 줄 아무도 예상치 못했었다. 월남한 피난민으로 교회의 충성된 장로로 자식들에게 헌신적이셨던 아버지를 잃은 난 슬픔과 아쉬움의 눈물로 얼굴이 범벅이 되었다.

그러나 두 시간 반 뒤에 예정된 약속은 나를 몹시 당황스럽게 만들었다. 지금도 그렇지만 당시 안동교회는 경안노회 산하 4개 학교 중 한 곳에 학원선교사를 파송하여 낮에는 학교에서 교목의 자격으로 학생들과 교사들의 신앙지도를, 학교의 일과를 마치면 전임전도사로 교회를 섬길 사역자를 찾고 있었다.

그런데 아버지가 별세하시던 바로 그날 나는 신대원 졸업을 앞두고 전임사역지를 결정하기 위하여 지금은 퇴임하신 김기수 원로목사님과 인터뷰 약속이 되어 있었다. 아무리 중요한 만남이라 하더라도 아버지의 시신을 뒤로하고 약속 장소에 갈 수는 없었다. 당시는 휴대전화가 일상화되지 않던 때라 목사님과 연락을 취하는 것이 쉽지 않았다. 나는 나중에 목사님을 찾아뵙고 정중히 저간의 사정을 말씀드리기로 마음을 먹고 아버지의 영전을 지키기로 했다.

하지만 어머니께서는 아름다운 신앙의 역사와 유산을 가진 안동교회에서 아들이 학교와 교회를 동시에 섬길 수 있는 기회를 소중하게 생각하고 계셨던 것 같다. 어머니는 목사님을 잠시 만나 뵙고 오는 게 어떠냐고 권면하셨다. 아버지 시신을 떠날 수 없다고 고집하는 아들을 달래시고 양복을 손수 골라 입혀 주시면서 하신 어머니의 말씀에 나는 두말지 못하고 약속 장소로 나갈 수밖에 없었다.

"네가 지금 여기에 있다고 상황이 달라지는 것은 아무것도 없다"고 하시면서 "손에 쟁기를 잡고 뒤를 돌아보는 자는 하나님의 나라에 합당치 아니하다"(누가복음 9장 62절)는 말씀을 해주셨다. 이 말씀이 너무도 묵직하게 내 가슴에 와 닿았다. 대문을 나서면서 어머니와 나는 함께 울었다.

목사님을 만나 뵙고 그로부터 3주가 지난 1월 30일, 서울을 떠나 눈 내리는 이화령 재를 넘어 생전 처음으로 안동 땅을 밟고 전임사역을 시작하였다. 이후 나는 경안여중에서 2년 동안 교목으로, 3년 5개월 동안 전임전도사와 부목사로 안동교회를 섬겼다. 아무런 연고도 없는 안동에서 하나님만 의지하며 시작한 사역을 통해 나는 여러 면에서 성장했음을 고백할 수 있다. 특히 미숙하고 부족한 어린 사역자를 단지 주의 종이라는 이유만으로 사랑과 섬김과 기도로 후원한 우리 교회 성도들에게 나는 큰 빚을 지고 있다. 더욱이 교회를 떠난 지 6년이 지난 재작년 안동교회로 돌아와 담임목사로 교회와 성도들을 다시 섬기고 있다. 교회와 성도들로부터 받은 사랑의 빚을 조금씩 조금씩 갚는 마음으로……. 하나님의 은혜에 어찌 감사하지 않을 수 있겠는가.

아버지께서 별세하시던 그날 어머니께서 내게 하신 말씀의 의미─이 세상에서 하나님의 일보다 더 중요한 것은 아무것도 없다─를 생각하며 난 교회를 섬기고 있다. 손에 쟁기를 든 이상 한눈팔지 말고 뒤도 돌아보지 않고 하나님 나라를 위한 일에만 전념해야 함을 목회 철학으로 주신 어머니를 나는 존경한다. 그리고 사랑한다.

육신의 아버지를 잃은 바로 그날 김승학 목사는 영적인 아버지를 만나게 된 셈이다. 그래서 그에게 김기수 원로목사와 안동은 더욱 남다를 수밖에 없다. 김기수 원로목사를 대하는 그의 마음은 친아버지를 대하는 것과 전혀 다를 바가 없었고, 안동을 바라보는 그의 애틋한 시선은 조상 대대로 살아온 고향에 대한 사랑 그 이상의 것이었다.

보통 자신이 전도사나 부목사로 사역했던 교회에 담임목사로 부임하는 것은 흔치 않은 일이다. 또한 담임목사로 부임해서도 상당 기간 어려움을 겪는 경우가 많다. 교인들이 자기를 예전의 전도사나 부목사로만 생각하고 담임목사로 여기지 않는 것 같은 느낌과 분위기 속에 괜히 주눅이 든다든가, 혹은 전도사나 부목사 시절과 지금의 나는 확연히 다르다는 것을 보여 주기 위해 너무 조급하게 서둘러 실수를 연발하는 사태가 있을 수 있기 때문이다. 더구나 안동처럼 전통과 예절을 중시하는 보수적 문화가 뿌리 깊은 지역에서는 나이 많은 장로들의 눈치를 보지 않을 수 없으며, 전임 목회자인 두 분 원로목사의 자취와 흔적이 워낙 크고 넓기 때문에 그로 인한 부담 또한 만만치가 않았을 것이다.

그런데 안동교회에는 정말이지 그런 게 하나도 없었다. 교인들은 두 분 원로목사에게 했던 것과 똑같이 안동교회 담임목사인 김승학 목사에게 존경과 사랑을 표하고 있었고, 모든 것을 받아들이면서 새로운 목회 방침에 전적으로 순종하며 따라가고 있었다.

어쩌면 이럴 수 있을까? 어느 교회나 소위 '텃세'라는 게 있기 마련인데, 어떻게 이 지역 출신도 아닌 젊은 목사가 부임해서 100년이나 된 오래된 교회의 목회 방향과 제도를 새롭게 바꿔 나가도 머리가 백발인 장로, 권사들이 한마디 불평도 없이 다 순종하며 한마음을 이룰 수 있는 것일까?

이것이 곧 안동교회 100년을 있게 한 전통이고 문화며 저력이었다.

"우리 교회는 그런 면에서 상당히 유연성이 있는 교회입니다. 장로님들이 대단히 합리적이세요. 제가 무슨 계획을 세우고 의견을 내면 목회 차원의 문제일 경우 거의 반대가 없습니다. 제 입장에서는 참 편하고 고맙죠. 그만큼 토양이 좋습니다. 이게 다 원로 목사님 두 분께서 워낙 큰 어른들이셨고, 보시는 시야가 넓으며, 깊은 생각을 하셨던 분들이라 그분들과 함께 오랜 세월을 지내오면서 교회 전체가 이런 문화를 갖추게 된 거라고 생각합니다."

김승학 목사는 꿈과 비전으로 불타오르는 사람이다. 어른을 잘 섬기고, 늘 웃으며, 허리를 낮추고, 겸손한 자세를 취하지만 그 속에는 용광로보다 더 뜨거운 열정이 넘치고 있다. 그 꿈과 비전은 다름 아니라 안동을 복음화해 안동 전체를 예수 마을로 변화시키겠다는 것이다. 안동을 민족 복음화의 성지로 만들겠다는 것이다. 110여 년 전 평양에서 불타오른 성령의 불길이 안동에 뿌리를 내린 것처럼 이제는 안동을 통해 이 민족과 세계를 성령의 불길로 불타오르게 하겠다는 것이다. 그의 심장은 이처럼 뜨거웠다.

"우리 교회는 오랜 역사와 전통 속에 상당한 리더십을 발휘했던 교회입니다. 하지만 이제는 여기서 더 전진해 영적인 리더십을 가지고 나가야 합니다. 대안을 제시하고 영적으로 살아나 지역을 변화시키는 역할을 하는 게 제 목회 사역의 중심축입니다. 영적인 열정을 회복하고, 자발적으로 주님을 사랑하며, 지역을 위해 봉사하는 구조를 만들어가고 싶습니다. 이게 선교 2세기를 맞는 안동교회의 사명이라고 생각합니다.

여기까지 오기에는 초기 선교사들에서부터 전임 목회자들에 이르기까지 많은 피와 기도와 눈물과 땀이 있었습니다. 그 토양 위에 현재 우리의 모습이 있는 거라고 생각합니다. 지금 안동의 복음화 비율이 10퍼센트 대에 머물고 있지만 20퍼센트, 30퍼센트, 50퍼센트 이상을 목표로 삼아야 합니다. 안동에 왜 비전이 없습니까? 인구가 줄어들고, 경제적 토대가 약하고, 젊은이들이 타지로 빠져나가고, 유학과 불교와 무속 신앙이 너무 강하고…… 이런 것들은 겉으로 보이는 작은 현상일 뿐입니다. 이 땅에 살고 있는 영혼을 깨우면 얼마든지 놀라운 꿈과 비전이 현실화되어 안동을 예수 마을로 변화시킬 수 있습니다.

변화를 수동적으로 따라가기보다는 앞서서 이끌어 가야 합

안동교회 이야기

100주년기념관이 들어선 예전 사택 마당에서 활짝 웃고 있는 김승학 목사와 소미화 사모.
선비의 절개와 기상을 나타내는 향나무처럼 이들 부부의 열정과 비전은 늘 푸르고 싱싱하다.

니다. 우리가 져야 할 짐이라면 기쁜 마음으로 져야 합니다. 도덕적으로, 정신적으로, 영적으로 이런 변화의 물결이 이 지역 사회에 확산되어야 합니다. 지금 변화와 발전이 서서히 일어나고 있습니다. 영적 분위기의 변화, 이게 핵심입니다. 그렇게 됐을 때 어린아이에서부터 노인 어른들에 이르기까지 우리가 일찍이 경험하지 못했던 대부흥의 역사가 이 안동 땅에 반드시 일어나리라 확신합니다."

섬김과 사랑이
삶이 되어 버린 목회자들

기억이 나지 않는 어린 시절을 제외하고 초등학교 때부터 지금까지 나는 이런저런 사정 때문에 교회를 여러 군데 옮겨 다녀야만 했다. 그 여러 교회들 가운데 늘 은혜가 충만하고, 말씀이 살아 있으며, 도덕적으로나 사회적으로 모범을 보여 지역 사회로부터 칭찬을 받는 그런 아름다운 교회는 슬프지만 별로 없었던 것 같다. 대개 분쟁과 갈등과 말썽이 있었고, 파를 나눠 싸웠으며, 급기야 서로 갈라서기까지 하는 교회도 있었다.

교회가 겪는 분쟁과 갈등과 말썽 중에서 가장 큰 것은 목사와 장로 사이의 권력 다툼이나 전임 목회자와 후임 목회자 사이의 영향력 싸움, 혹은 담임목사에 의한 교회의 사유화나 담임목사 세습과 같은 정치적인 문제들이었다.

지금도 한국 교회에는 이런 모습들이 끊이지 않고 일어나고 있다. 크리스천이 아니더라도 누구나 이름만 대면 알 수 있는 한국의 대표적인 교회 안에서 공공연하게 원로목사가 자기 아들에게 담임목사 자리를 물려주는 일도 있고, 한 교회 안에서 목사 지지파와 반대파가 각각 따로 예배를 드리는 풍경도 심심치 않게 볼 수 있으며, 장로들에 의해 목사가 쫓겨나거나 목사가 장로를 법정에 고소하는 장면조차 낯설지가 않다.

한국 교회의 참담하고 부끄러운 모습이라고 할 수 있는 이런 일들이 왜 끊이지 않고 일어나는 것일까? 그것은 교만과 욕심 때문이라고 할 수 있다. 주님을 위해 모든 것을 다 버릴 수 있는 게 예수 믿는 사람들의 태도여야 하지만 마음 한 구석에서는 더 많이 가지려 하고, 더 많이 누리려 하고, 더 오래 버티려 하고, 더 큰 영광을 받으려 하는 까닭에 예수의 이름을 팔아 예수와는 전혀 상관없는 이런 일들을 할 수가 있는 것이다.

안동교회를 취재하면서 정말 놀랐던 것은 지난 110년 동안 안동교회에서는 이런 모습이 단 한 번도 없었다는 사실이다. 물론 안동교회 교인들도 사람이니까 이런저런 의견 충돌이나 견해 차이가 없었던 건 아니지만 그럴 때마다 서로 양보하고 이해하고 순종하고 기도하면서 모든 문제를 은혜롭게 처리해 온 것이다. 그 긴 시간 동안 운전대를 잡고 안동교회를 오가면서, 많은 사람들을 만나 똑같은 이야기를 듣고 또 들으면서, 밤늦게까지 녹음된

테이프와 음성 파일을 들으며 원고 쓰느라 잠을 설치면서도 항상 즐겁고 기쁘고 감사했던 것은 이런 교회를 알게 되었다는 벅찬 감격 때문이었다.

그렇다면 안동교회가 이런 전통과 문화를 간직해 올 수 있었던 비결은 무엇일까? 할아버지 목사, 아버지 목사, 아들 목사 담임목사 3대가 이처럼 소중한 인연을 통해 한국 교회에 길이 남을 모범적이고 행복한 목회를 하게 된 비밀은 무엇일까?

첫째, 이들 3대 목사에게는 욕심이 없었다. 김광현 상원로목사는 자신의 목숨까지도 아끼지 않고 교인들을 돌볼 정도로 교인들을 사랑했을 뿐 뭔가 대가를 바라는 게 없었다. 오직 하나님과 어른들과 교인들을 섬기고 사랑하는 일에만 관심이 있었다. 김광현 상원로목사의 맏아들과 셋째아들은 목사다. 그렇지만 37년 동안 안동교회에서 목회하면서 아들에게 담임목사 자리를 물려주려고 욕심을 부려본 일이 없다. 안동교회가 내 소유라는 마음을 가지지 않았다. 오히려 떠나야 할 때를 알고 깨끗하게 조기 은퇴를 했을 뿐이다. 김기수 원로목사도 마찬가지다. 은퇴 후에 담임목사에게 부담이 될까 봐 교회에서 멀리 떨어진 곳에 거처를 마련하고는 일절 교회 일에 참견하지 않았다. 김기수 원로목사의 아들도 목사지만 역시 담임목사 세습이란 꿈속에서도 생각해 본 일이 없었다. 김승학 목사도 이 두 분을 할아버지나 아버지처럼 받들고 섬기며 공경할 뿐 이분들의 흔적을 지우려 하거나 이분들의 영향으로부터 벗어나고자 무리수를 두는 일이 없었다. 이들의 모습은 '아름다운 동행' 그 자체였다.

둘째, 이들 3대 목사에게는 확고한 목회 원칙이 있었다. 김광현 상원로목사는 '오직 말씀에 의한 목회'를 실천했다. 말씀에 의한, 말씀을 위한, 말씀의 목회를 통해 안동교회 교인들은 흔들리지 않는 신앙을 소유할 수 있게 되었다. 김기수 원로목사는 '사랑의 목회'를 실천했다. 예수님의 사랑을 믿고, 따르고, 전함으로써 지역 사회와 함께하는 안동교회로 자리매김할 수 있었다. 김승학 목사는 '영적인 열정의 회복'을 위한 목회를 실천하고 있는 중이다. 선교 2세기를 향한 불타는 영적 열정의 회복을 통해 안동 지역을 예수 마을로 만들겠다는 그의 목회 원칙은 안동교회를 새로운 세계로 이끌어가고 있다. 이렇듯 시대에 맞게, 자신의 역량과 은사에 맞게 원칙을 세워 흔들리지 않는 목회를 해왔기 때문에 안동교회는 비바람이 불어도 꺾어지거나 넘어지지 않는 거목으로 성장해 올 수 있었던 것이다.

셋째, 이들 3대 목사는 하나같이 청빈하고 검소한 생활을 했다. 어려운 이웃을 돕고, 필요한 사람들에게 자기 것을 나누며, 사치와 낭비를 멀리했다. 불쌍한 처지에 있는 사람들을 그냥 지나치지 못했다. 작은 것이라도 손에 쥐여 주거나 손 대접하기를 즐겨했다. 김광현 상원로목사와 김기수 원로목사는 운전을 할 줄 몰랐다. 외지에 나갈 때 김광현 상원로목사는 버스와 기차를 타고 다녔고, 김기수 원로목사는 제자들이 제공한 차나 학교에서 제공한 차를 가끔씩 타고 다녔다. 김승학 목사는 교회가 소유한 담임목사 전용차를 타고 다닌다.

넷째, 이들 3대 목사들은 명령하기보다는 순종하며, 대접을 받기보다는 먼저 상대방을 섬기는 삶을 살았다. 김광현 상원로목사는 언제든 어린아이들과 놀기를 좋아했고, 아무리 거룩한 식사 자리라도 어린아이가 있으면 어린아이들이 알아듣게 쉬운 말로 찬송하고 기도했다. 김기수 원로목사도 사람들을 챙기고, 안부를 묻고, 축복기도를 해주는 일에는 둘째 가라면 서러워할 정도로 열심이었다. 김승학 목사는 교회에 새로 나온 가족들을 집으로 초대해서 음식을 만들어 대접하고, 그 바쁜 와중에도 새 가족 심방은 자신이 직접 챙겨서 다니고 있다. 이렇게 목사들이 먼저 나서서 순종하고, 섬기고, 대접을 하니 안동교회 교인들이 서로 순종하고, 섬기고, 대접하기 즐겨하는 것은 어쩌면 당연한 일인지도 모른다.

다섯째, 이들 3대 목사들은 안동과 안동 사람들을 진심으로 사랑했다. 안동을 잠시 거쳐 가는 곳으로 생각하거나 안동이 지방의 작은 고장이라 해서 하찮게 여기는 일이 절대 없었다. 서울에서 좋은 자료가 있거나 새로운 프로그램이 생기면 즉시 배워 오거나 사람들을 보내 알아 오게 했다. 안동이 서울보다 결코 뒤떨어질 이유가 없다고 생각한 것이다. 안동교회 사람들은 서울이

예배당 왼쪽에 있던 김광현 상원로목사 사택. 지금은 안동유치원이 이전해 있다. 자그마한
수돗가와 텃밭 등이 상원로목사 부부의 청빈하고 검소한 삶의 모습을 잘 보여준다.

라는 말에 주눅이 들지 않는다. 서울보다 나은 게 오히려 많기 때문이다. 상원로목사와 원로목사 두 분은 교단 총회장에 장로회 신학대학교 이사장까지 지낸 분들이다. 당연히 서울에 있는 큰 교회에서 모셔가기 위해 초빙을 한 일이 여러 번 있었다. 하지만 이분들은 이를 단호히 거절했다. 안동과 안동 사람들을 가족처럼 여기고 사랑했기 때문이다. 자기를 죽도록 사랑하는 사람을 사랑하지 않는 것은 결코 쉬운 일이 아니다. 안동교회 사람들이 이 3대 목사들을 할아버지, 아버지, 아들처럼 여기며 존경하고 사랑하는 것은 이런 까닭이다.

여섯째, 이와 같은 목회가 가능했던 것은 안동교회의 좋은 신앙적 토양 때문이었다. 목회자들이 아무리 앞장서 나가더라도 교인들의 협력과 이해가 없었다면 안동교회는 결코 할아버지, 아버지, 아들 3대 담임목사의 아름다운 전통을 만들 수도, 이어올 수도 없었을 것이다. 총회를 섬기고, 노회를 섬기기 위해서는 교인들의 기도와 협조가 필수적이다. 이런 일을 하려면 교회를 비우는 일이 적지 않기 때문이다. 안동교회 교인들은 교회를 섬기는 일과 총회와 노회를 섬기는 일을 똑같은 하나님의 사역으로 보고 이를 적극적으로 돕고 지원했다.

지금도 교회 안에서 갈등과 분쟁을 겪고 있는 교회가 있다면 그 교회 목사나 장로들에게 안동교회에 한 번 가볼 것을 권하고 싶다. 비록 상원로목사와 원로목사 두 분을 직접 뵐 수는 없지만 이들이 함께 목회하던 현장의 체취와 흔적을 느껴 보면서 현재 진행형인 안동교회 사람들의 헌신적인 순종과 섬김, 화해와 일치를 보고 배우라고 말해 주고 싶다. 그래도 싸울 마음이 나는지, 그래도 더 가지려는 욕심이 생기는지, 그래도 양보할 수가 없는지…….

2005년 11월 15일 서울 종로에 있는 한국교회백주년기념관에서는 '교회법과 교회 내의 갈등 해소'라는 주제를 가지고 교회법 세미나가 열린 적이 있다. 이 자리에 참석했던 안동교회 임만조 장로는 다음과 같은 의견을 발표하여 장내를 숙연하게 만들었다.

"우리 교회는 상원로목사, 원로목사, 담임목사 3대 목사님이 계시는 국내 유일의 교회일 뿐 아니라 세계에서도 그 예를 찾기 힘든 교회라고 할 수 있습니다. 1년에 두세 번 정도 절기예배와 기념예배를 드릴 때에 담임목사님이 사회를 보시고, 원로목사님이 설교를 하시고, 상원로목사님이 축도를 하시면 온 교인들이 행복에 휩싸이게 됩니다. 우리 교회가 오랜 역사에도 불구하고 갈등과 분쟁이 거의 없었던 것은 교회가 늘 열린 분위기를 유지했기 때문입니다. 그리고 목회자와 평신도 사이에 격이 없는 좋은 관계를 유지해 왔기 때문입니다.

'훌륭한 지휘관에 좋은 참모'라는 말이 있듯 목사와 장로는 항상 친구처럼 사이좋게 지내왔습니다. 원로목사님은 손님들이 오시면 '우리 교회 목사와 장로들은 좋은 친구로 지낸다'며 자랑을 하셨습니다. 당회의 의사 결정 과정도 중지를 모아서 원만하게 처리하고, 토론과 대화로 가급적이면 전원일치에 이르도록 하여 모두가 기쁘게 참여하는 당회를 만들어 왔습니다. 혹 갈등의 기미가 보이면 중진들이 긴밀히 의논하여 조정함으로써 조기 진화를 해왔습니다. 거기에는 상호 신뢰와 이해 및 양보의 미덕이 꼭 필요하고, 용서와 관용이 있어야 합니다. 냉철한 판단과 참고 견디는 인내는 필수적이라고 하겠습니다.

그리고 우리 교회는 교회법을 잘 지키려고 힘썼습니다. 교회 일은 사실 다람쥐 쳇바퀴 돌듯이 항시 하는 것이라서 성실하게 진행하면 별 탈이 없고, 특별한 일이 있을 때는 사전에 법을 검토해 하자 없이 최선을 다했기 때문에 교회 안에 별다른 갈등이 없었습니다. 무엇보다 앞선 자의 독단과 독선은 금물이며, 이의가 있으면 근거를 가지고 이해시키고, 건설적인 의견을 받아들이는 여유가 있어야 한다고 생각합니다. 모든 갈등을 풀어가는 첩경은 바로 성경에 있습니다."

제 2 장

오직 말씀으로 똘똘 뭉친 교회

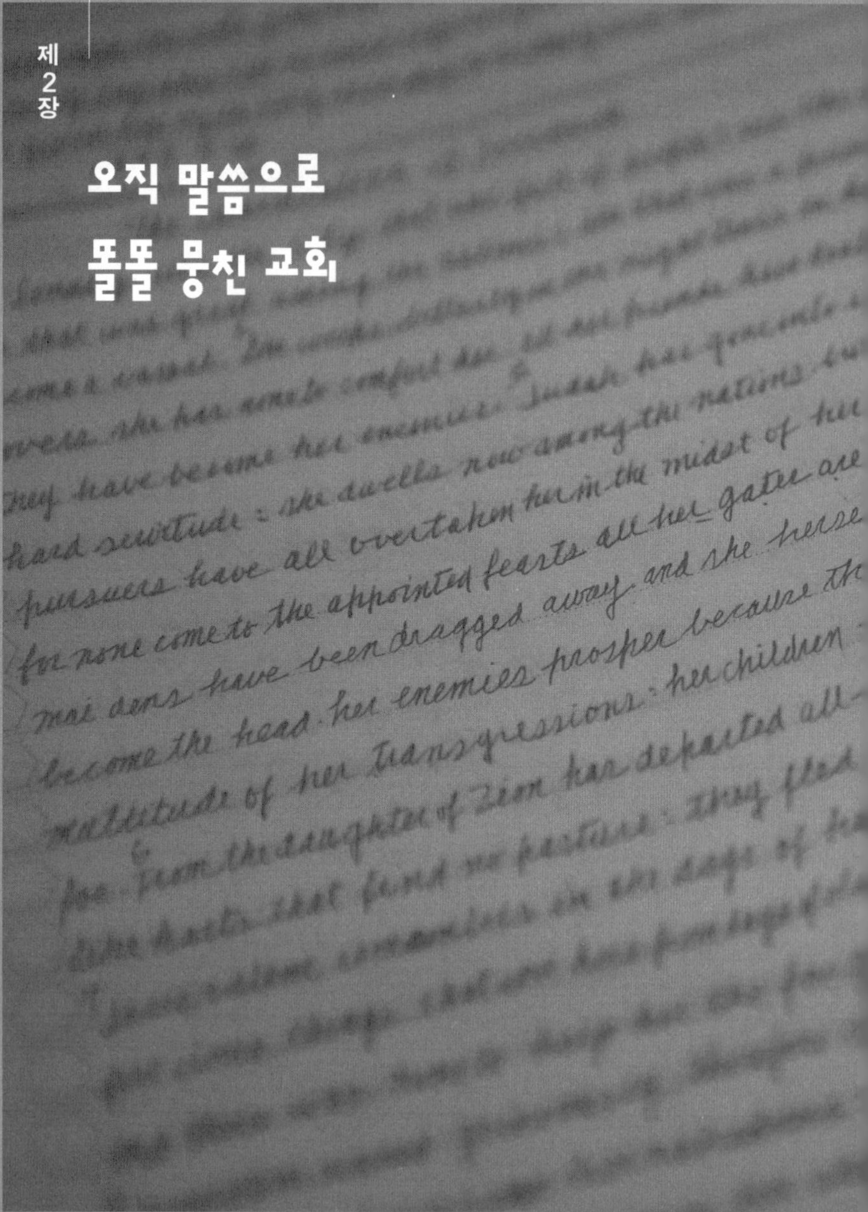

안동교회는 말씀 중심의 교회다. 안동교회가 지난 110년 동안 모진 세월을 견뎌 오면서도 단 한 번의 분쟁이나 분열이 없었던 것, 안동 지역의 어머니 교회로서 모든 것을 아낌없이 나눌 수 있었던 것, 지역 사회와 사람들에게 칭찬받고 존경받는 교회가 될 수 있었던 것, 가진 것을 다 내주고도 끝없이 새로운 복을 받아 누릴 수 있었던 것은 바로 하나님 말씀에 대한 성도들의 순수한 사랑과 순종이 있었기 때문이다. 사진은 성경 할머니 최의숙 권사가 이탤릭체로 한 자 한 자 곱게 써내려간 영어 성경책.

25년간 성경을 12번 필사한
최의숙 할머니

100주년기념관 1층에 자리한 하늘씨앗어린이도서관은 작은 지방 도시에서는 좀처럼 보기 힘든 어린이 전용 도서관이다. 안동교회가 설립해 운영하고 있지만 이용자들은 교회 밖 사람들이 훨씬 많다. 안동 시민은 물론 인근 지역 주민 누구나 홈페이지에 들어가 회원 가입만 하면 자유롭게 이용할 수 있는 열린 도서관이다. 어린이 도서 33,000여 권, 청소년 및 성인용 도서 3,500여 권, 영어로 된 책과 관련 CD 4,500여 권을 갖추고 있으며, 한 주간 평균 이용자 수는 750여 명에 이른다. 1996년 2월 예전 교육관 건물 안에서 시작된 안동교회 도서실이 100주년기념관이 완공되면서 미래 세대를 위한 도서관으로 확장된 것이다.

그렇다면 도서관 명칭을 하늘씨앗도서관으로 하게 된 이유는 무엇일까?

"도서관의 이름을 '하늘씨앗어린이도서관'이라고 명명한 이유가 분명히 있습니다. 하늘은 보통 하나님이 계신 곳으로 사람들은 생각합니다. 하늘은 하나님을 상징합니다. 또한 씨앗은 생명력이 있습니다. 그래서 성장합니다. 하늘을 바라보는 것은 하나님을 바라본다는 것입니다. 하나님을 신뢰하는 것을 말합니다. 그래서 하늘 씨앗은 믿음의 씨앗을 뜻합니다. 하늘씨앗도서관에 발걸음을 내민 어린이들이 책을 읽거나 도서관에서 준비한 프로그램에 참여할 때 하나님을 향한 믿음의 씨앗이 뿌려지기를 소망하는 것입니다. 어린이들뿐 아니라 동행한 부모님들의 영혼 속에 하늘 씨앗인 믿음의 씨앗이 뿌려지기를 바라고 있습니다."

김승학 목사의 설명을 들으면 도서관 이름에 담긴 뜻과 소망을 이해할 수 있다.

도서관 마루에 올라서면 갖가지 모양과 빛깔의 탁자와 의자들이 눈에 띈다. 편안한 마루에 누워 책을 읽어도 되고, 푹신한 의자에 기대 책을 읽어도 된다. 독서가 엄숙한 의식이 아니라 즐거운 놀이처럼 여겨지도록 배려한 공간이다. 사물함과 잡지 진열대, 신간과 영어 동화책 서가를 지나 창가 쪽으로 다가가면 태극기가 걸려 있는 모퉁이 책꽂이 위에 작은 액자 두 개가 세워져 있다. 환하게 웃는 최의숙 권사 사진과 '자녀들에게'라는 제목의 글귀다.

하늘씨앗어린이도서관 창가 쪽 서가에는 책꽂이 위에 작은 액자 두 개가 놓여 있다.
환하게 웃는 최의숙 권사 사진과 성경 필사를 권하는 '자녀들에게'라는 제목의 글귀다.

하늘씨앗어린이도서관에 보관 중인 최의숙 권사의 필사본 성경책. 한글 성경이 5권,
영문 성경이 7권, 일본어 성경이 7권이다. 최의숙 권사는 25년 동안 3개 국어로
모두 12번이나 성경을 썼다.

교회에서 성경 말씀을 쓰기를 권장하여서 나는 그것을 신·구약 한 벌씩 써서 제 아이들에게 주려고 하였습니다. 쓴 것을 보신 어느 분이 하시는 말씀이 '그것이 자녀들에게 전해지면 뒤에 가보가 될 것입니다'라고 하셨습니다. 내 생각에 그렇다면 내가 낳은 자식만이 자식이냐 교회의 젊은이들이 다 자식이 아니냐 싶어서 쓰는 데도 정성을 다하여 쓰자는 의미에서 한글로만 쓰지 않고 영문과 일문 세 나라 말로 썼습니다. 마침 지난 9월 25일에 필역되어서 교회에 바쳤습니다. 모두 펼쳐 보시기 바랍니다.

2002년 9월 25일에 최의숙 권사가 쓴 이 글은 옛날 교육관 도서실에 걸려 있던 것을 새 도서관으로 옮겨온 것이다. 그때나 지금이나 아이들은 이 성경 할머니가 쓴 정감 어린 글귀 아래서 누구나 자유롭게 책을 읽기도 하고 빌려가기도 했다. 두 액자가 놓인 서가에는 각종 필사본 성경책들이 전시되어 있다. 하나같이 이채롭지만 그중 단연 눈길을 사로잡는 것은 최의숙 할머니가 쓴 영어, 일어, 한국어로 된 필사본 성경책이다.

책장 맨 위쪽에 소중히 보관되어 있는 필사본 성경책을 꺼내 펼쳐보았다. 《할머니가 쓴 한글성경》을 여는 순간 한 글자 한 글자 또박또박 볼펜으로 써내려간 문장들이 살아 움직이는 것처럼 느껴졌다. 어쩌면 그렇게도 정성스레 글을 썼는지 필기체로 인쇄된 게 아닌가 하는 착각이 들 정도였다. 군데군데 잘못 쓴 부분을 약물로 깨끗하게 지우고, 그 위에 다시 고쳐 쓴 표시가 났다. 할머니가 직접 쓴 거라고 생각하기 힘들 정도로 유려한 필체였다.

《할머니가 쓴 영문성경》도 마찬가지였다. 이탤릭체로 자유분방하게 써내려갔지만 그 정성의 흔적이 또렷하게 남아 있었다. 《할머니가 쓴 일문성경》은 노트를 옆으로 길게 펼쳐놓고 세로로 히라가나, 가타카나, 한자를 섞어 능숙하게 써내려간 성경책이었다. 한글 성경책이 5권, 영문 성경책이 7권, 일본어 성경책이 7권 모두 19권이 필사 성경 한 세트였다.

최의숙 할머니는 이렇게 한글, 영문, 일문으로 된 19권짜리 성경책을 모두 4번이나 썼다. 한글, 영문, 일문 성경을 각각 따로 계산하면 성경을 창세기부터 요한계시록까지 모두 12번이나 쓴 셈이다. 이렇게 쓰는 데 무려 25년이 걸렸다. 한 세대에 이르는 세월 동안 쉬지 않고 성경을 쓴 것이다. 보면서도 믿기지가 않을 정도로 정말 굉장한 일이 아닐 수 없었다.

2006년 여름 성경 할머니를 만나기 위해 안동교회 옆에 있는 안동성소병원을 찾았을 때였다. 당시 이미 구순을 넘긴 고령이시라 김광현 상원로목사와 최의숙 권사 두 분 모두 몸이 좋지 않아 입원 중이었다. 병실에서도 김광현 상원로목사는 계속해서 성경 말씀을 웅얼웅얼 외우고 있었는데, 대화가 쉽지 않아 최의숙 할머니와만 겨우 대화를 나눌 수 있었다.

"권사님, 어떻게 이렇게 오랫동안 성경을 쓰시게 되었어요?"

"…… 말이라는 것은 아무리 좋은 말이라도 버릴 수 있다고. 그래서 내가 하나님 말씀을 가지고 있는데, 그 좋은 은혜로운 하나님 말씀을 어떻게 하면 자녀들에게 줄 수 있느냐. 그것은 말로 해서는 안 된다. 글씨로 쓰면 변하지 않는다. 글씨로 써서 자녀들에게 줘야 되겠다. 그러면 누가 도적질해 가더라도 그 사람에게 은혜가 될 것이다. 그래서 내가 받은 은혜를 자녀들에게 주기 위해 성경을 쓰기 시작했어요. …… 내가 자녀들에게 줄 것은 재산이냐, 명예냐, 아니다. 살아 있는 것은 오직 하나님 말씀이다. 세상 모든 것은 다 없어지는 것이다. 그러나 하나님 말씀은 영원히 없어지지 않는다. 오직 하나님 말씀만이 영원한 것이다, 이겁니다."

최의숙 할머니는 느리지만 정확하게 대답했다. 그러면서도 계속해서 성경을 쓰고 있었다. 병실에서도 성경을 쓰지 않으면 오히려 몸이 더 아프고 기억력이 안 좋아져서 틈나는 대로 성경을 쓴다고 했다. 자녀들이나 주변 사람들이 처음에는 많이 말렸지만 나중에는 계속해서 성경을 쓰는 게 건강에 더 좋다는 판단을 하게 되어 그냥 성경을 쓰시도록 한다는 것이었다. 이분에게 성경 필사는 영혼과 육체를 튼튼히 하는 생명의 양식 같은 존재였다.

최의숙 할머니가 쓴 한글, 영어, 일어 성경책 네 세트는 돌아가시기 전 장남인 서울 벧엘교회 김서년 목사와 차남인 마산 문창교회 김준년 집사, 그리고 막내아들인 안동성소병원 원목실장 김무년 목사에게 각각 선물로 한 세트씩 주어졌다. 이 어머니의 성경책은 "말씀대로 살라"는 당부와 함께 세 아들 모두에게 최고의 보물이자 가보로 고이 간직되고 있다. 그리고 마지막 남은 한 세트는 안동교회 모든 자녀들을 위해 도서실에 기증하여 보관 중이다.

하나님의 품에 안기기까지 가까이서 두 분을 살펴드렸던 김무년 목사는 "저를 위해 어머니께서 성경을 쓰신다는 것이 자식으로서 참 감사한 일이었고, 말씀 속에서 사시는 모습이 자식들에게 많은 귀감이 되셨다"고 했다.

"아버지가 은퇴하시고 나서 할머니가 94세에 돌아가셨습니다. 돌아가시기 전까지 10년 동안 어머니께서 매일 할머니 변을 받아내는 일을 하셨지요. 다섯 남매 키워가며 노인 수발들면서 목회자 아내의 일을 감당하셨던 겁니다. 그렇게 지내시다 할머니 돌아가신 후에 시간이 나니까 잠깐 미국을 다녀오시게 되었는데, 이때 어떤 강한 도전을 받으셨어요. '나도 영어 한 번 해봐야 되겠다' 그러시더라고요. 영어로 성경을 읽겠다고 하셨어요. 당시 일흔이 다 된 노인이 영어 공부를 하겠다니 이게 쉬운 일인가요?

하지만 어머니는 포기하지 않고 영어 성경을 쓰셨어요. '잘 안 되면 그리기라도 하겠다' 그러면서 신약을 다 쓰시더니 어느새 구약까지 쓰시더군요. 그다음에 한글 성경, 일본어 성경까지 쓰셨어요. 그리고 나서 '하나님, 나 선물 주셔야죠?' 하셨는데, 정말 하나님께서 선물을 주셨습니다. 높았던 혈압이 갑자기 뚝 떨어지신 거예요. 혈압 약을 드시지 않게 된 거죠. 그다음에 영의 눈이 밝아지면서 육의 눈도 밝아져서 돋보기안경을 쓰시지 않게 되었고요. 이게 바로 하나님의 선물이었습니다."

최의숙 권사는 광주 중앙교회와 순천 중앙교회에서 목회한 최병준 목사의 둘째딸로 어릴 적부터 아버지와 함께 사역하던 서양 선교사들에게 귀동냥으로 영어를 배웠고, 평양 숭의여학교를 졸업한 뒤 평양여자신학원에 재학 중일 때 서둘러 결혼해 남편과 함께 일본으로 건너가 세이와 여자대학을 다니며 일본어를 배웠기에 노년에 이렇게 3개 국어로 성경을 쓰는 필사의 달인이 된 것이다. 그러면서 덤으로 총기가 밝아지고, 눈도 좋아졌으며, 혈압까지 떨어지는 하나님의 선물을 받았다. 게다가 성경 수백 구절을 언제든 암송할 수 있게 되었다.

"어머니께서 이렇게 성경을 쓰시는 동안 성경을 영어, 한국어, 일본어로 수백 구절 줄줄 암송하시게 되었어요. 외국인을 만나면 영어와 일본어로 다 말씀을 하셨죠. 제가 그걸 녹음해두었어요. 사람들이 다 깜짝 놀랐죠. 누가 가르쳐 주지도 않았는데, 정확한 발음을 하시는 거예요. 오히려 제 발음보다 더 좋은 경우도 있었어요. 어느 날 한 외국인 선교사가 안동에 왔기에 함께 만난 적이 있는데, 어머니께서 영어로 성경을 암송하시니까 깜짝 놀라더라고요. 일본어는 일본에서 유학까지 하신 분이니까 당연히 잘하시죠. 그런데 지금은 너무 연로하셔서 많이 잊어버리신

배를 깔고 누워서, 서가에 등을 기댄 채, 책상에 반듯하게 앉아 자유롭게 책을 읽는 어린이들.
하늘씨앗어린이도서관을 통해 안동의 어린이들은 일찍부터 독서 습관을 몸에 익힌다.

것 같아요."

김무년 목사의 어머니에 대한 자랑은 끝이 없었다.

"제가 명성교회 부목사로 있다가 안동에 휴가차 내려왔을 때
의 일인데…… 새벽 4시에 일어나 새벽기도를 갔다 와서 성경을
쓰셨어요. 그런데 창세기부터 계속해서 시편 정도까지 쓰셨는데
도 볼펜심을 갈아 넣은 기억이 없더라는 거예요. 그 정도 분량을
쓰려면 몇 번은 갈아 끼워야 정상이잖아요? 그래서 자꾸 '이상
하다?' 그러시더라고요. 제가 볼펜을 달라고 해서 돌려 빼보니까
아직도 잉크가 남아 있었어요. 그러니까 다시 성경을 쓰면서 이
러시더군요. '무년아, 나는 네가 진짜 목사라는 걸 알았다. 만약
집사가 열어봤으면 볼펜이 안 나올 텐데, 목사가 열어봐서 그런
지 아직도 볼펜이 나온다' 그러시더라고요.

그 일이 있고 나서 저는 서울로 올라왔습니다. 교구 심방을 하
면서 설교를 하는데, 어머니 이야기를 하다가 갑자기 볼펜 생각
이 나는 거예요. 그래서 바로 휴대전화로 어머니께 전화를 해서
'어머니, 무년입니다. 아직도 그 볼펜심 안 갈아 끼우고 쓰고 계
세요?' 물었어요. 그랬더니 '야, 시편까지 다 쓰니까 볼펜심이 떨
어지더라. 그때 네가 안 열어봤으면 말라기까지 쓸 수 있었을 텐
데……' 하시더군요. 창세기부터 시편까지 볼펜심 하나로 다 썼
다는 얘기죠. 이런 일이 너무 강조될 필요는 없겠지만 아무튼 놀
라운 일이었습니다."

인터뷰 당시 최의숙 권사는 세 아들에게 직접 쓴 성경책을 선물한 후 안동교회에 기증할 성경책까지 쓰고 나니까 그다음 목표가 없어져서 건강이 다시 안 좋아지셨다고 했다. 그래서 출가한 두 딸들이 간곡히 부탁해 딸들에게 줄 성경책을 또 쓰고 있는 중이라고 말했다.

"어머니는 말씀 속에서 24시간을 보내셨어요. 그러니까 정신과 영이 굉장히 맑으세요. 어머니 친정 가족들이 다 단명하셨음에도 불구하고 어머니께서 저렇게 장수하시는 건 다 하나님께서 주신 복입니다."

그 뒤 노환으로 기력이 점점 쇠잔해진 최의숙 권사는 딸들에게 줄 마지막 필사 성경책을 완성하지 못한 채 2011년 8월 29일 95세를 일기로 하나님의 부르심을 받아 평생 믿음의 동지였던 남편 김광현 상원로목사 옆에서 영원한 안식에 들었다.

김광현 목사와 최의숙 권사의
아름다운 성경 이야기

"나의 사랑하는 책 비록 해어졌으나 어머님의 무릎 위에 앉아서 재미있게 듣던 말 그때 일을 지금도 내가 잊지 않고 기억합니다. 귀하고 귀하다. 우리 어머님이 들려주시던 재미있게 듣던 말이 책 중에 있으니 이 성경 심히 사랑합니다."

찬송가 234장 가사다. 나는 어렸을 때부터 이 찬송을 즐겨 불렀다. 곡조가 단순하고 가사도 쉬워서 빠르고 흥겹게 부르면 아이들이 부르기에도 좋은 찬송이다. 그런데 나이가 들수록 이 찬송을 부를 때마다 괜히 눈물이 났다. '어머니'와 '성경책'이라는 말을 들으면 자꾸만 옛날 생각이 났기 때문이다.

어머니는 힘들 때나 어려울 때나 기쁠 때나 즐거울 때나 늘 작은 앉은뱅이 탁자 위에서 성경책을 읽으셨다. 그리고 언제부턴가

_____

병원에 입원해 있으면서도 성경 쓰는 일을 멈추지 않았던 최의숙 권사.

돋보기안경을 끼고 성경책을 열심히 쓰셨다. 나는 그때 어머니를 보면서 성경책을 한 번 쓴다는 게 얼마나 힘든 일인지 알았다. 어깨가 떨어져나가는 것 같고, 무릎이 저리고 쑤시며, 눈이 침침하고 눈물이 난다고 하셨다. 그래도 어머니는 계속 써서 신·구약 한 번을 모두 쓰셨다. 그때 그 성경책을 아직도 보자기에 고이 싸서 간직하고 계신다. 아마도 나중에 좀 더 시간이 흐른 뒤에 물려주시려는 것 같다. 자녀가 넷인데, 누구에게 주시려는 것일까?

밤이나 낮이나 성경을 열심히 읽고 쓰는 어머니의 모습, 이것

안동교회 이야기

만큼 자녀들에게 좋은 신앙 교육이 또 있을까 싶다. 최의숙 할머니의 성경책을 펼쳐보는 동안 찬송가 234장 노랫말이 들리는 듯했고, 어머니 모습이 눈앞에서 계속 스쳐지나갔다.

안동교회는 초창기부터 성경 말씀을 사모하고 연구하는 교회 전통을 만들어 왔다. 미국 북장로교 해외선교회의 파송으로 우리나라에 들어와 안동 지역에 머물며 선교 활동을 하던 권찬영(權燦永, John Y. Crothers, 1881~1970), 인노절(印魯節, Rodger E. Winn, 1882~1922) 선교사는 1920년 4월 안동읍 옥동에 성경학교를 만들어 사람들에게 성경을 보급하고 가르쳤다. 당시 안동읍 내에서 유일한 교회였던 안동교회 교인들은 가까운 옥동 성경학교에 나가 자연스럽게 성경 공부를 하게 되었다.

안동교회 임학수 목사는 이 성경학교에서 강사로 활동하며 많은 사람들에게 성경을 가르쳤고, 안동교회에서 여러 차례에 걸쳐 사경회를 열어 교인들의 성경 지식을 높여 나갔다. 그리고 1936년부터는 매주 화, 수, 목, 토요일 밤마다 성경 공부 시간을 따로 마련해서 교인들의 참여를 더욱 독려하였다.

일제강점기 말엽 강압에 의해 폐쇄되었던 이 성경학교는 해방 후 1946년 안동교회에서 경안고등성경학교라는 이름으로 다시 개교하기에 이른다. 이때부터 김광현 목사와 최의숙 권사는 함께 성경학교 교사로 참여하여 많은 사람들에게 성경을 가르쳤다. 김광현 목사가 1947년 입법의원이 되어 서울에 머물 때는 하나

밖에 없던 조선신학교에서 요한복음을 강의했는데, 헬라어로 된 풍부한 성경 주석을 바탕으로 열정적인 강의를 함으로써 학생들 사이에서 명강의로 인기가 높았다고 한다. 1953년에는 안동교회에서 외국인 선교사를 중심으로 일찍이 영어 성경반을 만들어 운영하기도 했다.

김광현 목사는 평소에도 "목회자는 무엇보다 성경을 깊이 묵상하고 연구하여 이를 중심으로 설교를 해야 하며, 교인들에게 성경을 가르치고 말씀을 따라 살도록 보살피는 일에 최선을 다해야 한다"는 강한 소신을 가지고 있었다. 이런 의지를 가지고 성경 연구에 몰두한 결과 1957년부터 1970년까지 매년 장년부《주일통일공과》를 집필해 전국 교회에서 교재로 사용하게 했으며, 1959년에는 당시 우리나라 최대 교회였던 서울 영락교회에서 사경회를 인도하며 주일 오전예배 설교와 로마서 강해를 통해 많은 은혜를 끼치기도 했다.

경안고등성경학교는 이후 경안성서학원, 경안성서신학원 등으로 이름을 바꿔가면서 경안노회의 지원 아래 수많은 인재들을 배출해 오고 있다. 2005년에는 새로운 시대의 흐름에 맞춰 시설과 교수진을 대폭 보강하여 경북 유일의 대학원 대학교인 경안신학대학원대학교를 신설하기에 이른다.

김광현 목사로부터 성경을 배웠던 김선애 권사는 그때 일을 이렇게 기억하고 있었다.

"우리가 김광현 상원로목사님께 교육을 참 잘 받았어요. 항시 말씀이 사람이 겉을 꾸미지 마라, 항시 속을 교양과 말씀으로 채워라, 그러셨어요. 그리고 가마솥 신앙을 가져라, 냄비 신앙을 가지면 안 된다고도 하셨지요. 무쇠 솥 같은 신앙생활을 해야 한다, 그러셨어요. 우리는 상원로목사님이 참 자상하신 분인데도 늘 어렵고 두렵게 느껴졌어요. 워낙 말씀을 강조하시고, 말씀대로 사시고, 원칙대로 하신 분이시니까……."

경안성서신학원을 졸업하고 안동교회에서 전도사로 사역하다가 다시 평신도의 길을 걷고 있는 권정국 은퇴 장로는 옛일이 떠오르는 듯 조용히 눈시울을 붉혔다.

"제 인생에 있어 가장 존경하는 분을 한 분 꼽으라고 한다면 저는 김광현 목사님을 꼽습니다. 아직도 1979년 12월 마지막 주일 설교 때 하신 말씀이 생각납니다. '의인은 그 믿음으로 말미암아 살리라'는 하박국 2장 4절 말씀이었어요. '제가 37년 동안 매주일 이 말씀을 가슴에 품고 설교를 했었습니다' 하시더군요. 오직 말씀만을 강조하시던 그 쩌렁쩌렁한 목소리가 아직도 귓가에 생생합니다."

최의숙 권사는 은퇴 후 교회 옆 한옥에 머물며 늘 성경을 썼는데, 가끔씩 찾아와 신기한 듯 들여다보며 놀다가곤 했던 안동교회 어린이들이나 젊은 학생들에게 자신이 쓴 성경책을 펼쳐 보이며 "우리는 우리 것이 아니고 하나님께서 너무나 비싼 값으로 우리를 사셨기 때문에 우리는 이제 하나님의 것이야. 그래서 우리는 하나님께 영광 돌리는 삶을 살아야 해. 이 말씀을 너희들도 마음속에 녹음시켜 둬. 그러면 너희 장래가 바뀔 거야"라고 당부하면서 손을 꼭 잡고 축복 기도를 해주었다고 한다.

최의숙 권사가 성경 한 권을 노트에 다 쓰면 꼭 김광현 상원로목사가 찬찬히 교정을 봤다고 했다. 약물로 지우고 다시 쓴 흔적들은 아마도 김광현 상원로목사가 나중에 발견해 낸 오자들이 아니었을까? 아내는 성경을 쓰고, 남편은 아내가 쓴 성경책 교정을 보고…… 그 어느 노년의 풍경보다 운치 있고 멋스러웠을 거라는 생각이 든다. 아내가 힘들여 쓴 성경책 교정을 보는 남편의 마음속에는 무슨 생각이 들었을까? 무엇보다 자식들은 이런 두 분의 모습을 보며 한없이 행복했다고 한다.

"제가 목사가 된 것은 다 부모님 덕분입니다. 저는 어릴 때부터 말씀대로 사시면서 말씀대로 목회하시는 아버지를 보며 목회자가 되는 꿈을 키웠습니다. 아버지를 본받고 싶었습니다. 아버지처럼 살고 싶었고, 아버지 같은 목사가 되고 싶었습니다. 목회자로서 아버지는 제 지표이자 이상형이셨고 멘토셨습니다. 그리고 어머니는 아버지의 훌륭한 동역자셨습니다. 어려운 시절 어머니께서 성악도 가르치고, 피아노 레슨도 하면서 우리 다섯 남매를 다 키우셨습니다. 어머니께서 주신 성경책을 보면 언제나 눈물이 핑 돌면서 한없이 행복합니다."

맏아들인 김서년 목사의 고백을 들으면 그의 아버지와 어머니의 삶이 어떠했으리라는 것을 충분히 짐작하고도 남는다.

'겉을 꾸미지 말고 교양과 말씀으로 속을 채워 무쇠 솥 같은 신앙을 가지라'는 김광현 상원로목사의 가르침을 따라 안동교회에서는 지금도 가정예배를 통해 성경을 읽고 묵상하도록 매주 성경 구절과 기도 제목을 주보에 안내하고 있으며, 책별 신약 성경 공부, 책별 구약 성경 공부, 인물별 성경 공부, 주제별 성경 공부를 연중 쉬지 않고 실시하고 있다. 아울러 구역 예배 때마다 한 주간 동안 읽은 성경 분량을 제출하도록 하여 성경 통독을 권장하고 있는데, 주보에 인쇄된 구역 예배 통계를 보면 한 주간 동안 전교인들이 읽는 성경 분량이 보통 1만5천 장에 육박하고 있다. 성경 말씀을 읽고, 쓰고, 외우고, 묵상하고, 사모하는 일이라면 아마도 안동교회가 전국 최고 수준의 교회가 아닐까 생각한다.

지금은 100주년기념관 안에 있는 역사전시실로 옮겨져 있지만 처음 안동교회를 방문했을 당시 빨갛게 익은 석류 열매가 나팔꽃이 활짝 핀 담장 너머를 수시로 기웃거리는 김광현 상원로목사의 한옥 사택 안방을 가만히 들여다보면 최의숙 권사가 성경을 쓸 때 사용했던 검은색 볼펜, 빨간색 볼펜, 손때 묻은 한국어·영어·일어판 성경책, 스탠드와 책상 등이 그대로 남아 있었다. 성경 할머니에게 어서 여기 앉아 다른 자녀들에게 선물할 성경책을 한 권이라도 더 쓰시라고 보채기라도 하는 것처럼.

온 교인이 참여한
성경 천독 대행진

　김광현 목사의 이러한 목회 원칙은 김기수 목사에게 그대로 전달되어 발전하였다. 김기수 목사도 그 누구에게 뒤지지 않는 말씀 중심의 목회자였기 때문이다.

　1991년 새해를 맞아 안동교회에서는 다른 교회에서는 듣지도 보지도 못했던 아주 특별한 일을 하나 벌이기로 했다. 이른바 '전 교인 성경 천독 대행진'이 그것이었다. 온 교인이 한 명도 빠짐없이 성경을 읽기 시작해서 성경 통독 횟수를 천 번까지 채우는 행사였다. 아무리 성경을 읽고, 쓰고, 외우고, 사모하는 일에 관한 한 전국 최고 수준의 교회라 할지라도 모든 교인들이 성경을 읽어 통독 천 번을 채운다는 건 결코 만만한 일이 아니었다.

　하지만 안동교회 사람들은 한 번 결정이 나면 모두가 순종하면서 일사분란하게 움직여 반드시 그 목표를 달성하고야 마는 기질을 지닌 사람들이다. 원칙이 정해지고 목표가 주어지면 일체 다른 말이 없다. 오로지 앞을 향해 달려갈 뿐이다.

'성경 천독 대행진'이 시작되고 나서 3주 만에 성경을 한 권 다 읽은 사람이 나타났다. 권정숙 집사였다. 성경책은 다른 책과 달리 아주 얇은 특수 종이에 인쇄한 두꺼운 책이기 때문에 그 분량이 상상 이상으로 많은 책이다. 그런 성경을 어떻게 3주 만에 다 읽을 수 있었을까? 믿기지 않을 만큼 대단한 일이었다.

아무튼 권정숙 집사를 시작으로 그다음 주일부터 매주 성경 통독자가 나타났다. 그해 안동교회 교인들은 주말도, 휴일도, 휴가도 없었다. 시간만 나면 성경을 읽어야 했기 때문이다. 잠자는 시간도 줄이고, 밥 먹는 시간도 줄여서 성경을 읽고 또 읽었다.

드디어 그해 겨울, 한 해가 다 저물 무렵 성경 통독 횟수는 507회를 기록했다. '성경 천독 대행진'은 해를 넘겨 계속되었고, 마침내 1994년 11월 13일에 천독이 돌파되었다. 중간에 다소 지쳐서 주춤하기는 했지만 1994년 말까지 안동교회 교인들은 신구약 성경책을 모두 1,023번이나 읽는 대기록을 수립하고 행사는 종료되었다.

여러 번 읽은 사람들도 나왔다. 지금은 고인이 되신 이금석 권사, 김점향 권사 두 분은 각각 이 기간 동안 서른일곱 번이나 성경을 읽었다고 한다. 크리스천 중에 성경책을 처음부터 끝까지 다 읽어본 적이 없는 사람들이 태반이고, 평생 성경을 꾸준히 읽는다 해도 겨우 몇 번이 고작인 게 보통 사람들이라고 생각했을 때 해마다 열 번 가까이 성경을 읽었다는 것은 정말 놀라운 일이다. 매달 한 번 가량 읽은 셈이다. 이들에게는 이듬해인 1995년 1월 1일 신년 예배 시간에 푸짐한 '성경 다독상'이 주어졌다.

성경을 읽는 문화가 안동교회에 어느 정도 정착되었을 즈음 김기수 목사는 또 하나의 숨겨진 카드를 꺼내들었다. 1995년 2월부터 '성경 쓰기 운동'을 시작한 것이다. 매달 어느 성경을 쓸 것인가를 교회에서 지정해 주었다. 1995년 2월 첫 번째 달에는 마태복음과 마가복음을 쓰도록 했으며, 그다음 달에는 누가복음, 요한복음을 쓰도록 했다. 이런 식으로 신약 성경으로부터 시작해서 구약 성경 말라기까지 성경 쓰기를 모두 끝낸 것은 1998년 10월이었다. 만 4년이 조금 못 되는 기간 동안 안동교회 사람들은 손가락에 물집이 생길 정도로 성경을 공책에 옮겨 적었다. 읽는 것보다 쓰는 게 훨씬 더 어렵고 오래 걸리는 건 당연한 일이었기에 안동교회 교인들이 얼마나 힘들었을지는 상상이 가고도 남는다.

천하의 안동교회 사람들이라 할지라도 이렇게 오랜 시간 계속해서 성경을 쓰도록 했으니 지치지 않을 수 없었을 것이다. 이를 격려하기 위해 교회에서는 매달 자신이 얼마나 성경을 썼는지를 보고해서 다른 사람들과 비교하여 확인할 수 있게 했다.

이 기간 동안 성경을 신구약 한 번 이상 다 쓴 사람들에게는

예배가 시작되기를 기다리며 1층 기도실에 앉아 돋보기안경을 끼고 성경을 읽는 할머니.
곱게 쪽진 머리와 은비녀가 정겹다.

역시 푸짐한 '성경 완필상'이 주어졌다. 당연한 결과겠지만 이때 상을 받은 사람들은 '성경 다독상'을 받을 때보다 그 숫자가 훨씬 적었다.

하지만 여러 가지 새로운 기록도 탄생했다. 박금자 권사는 한글로 7번을 쓰고, 일본어로 1번을 썼다고 하며, 최의숙 권사는 영어로 2번, 일본어로 1번을 썼다고 한다. 이때부터 안동교회 사람들은 성경 쓰는 일에도 일찍이 국제화, 세계화를 지향한 셈이다. 이쯤 되면 안동교회 사람들 앞에서 성경 많이 안다고 뽐내는 일은 그야말로 공자 앞에서 문자를 쓰는 일이나 다를 바 없을 것이다.

최의숙 권사의 필사본 성경책이 전시되어 있는 하늘씨앗어린이도서관 맞은편 창가 쪽에는 작은 진열대 하나가 놓여 있다. 그 안에는 낡은 성경책 한 권과 국한문 혼용으로 빼곡히 적힌 또 다른 필사본 성경 수십 권이 전시되어 있다. 2009년에 하늘나라로 가신 박금자 권사의 유품이다. 박금자 권사는 일찍이 남편을 여의고 다섯 남매를 삯바느질로 키우면서도 힘겨울 때마다 더 굳세게 신앙을 붙잡았으며, 그 증표로 100쪽짜리 노트 88권에 신구약 성경을 열 번이나 옮겨 적었다. 꼬박 12년이 걸린 일이었다.

"열두 번이나 대수술을 하셨으면서도 매일같이 흰옷으로 갈아입고 성경을 필사하시던 어머니 모습이 지금도 눈에 선합니다. 지난 2014년에는 CBS 주최 '한국 교회 성경 필사본 전시회'에 어머니의 성경책과 필사본이 전시되기도 했어요. 관람객들이 값비싸고 진귀한 필사본도 많았지만, 얼마나 많이 읽었는지 손만 대도 부스러질 것처럼 낡은 어머니의 성경책을 보고 많은 감동을 받았다고 하더군요. 어머니의 신앙 유산 덕분에 저희들이 살고 있습니다."

국회의원인 안동교회 김광림 집사는 예배 때 어머니의 성경 필사에 관해 간증을 한 일도 있다. 박금자 권사는 생전에 하늘씨 앗어린이도서관에 많은 도서를 기증하기도 했다.

이제 성경을 읽기도 하고 쓰기도 했으니 더 할 건 없을 것 같았지만 안동교회의 말씀 사랑은 여기서 그치지 않았다. 그동안 성경을 읽고, 쓰는 일이 혼자서 하는 개인적 차원의 일이었다면 이제는 다 같이 모여서 성경을 읽는 '성경 통독회'를 실시한 것이다.

1998년 2월 23일부터 26일까지 안동교회 본당 1층 친교실에서는 '성경 통독회'가 개최되었다. 봄방학 기간 동안 모든 교인들이 참여하는 성경 함께 읽기 운동을 펼친 것이다. 오전 10시부터 시작해서 오후 6시까지 식사 시간과 간식 시간을 제외하고는 전체가 다 조용히 자리에 앉아 성경 읽는 일에 몰두했다. 어른들이야 자기 의지로 하는 거니까 할 수 있다 해도 봄방학을 맞아 한창 뛰놀아야 할 어린아이들까지 딱딱한 의자에 앉아 숨죽이고 성경책을 읽어야 했으니 결코 쉬운 일이 아니었다.

아마 서울에 있는 교회에서 이런 행사를 했다면 우는 아이, 떠드는 아이, 뛰어다니는 아이 때문에 조용히 성경을 읽기가 어려웠을 것이다. 도시에서는 남의 눈치 안 보고 자기 마음대로 하는 게 몸에 밴 아이들이 많기 때문이다.

하지만 안동의 아이들은 다르다. 안동은 전통과 예절의 고장이다. 어른들이 성경을 읽고 계시는데, 떠들고 뛰어다닌다는 것은 있을 수 없는 일이다. 앞집 아이도, 뒷집 아이도, 옆집 아이도 아버지가 누구고, 할아버지가 누군지 다 알기 때문에 버릇없는 아이는 대번 소문이 돌고 부모로부터 곧바로 혼찌검이 난다. 버르장머리 없는 사람은 도저히 살아갈 수 없는 동네가 바로 안동이다.

이런 분위기 때문에 안동교회 예배 시간은 대체로 조용하다. 찬양을 하고, 손뼉을 치고, 율동을 할 때는 하지만 그렇지 않을 때는 늘 조용하다. 밥을 먹을 때도 어른이 먼저 드셔야 숟가락을 잡고, 대화를 할 때도 어른들이 말씀하시면 내 생각하고 달라도 묵묵히 듣기만 한다.

'성경 통독회'는 이런 안동 지방 분위기에 아주 잘 어울리는 모임이었다. 이때는 다 같이 신약성경을 읽었는데, 성경을 읽는 동안 군데군데 눈물을 흘리며 은혜를 고백하는 사람들도 있었다. '성경 통독회'에 참여했던 사람들은 한결같이 평소 단편적으로만 읽었던 성경을 한꺼번에 전체적으로 읽음으로써 중요한 흐름을 알게 되어 좋았다는 고백을 했다고 한다.

'성경 통독회'는 그다음 해인 1999년 1월 12일부터 14일까지 또다시 개최되어 이번에는 구약성경을 읽어 내려갔다. 이 기간에도 마찬가지로 겨울방학을 맞은 어린아이에서부터 백발의 어르신까지 모두 참여하여 열심히 성경을 읽었다.

> 또 네가 어려서부터 성경을 알았나니 성경은 능히 너로 하여금 그리스도 예수 안에 있는 믿음으로 말미암아 구원에 이르는 지혜가 있게 하느니라 모든 성경은 하나님의 감동으로 된 것으로 교훈과 책망과 바르게 함과 의로 교육하기에 유익하니 이는 하나님의 사람으로 온전케 하며 모든 선한 일을 행하기에 온전케 하려 함이니라

디모데후서 3장 15절부터 17절까지의 말씀이다. 어려서부터 성경을 읽는 게 얼마나 중요한 일인지, 우리가 왜 매일 성경을 읽어야 하는지를 잘 알려주는 말씀이다. 안동교회는 일찍부터 이 말씀을 실천해 온 교회다. 담임목사에서부터 장로, 권사, 집사는 물론 칠순, 팔순이 넘은 노인부터 초등학교 아이들에 이르기까지 모든 교인들이 항상 말씀을 읽고, 쓰고, 외우고, 묵상하는 일을 게을리하지 않았다.

안동교회가 지난 110년 동안 그 모진 세월을 견뎌오면서도 단 한 번의 분쟁이나 분열이 없었던 것, 안동 지역의 어머니 교회로서 모든 것을 아낌없이 나눌 수 있었던 것, 지역 사회와 사람들에

게 칭찬받고 존경받는 교회가 될 수 있었던 것, 모든 것을 다 주고도 끝없이 새로운 복을 풍성히 받고 누릴 수 있었던 것은 바로 이와 같은 성도들의 하나님 말씀에 대한 순수한 사랑과 순종이 있었기 때문일 것이다. 사람이 봐도 아름답고 귀한 이 모습들이 하나님 보시기에 어찌 귀하고 아름답지 않겠는가?

신구약 성경 전체를 그림으로 그린
열 살 소년 이다니엘 군

1995년 2월부터 시작된 '성경 쓰기 운동'이 진행되는 동안 성경을 읽고 쓰는 일에 관한 한 둘째가라면 서러워할 만큼 단단히 훈련이 되어 있던 안동교회 사람들이 벌린 입을 다물지 못할 정도로 깜짝 놀랄 일이 벌어졌다. 이제 겨우 열 살밖에 안 된 초등학교 3학년 이다니엘 군이 신구약 성경 전체를 그림으로 그려 제출한 것이다. 연습장에 그린 성경 그림책은 모두 16권이었다.

이다니엘 군이 성경을 읽으며 그림을 그리기 시작한 것은 1994년 6월 9일부터였다. 당시 이다니엘 군은 용상초등학교 1학년이었다. 여덟 살짜리 어린아이가 성경 전체를 읽어가며 기발한 상상력으로 한 장면 한 장면을 상황에 맞게 그림으로 그려낸 것이었다. 16권을 다 끝마친 것은 1996년 9월 18일, 이다니엘 군이 초등학교 3학년 열 살이 되던 해 가을이었다.

"그냥 그리다 보니까 그렇게 되었어요. 어렸을 때부터 엄마가 성경을 많이 읽으라고 말씀하셔서 늘 성경을 열심히 읽었거든요. 엄마는 제가 성경을 읽으면서 한글을 깨우쳤다고 하시더라고요. 성경 읽는 게 재미있었어요. 아무튼 어른들이 보시는 성경을 한번 다 읽고 나니까 엄마가 좀더 쉬운 《현대어 성경》을 사주셨어요. 그러면서 이제부터 이 성경을 읽고 그림을 그려보라고 하시더군요. 제가 그림 그리는 걸 유난히 좋아했기 때문에 그러셨던 것 같아요. 저야 뭐 성경 읽는 것도 좋고, 그림 그리는 것도 좋으니까 당장 연습장에 그림을 그리기 시작했죠. 밥 먹기 전에 그리고, 밥 먹고 나서 그리고, 공부 좀 하다가 또 그리고, 놀다 들어와서 그리고…… 만 2년 조금 넘게 그리다 보니 완성이 되었습니다."

이다니엘 군을 처음 만났을 때 그는 서울 장로회신학대학교 기독교교육과 1학년에 재학 중이었다. 성경을 열심히 그림으로 그리던 꼬마 아이가 어엿한 대학생이 되어 있었던 것이다. 마침 추석 연휴에 고향에 내려와 있던 이다니엘 군은 그때 교회에서 제본해 준 그림 성경책 16권을 보자기에 고이 싸 가지고 와서 보여 주었다.

한 장 한 장 넘기면서 읽어보니 어떻게 초등학교 1학년짜리 어린아이가 이렇게 성경의 핵심을 잘 이해하고 상황을 표현해 냈을까 믿기지가 않을 정도였다. 그림들이 때로는 논리적이고, 때로는 해학적이며, 때로는 추상적이어서 시간 가는 줄 모르고 읽는 재미가 생겼다.

에덴동산을 설명하는 장면에서는 어린아이들이 좋아하는 디플로도쿠스(Diplodocus, 쥐라기에 살았던 초식 공룡) 같은 공룡들이 잔뜩 등장하고, 창세기 11장에 나오는 바벨탑 공사를 설명하는 장면에서는 곳곳에서 '톱질하세', '와장창', '뚝딱뚝딱' 하는 소리들을 집어넣으며 제각기 열심히 공사에 열중하는 모습을 그리는 동시에 '위험 바벨탑 공사'라는 표지판까지 여기저기 박아 놓은 광경이 재미있었다.

히브리서 13장에는 '축복과 작별 인사'라는 제목이 붙어 있었는데, 왼쪽에 있는 사람들은 '디모데의 석방증명서를 보여 주시오!'라고 외치는 반면 오른쪽에 있는 사람들은 '아이고, 디모데 녀석은 석방이고, 나는 잡혀 가다니 원통하다!' 하면서 소리치고 있었다. '형제 디모데가 방금 감옥에서 풀려 나왔음을 알립니다!'라는 소리가 하늘에서 들리는 중에 로마지검 소아시아 소지검 에베소 제3교도소로 향하는 검사의 손에는 석방증명서가 들려 있었다.

그림은 볼펜, 사인펜, 연필을 섞어 가며 그렸는데, 주로 흑백이었지만 군데군데 채색된 그림도 보였다. 시간이 지나면서 그림마다 제목이 붙여져 있었다.

"여덟 살이면 엄마한테 응석이나 부리면서 한창 뛰어놀 나이

이다니엘 군의 성경 그림책. 성경 본문에 대한 표시 옆에 그림을 그린 날짜와 제목이 붙어 있다.
성경을 자유자재로 해석하는 능력이 놀라웠다.

인데, 매일 성경을 읽으면서 그림 그리는 게 힘들거나 지겹지 않았나요?"

"그림 그리는 걸 워낙 좋아했으니까 힘들다, 지겹다 이런 생각은 없었어요. 엄마는 밥 먹기 전에 꼭 성경을 읽으라고 하셨거든요. 밥 먹듯이, 그냥 취미 삼아 틈틈이 그린 거예요. 놀 때는 많이 놀았죠. 지금 생각해 보면 다 하나님께서 이끌어 주셔서 할 수 있었던 것 같아요. 제가 무슨 능력이 있거나 뛰어나서가 아니고요."

여덟 살 때 성경을 그림으로 거침없이 그려 낸 천재 소년은 대학생이 되어서도 나이답지 않게 겸손하고 진지하고 예의바른 청년이었다.

그림 성경책 1권 맨 앞장에는 이런 글이 쓰여 있었다.

"어린 네가 일독하느라 수고했구나. 선물로 현대어성경을 네게 주니 읽고 기도하고 무엇을 그릴까요?(성령님 도와주세요) 매 식사 전 1장씩 읽기. 그림 그리는 것 좋아하는 다니엘에게. 주님이 도우신단다."

이다니엘 군의 어머니가 아들에게 써준 글이다. 이런 어머니가 계셨기에 그런 아들이 있을 수 있었으리라. 이다니엘 군의 어머니는 당시 안동교회에서 주의 일에 전념하던 김희자 전도사였다. 기도와 말씀으로 양육한 아들은 한국 교회를 이끌어갈 큰 재목으로 쑥쑥 자라고 있는 중이었다.

김희자 전도사의 기억 속에 남아 있던 이다니엘 군의 어린 시절은 이랬다.

"저도 교회 일에 바쁘고, 다니엘 형이 몸이 좋지 않아 돌보느라 다니엘에게 많은 신경을 써주지 못했는데, 글쎄 얘가 틈만 나면 성경책을 읽더라고요. 어른들이 보는 어려운 성경을 초등학교도 들어가지 않은 아이가 읽는 게 참 신기했어요. 그러면서 얘가 달력 뒷면이나 빈 종이만 있으면 늘 그림을 그리곤 했어요. 그러던 어느 날 성경책 한 권을 다 읽었다는 거예요. 그래서 아이에게 맞는 쉬운 성경책을 사주면서 이걸 그림으로 한 번 그려보라고 했더니 그렇게 자기가 알아서 다 그려 낸 겁니다. 하나님께서 특별한 은혜를 주신 것 같아요."

16번째 맨 마지막 권 뒷장에는 이다니엘 군의 소감이 적혀 있었다.

"2독 다 읽고 그림을 그린 것 하나님께 감사드립니다."

이다니엘 군은 이후에도 안동교회에서 실시하는 성경 통독회 등에 꾸준히 참가했으며, 안동중학교를 거쳐 경안고등학교에 진학했다. 경안고등학교는 안동교회가 주축이 된 경안노회에서 운영하는 기독교 학교다. 경안고등학교 재학 시절 이다니엘 군은 KBS TV가 주최한 〈도전! 골든벨〉이라는 고등학생 퀴즈 프로그램에 참가해 최후의 1인으로 남음으로써 경안고등학교에서 1등을 차지하게 된다. 비록 몇 문제를 풀지 못해 골든벨을 울리지는 못했지만 학교에서는 일약 스타가 되기에 충분했다.

"주님이 함께하셨죠. 골든벨을 울리지 못했으니 잘한 것은 아니고요."

자녀 교육에 관해서라면 유대인들에게도 결코 뒤지지 않는 한국의 젊은 엄마들. 영어 교육을 위해 원어민 강사를 데려다가 과외도 하고, 방학마다 해외 연수를 보내기도 하며, 심지어는 '기러기 아빠'라는 유행어까지 낳아가며 열정적으로 자녀들에게 헌신하는 부모들이 많다. 요즘은 논술 교육 때문에 동서양 고전과 교양서적 읽히기에도 분주하다.

하지만 자녀들에게 어려서부터 하나님 말씀을 읽도록 하고, 성경을 쓰고 외우고 그렇게 하는 부모들은 얼마나 될까? 밥 먹기 전에 성경 한 장 읽고 밥을 먹게 하는 엄마들은 얼마나 될까? 학교 교육 못지않게 신앙 교육에 있어서도 조기 교육이 중요하다는 사실은 이다니엘 군을 만나 이야기를 나눠 보고 나서 더욱 더 확실히 깨닫게 되었다.

2006년 초에 출간되어 베스트셀러가 된 《성경 먹이는 엄마》라는 책이 있다. 어렸을 때부터 성경을 통해 교육하는 게 얼마나 중요한지를 알려주는 책이다. 이다니엘 군의 어머니 김희자 전도사는 원조 '성경 먹이는 엄마'였다. 육신의 양식인 밥을 먹기 전에 영의 양식인 성경을 먼저 먹이던 엄마였기 때문이다. 이다니엘 군은 그런 어머니 밑에서 '성경 먹으며 자란 아이'였다.

12년 세월이 흐르는 동안 두 모자에게는 많은 변화가 있었다.

김희자 전도사는 목사 안수를 받고 2008년부터 안동시 북후면 도진리에 있는 도진교회에서 목회를 하고 있었다. 시내 외곽으로 한참을 가야 하는 시골이었다. 주민이 60여 명 정도 살고 있는 마을이라고 했다.

"28년 된 교회예요. 이 마을 출신 목사님 한 분이 고향 사람들을 전도하기 위해 설립했다고 하더라고요. 안동교회에 있을 때 교사로 일하면서 아이들을 많이 전도한 경험이 있어 사람 사는 마을이라면 어디든 가서 전도하리라 다짐하고 들어왔죠. 그런데 막상 와보니 어려움이 한두 가지가 아니네요. 처음 왔을 때 교인이 두 분 계셨어요. 다들 노인 어른들이라 전도가 쉽지 않고, 겨우 전도해 놓으면 하나님께서 데려가시곤 해요. 아이들은 아예 없죠. 주일학생이나 중고등학생은 구경도 못해요. 시내 나가서 아이들을 보면 눈이 새로워져요."

오랜만에 만난 김희자 목사의 표정은 예전보다 훨씬 밝고 자신감이 넘쳐 보였다.

이다니엘 군은 이제 32세가 되었다. 일반대학을 나오지 않고 신학대학을 졸업한 학생들은 곧바로 대학원에 진학해 목회자가 되는 것보다는 얼마 동안 사회 경험을 쌓은 다음 대학원에 진학하는 게 좋겠다는 지도교수의 조언에 따라 그는 졸업 후 종로에 있는 한국장로교출판사에서 일하다가 군 복무를 마친 뒤 장로회신학대학교 신학대학원에 재학 중이다. 지금은 학교에 다니면

꿈나무교회 어린이들이 쓴 비뚤비뚤한 글씨의 필사 성경책. 고사리 같은 손을 모아
연필로 써 내려간 성경 한 구절 한 구절이 해맑은 동심처럼 살아 움직이는 것 같다.

서 서울 충무로에 있는 신광교회에서 아동부 전도사로 사역하고 있다. 2019년에 대학원을 졸업하면 본격적인 목회자의 길을 걷게 될 것이다.

안동교회에는 이다니엘 군뿐만 아니라 성경을 먹으며 자라나는 아이들이 많다. 이 아이들이 다 자라났을 때 성경을 먹지 않고 자라난 아이들과 어떻게 달라져 있을지는 아무도 모른다. 하지만 말씀에 기록된 대로라면 이 아이들은 모두 이 땅을 기름지게 할 좋은 나무들이 되어 있을 것이다. 시절을 좇아 과실을 맺고 그 잎사귀가 마르지 않는 시냇가에 심은 나무들처럼.

기드온 300용사들이 쓴
사순절 무지개 언약성경

하늘씨앗어린이도서관에는 최의숙 할머니가 쓴 필사 성경책
외에도 사람들이 보물처럼 여기는 성경책이 또 하나 있다. 바로
《사순절 무지개 언약성경》이다. 최의숙 할머니의 필사 성경책이
꽂혀 있는 책장 한 칸 아래에 《사순절 무지개 언약성경》이 나란
히 진열되어 있다. 책 제목 그대로 빨강, 파랑, 노랑…… 알록달록
한 무지개 색깔의 예쁜 성경책이다.

2005년 사순절(四旬節, 부활절 전까지 여섯 번의 주일을 제외한 40일 동안
의 기간을 말하며, 금식과 특별기도와 경건의 훈련 기간으로 삼는다) 동안 김승
학 목사는 예수 그리스도의 고난과 부활에 함께 동참하자는 의
미에서 교인들 중 300명을 선발하여 기드온(구약성경에 나오는 이스
라엘 5대 사사로 므낫세족 300명의 군사를 이끌고 평야에서 미디안 대군을 맞아 크

게 이겨 이스라엘을 구했다. 기드온은 '베어 쓰러뜨리다'라는 뜻으로 용감한 장군을 상징한다) 300용사와 같은 심정으로 성경을 각각 나눠 쓰도록 했다. 《사순절 무지개 언약성경》은 이를 모아 엮은 책이다. 안동교회 사람들은 이 성경책을 보면서 하나님께서 기드온에게 내리셨던 능력과 은혜를 교회와 가정에 내려 주시기를 위해 기도하고 있다. 말하자면 《사순절 무지개 언약성경》은 하나님과 안동교회와의 새로운 언약의 상징인 셈이다.

300명을 선발하는 기준은 두 가지였다. 일단 목사, 장로, 권사, 장립집사 등 항존직(한 번 임명되면 그 지위를 영속적으로 갖게 되는 교회의 중심 역할을 수행하는 직분)에서 반을 선발하고, 서리집사와 일반 성도 그리고 어린아이와 학생들 중에서 나머지 반을 선발했다. 이미 상원로목사와 원로목사 시절부터 성경을 쓰는 데는 익숙하게 훈련을 받아왔던 터라 자세한 설명이 필요 없었다. 다들 알아서 정해진 부분을 깔끔하게 써 내려갔다.

《사순절 무지개 언약성경》을 펼치면 '성경 필사의 마음가짐'이라는 문구가 나온다.

첫째, 콩나물시루에 매일 물을 주면 바로 밑으로 빠져나가도 콩나물이 자라듯 어려운 환경 속에서 매일 쉬지 않고 성경 필사를 계속하면 우리의 믿음이 자라 진리를 알고 자유케 됩니다.

둘째, 성령의 인도하심 따라 믿음으로 한 절 한 절 정성을 기울여 정자로 옮겨 쓰며, 우리 믿음의 후손들에게 유산으로 남겨두기 위함이니 결코 나의 의가 앞서는 인간의 노력이나 열성의 산물이 되지 않도록 해야 합니다.

셋째, 사순절을 맞이하여 주님의 고난을 생각하며 성경 말씀을 한 절 한 절 써내려갈 때 주님이 우리에게 주신 소명과 비전을 확인할 수 있습니다. 또한 위의 기도 제목이 온전히 이루어지는 은혜를 체험할 것입니다.

우리에게 예수 그리스도의 고난과 부활은 과연 무엇인가? 언제부턴가 우리는 부활절을 형식과 제도로서만 이해하고 흘려보내고 있는 건 아닐까? 촛불예배를 드리고, 현란하게 포장된 삶은 달걀을 먹고, 거창하게 성찬식을 하고, 근사한 부활절 기념 음악회를 한 번 하는 것으로 부활절을 잘 보냈다고 생각하게 된 것은 아닐까?

안동교회 사람들은 '성경 필사의 마음가짐'으로 교인들이 다 함께 성경책을 쓰는 과정을 통해 구체적이고, 개인적으로 예수 그리스도의 고난과 부활에 동참하고 있었다.

자신에게 할당된 성경을 다 쓰고 나면 맨 위쪽에 이름을 쓰고, 맨 아래에 기도 제목을 적도록 되어 있다. 제각각 다른 서체로 정성껏 펜을 눌러 성경을 써내려간 흔적들이 감동적이었다. 맞춤법에 약하고 눈이 어둠침침한 할머니들은 비뚤비뚤 그림을 그리듯한 글자씩 적어 나간 모습이 역력했고, 초등학교 저학년인 듯 보이는 어린아이들은 집 지을 때 기둥 쌓듯이 자음과 모음을 턱턱

알록달록 모양도 예쁜《사순절 무지개 언약성경》. 안동교회에서는 사순절뿐만 아니라
다른 절기 때도 여러 모양으로 성경을 써서 예물로 드리는 게 전통처럼 되었다.

올려놓은 서툰 모양새였다. 명사들을 전부 한자로 적어 놓은 학
식이 풍부한 분도 있었고, 쓰다 지친 듯이 한 줄씩 빼먹고 써내려
간 사람도 있었다.

　한 장 한 장 성경을 넘길 때마다 아래쪽에 있는 기도 제목들
이 눈에 들어왔다.

　'남을 잘 용서하는 사람이 되게 하여 주소서.'

'전도에 대한 부담감을 가지며 살게 하소서.'

'하나님 아버지, 남편을 꼭 교회에 나오게 하소서. 아멘!'

'학교 폭력이 사라지고 그들이 복음으로 변화되게 하옵소서.'

'공부에 집중할 수 있게 지혜 내려 주세요.'

'친구들과 아무 일 없이 잘 지낼 수 있게 도와주세요.'

'하나님 아버지, 남은 생 주님께 부탁들입니다.'

아이들은 아이들대로, 어른들은 어른들대로 저마다 간절한 사연들을 기도 제목으로 적어낸 것이다. 교인들은 저마다 다른 사람들의 기도 제목을 보고 중보기도를 드린다. 그런 후에 밝아 오는 부활절 아침을 맞는다.

가만 살펴보니 '돈 많이 벌어 부자 되게 해주세요', '전교 1등 해서 일류대학 들어가게 해주세요', '건강하게 오래오래 잘살게 해주세요' 같은 기도 제목들이 눈에 띄지 않았다. 예수 그리스도를 닮은 삶을 살아가기를 원하는 순진하고 소박한 마음씨가 기도 제목에 고스란히 드러나는 것 같았다.

이렇듯 안동교회 사람들은 무슨 일을 만나든지 모든 문제를 말씀으로 풀어가는 게 습관처럼 되어 있다. 그렇기 때문에 다툼이나 싸움이 없는 게 아닐까? 무슨 일만 생기면 수군거리고 자기 의와 지혜로 그걸 해결하고자 노력하기 때문에 싸움과 다툼이 일어나는 것인데, 매사를 조용히 말씀 안에서 말씀을 통해 지혜롭게 처리하려고 노력하니 싸움과 다툼이 일어날 일이 없을 것이라는 생각이 들었다.

김승학 목사는 주일 예배 때 '누가 복 있는 사람입니까?'라는 제목으로 다음과 같은 설교를 한 적이 있다.

"예수 그리스도께서는 요한계시록 22장 7절에서 '보라 내가 속히 오리니 이 책의 예언의 말씀을 지키는 자가 복이 있으리라 하더라'고 말씀하셨습니다. 누가 복 있는 사람입니까? 말씀을 지키는 사람이 복 있는 사람입니다. 하나님의 말씀 속에서 하나님의 말씀을 듣고, 읽고, 공부하고, 외우고, 묵상하여 즐거움을 찾는 사람은 복 받은 사람입니다. 뿐만 아니라 마지막 때에 예언의 말씀을 지키는 자는 복이 있습니다.

하나님께서는 당신의 말씀을 지키는 사람이 장수와 평강의 복을 누리고, 하나님과 사람 앞에서 은총과 귀중히 여김을 받으며, 우리의 길을 지도하시고, 무엇을 하든지 모든 일을 아름답게 이루어 주시겠다고 약속하셨습니다. 시편 37편 25절에서 26절은 약속합니다. '내가 어려서부터 늙기까지 의인이 버림을 당하거나 그 자손이 걸식함을 보지 못하였도다. 저는 종일토록 은혜를 베풀고 꾸어주니 그 자손이 복을 받는도다.' 여기서 의인이란 하나님 말씀을 지키면서 살아가는 사람을 말합니다. 누가 복 있는 사람입니까? 바로 말씀을 지키는 사람이 복 있는 사람입니다."

성경을 읽고 쓰면
몸도 영혼도 맑아진다

2006년 여름, 성경책을 한 번 이상 직접 써본 경험이 있는 안동교회 교인들을 만나기 위해 교역자들을 통해 연락을 취했다. 만나서 성경 필사에 대해 이야기를 듣고 싶다고 간곡하게 부탁했다. 하지만 모두들 한결같은 대답이었다.

"에이…… 그거 별 거 아니에요. 다들 쓰는데…… 저 말고 다른 분 하세요. 그게 좋아요."

한사코 자기는 할 이야기가 별로 없다며 다른 분들이 더 훌륭하니 그분을 만나보라는 것이었다. 이렇게 서로 꼬리에 꼬리를 물고 사양하고 다른 분을 권하기만 하다가는 아무도 만나볼 수 없을 것 같았다. 그래서 하는 수 없이 교회에 보관 중인 성경 필사자 명단을 놓고 무작위로 뽑아서 담당 교역자를 통해 간곡히 사정 설명을 한 후에야 겨우 만날 수 있었다.

일단 한자리에 모이게는 했는데, 모여서도 말이 없기는 매한가지였다.

"최의숙 권사님 만나셨다면서요? 그럼 됐지 우리까지 이야기할 게 뭐 있어요?"

꼭 취재를 위해서가 아니라 그냥 솔직하게 성경을 쓰는 동안 느꼈던 점이나 특별히 힘들었거나 좋았던 것, 그리고 성경을 쓰기 전과 쓰고 나서 달라진 게 뭐가 있는지 등에 대해 같은 크리스천으로서 알고 싶어서 그러니 부담 갖지 말고 이야기 좀 해달라고 애원했다. 그제야 겨우 한 사람 한 사람 입을 열기 시작했다.

"저는 목사님 광고를 듣고부터 '아, 내가 집에서 할 수 있는 일은 바로 이거다' 이렇게 생각했어요. 그래서 쓰기 시작했는데, 쓰다 보니까 그게 아니더라고요. '나중에 내가 죽더라도 자녀들에게 물려줄 거라곤 이것밖에 없구나' 하는 걸 깨달은 거죠. 아이들이 셋 다 유학을 떠난 후 1주일에 한 번씩 아이들에게 편지를 썼어요. 그러면서 편지 속에다가 성경 말씀을 써서 부쳤죠. 믿음의 유산을 물려준다는 심정으로 썼어요. 제가 장사를 하다 보니까 시간이 없어서 틈나는 대로 썼는데도 뭐 거의 10년 정도 걸렸어요. 성경 전체를 세 번 썼죠. 세 아이들에게 한 질씩 물려줬어요. 아이들이 다 가보로 간직한답니다. 아이들이 소중히 여겨 주니 좋더라고요. 그런데 이게 성경 쓰는 일이 힘들 거 같은데, 하면 할

권정자 집사는 성경을 쓰면 잠도 안 오고, 힘도 안 들고,
정신이 맑아진다고 했다. 권사가 된 그녀는 성경 필사를
통해 얻은 인내와 용기를 바탕으로 명함을 만들어
가지고 다니면서 전도에 매진하고 있다.

수록 힘이 안 들고 정신이 더 맑아져요. 오던 잠도 떠나더라고. 사
람이 점점 더 깨끗해져요."

　대외사회부에서 봉사하던 권정자 집사는 성경을 쓰면 잠도
안 오고, 힘도 안 들고, 정신이 맑아진다고 했다. 성경책만 펴면
금방 졸음이 쏟아지는 사람도 있다는 걸 잘 이해하지 못하는 눈
치였다.

도서실 사서로 봉사하던 김화순 권사는 "성경을 쓰면서 많은 은혜와 감동을 받았고, 신앙이 깊어졌다"면서 "성경을 오랜 세월 동안 써 왔는데, 주로 하나님께서 잠을 주시지 않을 때 성경을 썼다"고 했다. 그러면서 "조용한 시간에 마음에 감동이 왔을 때 성경을 쓰면 그냥 읽기만 했을 때 전혀 보이지 않았던 말씀들이 새롭게 보이게 된다"고 알려 주었다.

성경 쓰는 일을 하나님과의 대화라고 고백하는 이예실 집사. 성경을 쓰면 언제나 마음에 평안과 위로가 넘친다고 했다.

"저는 어머니 돌아가시고 나서 첫 번째 설날을 맞았을 때 마음이 아주 우울했었는데, 동생이 성경을 좀 써보라고 권하더군요. 그래서 성경을 쓰기 시작하니까 마음에 위로가 되었고, 어린아이처럼 하나님과도 대화를 하게 되었어요. 어릴 때부터 아버지의 사랑을 받지 못하고 자랐기 때문에 나는 늘 불행하다고 생각하고 있었죠. 그런데 성경 한 권을 다 쓰고 나서 노트 밑에다 소감을 적는데, 어릴 때도 못해 봤던 '아빠'라는 소리가 저도 모르게 나오는 거예요. 그러면서 마음에 평안과 위로가 넘쳤어요. 성경을 쓰는 동안 울기도 많이 울었고, 기쁨이 넘쳐 웃기도 많이 웃었죠. 정말로 자유롭게 하나님 아버지와 자녀인 제가 소원 풀이를 한 과정이었어요. 성경을 쓰려고 책상 앞에만 앉으면 너무너무 즐거웠으니까요. 제 둘째아들이 제가 쓴 성경책을 보더니 '엄마, 이거 정말 우리 집 가보다'라고 하더군요. 저도 그 말을 들으니까 마음이 너무 좋고 기뻐서 둘째를 위해서도 한 질 또 쓰게 되었어요."

말하는 동안 경로대학 교사로 섬기던 이예실 집사의 얼굴에는 때로는 물기가 때로는 미소가 가득했다. 성경 쓰는 일을 하나님과의 대화라고 말하는 걸 들으면서 어떻게 저런 표현을 할 수 있을까 감탄했다. 하나님을 "아빠"라고 부르며 아빠와 자녀가 함께 앉아 이야기를 나누고 소원을 푸는 흥겨운 자리가 바로 성경쓰는 일이라고 이야기하는 대목에서는 그야말로 시인이 따로 없었다. '하나님과의 대화', '아빠와 함께 흥겹게 소원을 푸는 자리' 성경을 쓴다는 건 바로 그런 일이었다.

현악부 소속이던 현말수 권사는 이렇게 간증했다.

"목사님께서 성경을 쓰라고 하시는데, 생각해 보니까 이거 내가 교회를 몇 십 년이나 다녔는데도 성경 한 번을 안 썼다니 이게 될 일인가 싶어서 마음이 뜨끔했어요. 곧바로 성경을 쓰기 시작했죠. 죽어라고 쓰니까 3개월도 안 돼 다 썼어요. 그래서 '내가 이걸 무턱대고 그냥 쓸 게 아니라 누구에게 남겨 줘야 되겠다' 생각하게 되었어요. 그 뒤부터 자식들에게 주려고 더욱 정성스럽게 썼죠. 눈이 침침한 나이에 쓰는 것보다는 젊었을 때 눈 좋을 때 성경을 쓰면 얼마나 좋아요? 눈 밝을 때 꼭 성경을 써보라고 권하고 싶어요."

꼭 나보고 하는 말 같았다. 나야말로 뜨끔했다. '그렇지. 눈 좋을 때, 아직 젊을 때 성경을 부지런히 읽고 써야지……' 점점 대화의 열기가 뜨거워졌다.

"성경을 쓰면 좋은 게 뭐냐 하면…… 그전에 우리 신랑이 예수를 안 믿었거든요? 그런데 나중에는 자기 스스로 '우리 애들이 나가고 마누라도 나가는데, 나도 나가야지' 하더니 교회로 발걸음을 옮겼어요. 하지만 뜨거운 신앙 그런 건 없었죠. 그러던 사람이 제가 성경을 쓰기 시작하니까 너무 좋아하는 거예요. 퇴근해 집에 오면 '오늘은 성경 얼마나 썼어?' 하고 물었어요. 어쩌다가 한 번 성경을 쓰지 않는 날이면 '야, 오늘은 안 쓰나?' 하더라고요. 맨 처음 성경 한 권을 딱 써서 책꽂이에 꽂아 놓으니까 집에 손님이 오시면 신랑이 그 손님을 책꽂이로 데리고 가서 '이거 내 마누라가 쓴 거야' 하고 자랑을 하곤 했어요. 늘 제가 쓴 성경책을 보고 또 보고 만지작거리면서 애지중지하더군요. 얼마 전에 우리가 이사를 했는데, 이삿짐 정리를 하는 동안 어머니께서 성경책 쓰라고 제 방에 책상을 마련해 주셨어요. 신랑이 처음에는 시험의 대상이었지만 지금은 완전히 내 편이 되었어요. '여보, 성경 쓰게 노트 한 권만 사다 줘' 하면 재빨리 나가서 사다 주곤 해요. 제가 말이 없으면 '여보, 노트 안 필요해? 사다 줄까?' 묻기까지 한다니까요. 성경을 쓰면서 우리 가족 모두가 행복해졌답니다. '행복이란 게 멀리 있는 게 아니구나' 느꼈습니다. 이게 바로 우리 가정의 행복이지요. 너무너무 즐겁고 좋아요."

　권정자 집사의 '성경 필사 행복론' 강의가 길게 이어졌다. 한 번 말문이 열리니까 언제 내가 사양했었느냐는 듯이 기막힌 간증들이 계속해서 쏟아졌다. 이게 안동교회 사람들이 가지고 있는 또 하나의 매력이다. 양파를 벗기듯 벗기고 또 벗겨도 계속해서 은혜롭고 아름다운 간증들이 이어졌다.

　주의 말씀의 맛이 내게 어찌 그리 단지요. 내 입에 꿀보다 더 다니이다.

안동교회 사람들의 성경 예찬론은 시편 119편 103절 말씀 그대로였다.

마음이 평온했다. 마음속에서 걱정 근심이 모두 떠나 버렸다. 서울에 두고 온 수많은 고민거리들, 앞으로 해야 할 여러 가지 일들에 대한 스트레스, 돈에 대한 생각들, 모든 게 날아가 버렸다. 이제 나는 넋 놓고 앉아 어머니가 들려주시는 재미있는 성경 이야기를 듣는 온순한 어린아이가 되어 있었다.

"성경 쓰는 게 익숙해져서 이제는 틈틈이 하나님께 편지를 써요. 아주 재미있어요. 어젯밤에도 하나님과 대화를 했어요. '오늘 내가 이렇고 이랬습니다.' 말씀 안에서 항상 대화를 하니까 너무 즐거워요."

"안동교회의 성경 쓰는 이런 문화가 참 좋아요. 말씀을 직접 써 보면 알 수 있어요. 그 능력과 감동을. 정말로 잡념이 싹, 없어져요."

"진짜 신이 날 때는 잠자고 밥 먹는 시간 빼고 아침부터 저녁 때까지 계속해서 성경을 써요. 내가 쓴 성경을 보면 기분이 너무 좋아요. 그래서 또 써요."

강산이 변했을 만큼의 시간이 흐른 2017년 여름, 100주년기념관 1층에 있는 로뎀나무 카페에서 다시 만난 권정자 권사는 일흔이 넘은 나이였지만 여전히 생기가 흘러넘쳤다.

"요즘도 계속 성경 필사를 하시나요?"

"성경 필사 전통은 변함없이 이어져 오고 있죠. 김승학 목사님께서 2014년에 전교인 성경 2014번 읽기라는 새로운 목표를 주셔서 지금까지 21번을 읽었습니다. 그동안 제 개인적으로 큰 변화가 있었어요. 은퇴를 하면서 내가 해야 할 일이 뭘까 고민하며 기도하고 있었거든요. 그런데 하나님께서 자꾸 바깥세상을 보여 주시더라고요. 기도실을 나서는데, 지나가는 사람들이 다 전도 대상으로 보이기 시작했어요. 전도의 열정을 주신 거죠. 눈만 마주치면 전도하고 싶은 생각이 들더라고요. 먹을 것을 준비해서 길거리로 나섰어요. 시장에 가서 노점상 옆에 앉아 마실 것 한 잔이라도 주면서 이야기를 나눴죠. '복 받으소' 그러더라고요. '나는 하나님께 너무 많은 복을 받았기 때문에 나누려고 왔습니다' 하고 대답했어요. 처음에는 '1년에 한 사람만 열매를 맺자' 이렇게 생각했는데, 나중에는 수첩에 이름을 빼곡히 적어 가지고 다니면서 전도를 했어요. 제 명함도 있어요. 명함을 주면서 기도하겠다고 한 뒤 1주일, 한 달, 한 계절 주기로 전화하고 문자하고 그럽니다. 제가 전도한 사람이 세례 받고 펑펑 울면서 가까운 길을 멀리 돌아왔다고 간증하는 걸 보면 가슴이 찡하죠. 그러니 어떻게 가만 앉아 있을 수 있겠어요? 저는 한 사람을 붙들면 몇 년이 걸리더라도 끝까지 기도하고 매달립니다. 안동교회 와서 집사 된 사람도 여럿이에요. 남들이 저보고 '요즘 무슨 일 해요?' 하고 물으면 '전도 사업해요' 이렇게 대답합니다. 이 모든 게 사실은 성경을 꾸준히 쓰고 읽으면서 얻게 된 놀라운 은혜에요. 성경을 쓰고 읽으면서 인내와 용기를 배웠으니까요."

권정자 권사가 건넨 명함을 살펴봤다. 앞면에는 십자가 문양과 함께 "하나님은 당신을 사랑합니다. 안동교회 권정자 ○○○-○○○○-○○○○"라는 글귀가, 뒷면에는 "저는 하나님께서 만나게 하신 선생님을 위해 기도하겠습니다"라는 글귀가 또렷이 새겨져 있었다.

"뵌 김에 한 가지 더 말씀드릴 게 있어요. 2006년에 《안동교회 이야기》 책이 나오고 나서 누가 저한테 연락을 했어요. 서울에 있는 큰 교회에 다니는 여자분이었어요. 자기 엄마가 안동에 사는데, 교회를 안 다닌다며 저보고 대신 전도해 달라고 부탁하는 전화였어요. 그 책을 보고 저를 알게 되었다는 거였죠. 제가 부탁을 들어줄 거 같았나 봐요. 참 신기한 일 아니에요? 그래서 그 엄마를 만났어요. 저랑 같은 또래라서 친구하자고 하면서 끊임없이 설득했어요. 전화하고, 집에 데려오고, 밥 먹으러 가고…… 결국 3년 만에 교회를 나오게 됐죠. 그렇게 1년을 교회에 잘 다녔는데, 제가 아이들 때문에 몇 년 동안 미국을 오가는 사이 또 교회에서 멀어졌더라고요. 그러다가 작년 가을 교회에 큰 잔치가 있어서 다시 불러냈어요. 지금은 열심히 교회에 출석하고 있습니다. 지난주 3부 예배를 드리러 가다가 장년부 성경 공부 마치고 나오는 그분을 만났어요. 그 책 덕분에 한 영혼이 구원을 받게 된 거예요."

하나님의 오묘한 섭리와 말씀의 능력을 우리가 어찌 다 헤아릴 수 있겠는가? 티끌 같은 작은 인연들을 엮어 구원의 역사를 서술해 가는 주님의 원대한 계획 앞에서 우리가 할 수 있는 것은 그저 온전한 순종뿐이리라.

변함없는 안동교회만의
말씀 제일주의 전통

안동시청 홈페이지를 들어가면 '한국 정신문화의 수도 안동'이라는 말이 제일 처음 등장한다. 우리나라의 정치, 경제, 사회, 문화의 중심지는 서울이지만 정신적인 면에 있어서만큼은 안동이 수도라고 하는 대단한 긍지가 담겨 있는 말이다.

그도 그럴 것이 안동은 조선 유학의 거대한 산맥이라고 할 수 있는 퇴계 이황 선생의 고향이며, 그의 제자이자 임진왜란 당시 영의정을 지내며 이순신 장군과 함께 나라를 구한 서애 류성룡을 배출한 고장이다. 근세에 들어서는 "내 고장 칠월은 청포도가 익어가는 시절……"로 시작되는 '청포도'의 시인 이육사가 태어난 곳이기도 하다. 수많은 학자와 문인들을 탄생시킨 고장답게 안동은 예로부터 학문과 예술을 사랑하는 선비정신을 중시해 왔다.

아울러 안동은 혈연에 의한 강력한 씨족사회를 형성해 온 지역이다. 지금도 곳곳에 문화재급의 고가와 종택들이 즐비하다. 안동김씨종택, 풍산이씨종택, 안동권씨종택, 예안이씨종택, 퇴계종택 등이 모두 안동 지역에 흩어져 한 마을을 이루고 있다. 그러니 이런 고장에서 전통과 예절이 얼마나 철저하게 지켜져 왔을지는 어렵지 않게 짐작할 수 있다.

이와 같은 안동의 문화와 지역 정서를 고스란히 간직하고 있는 현장은 바로 도산서원과 병산서원이다. 하회마을 입구를 지나 비포장도로로 조금만 올라가면 나타나는 병산서원은 서애 류성룡의 사당이 있는 곳으로 그가 말년에 제자들을 가르쳤던 학문의 전당이다. 만대루에 올라 병풍처럼 둘러쳐진 병산과 평화롭게 흐르는 낙동강을 바라다보면 과연 명당이라는 탄성이 저절로 나온다. 여름이면 온통 붉은 백일홍으로 강물이 붉게 물들 정도다.

도산서원은 퇴계 이황 선생이 고향에 내려와 제자들에게 학문을 가르치던 곳을 1574년에 그의 학문을 존경하던 문인들과 유림들이 힘을 모아 재건한 서원이다. 그 이듬해에는 선조가 당대의 명필이었던 한석봉이 쓴 현판을 하사하기도 한 영남유학의 본산이다. 그가 마지막으로 남긴 유서는 오늘날에도 많은 사람들에게 깊은 교훈이 되고 있다.

그는 유서에서 '내가 죽은 뒤 조정에서 장례에 필요한 예물을 내리거든 이를 절대 받지 말고 사양할 것이며, 무덤에 비석을 세우지 말고 조그마한 돌에다가 내 이름과 고향, 조상의 내력만 간략히 적어 달라'고 당부했다. 이런 깨끗한 선비정신은 안동 사람들의 삶 속에서 오랫동안 정신적 좌표가 되어 왔다.

이러한 전통과 문화를 가지고 있는 안동에서 예수 그리스도의 복음을 전파하고, 기독교가 뿌리를 내린다는 것은 상상 이상으로 힘들고 어려운 일이었다. 자신들이 수백 년 동안 섬겨온 조상 대신 하나님을 섬기고, 우리의 생과 사는 물론 화와 복을 모두 주관하시는 분이 조상님들이 아니라 하나님이라고 하는 메시지가 안동 사람들 마음속에 제대로 받아들여질 리가 없었다. 안동교회의 지난 110년은 이런 유교 문화와의 영적 전쟁이었다.

안동의 이런 독특한 분위기에 대해 김기수 원로목사는 이렇게 설명한 바 있다.

"안동은 유교적 가치관으로 똘똘 뭉친 고장입니다. 어느 마을을 가든지 '나는 양반이오' 하면서 선비문화를 강조하던 아주 자존심이 강한 지역이지요. 어떻게 이런 곳에 100년 전에 복음이 들어와 지금까지 흔들리지 않고 뿌리를 내리게 되었을까? 정말 대단한 일이 아닐 수 없습니다. 신학자들에게도 이건 연구 대상이에요. 오직 성령의 역사라고밖에는 달리 설명할 길이 없습니다."

하지만 안동 사람들의 조상을 섬기는 마음과 학문을 사랑하는 정신과 유교에 의지하던 믿음은 소중한 것이었다. 이들이 변화되어 한 번 예수를 믿기만 하면 이게 고스란히 하나님과 이웃을 섬기는 지극한 마음과 성경을 읽고, 쓰고, 외우는 깊은 헌신과 어떤 시련에도 꺾이지 않는 굳건한 믿음으로 바뀌었기 때문이다. 안동교회 사람들이 어른들을 잘 모시고, 모든 일에 순종적이며, 성경을 늘 읽고, 쓰고, 외우고, 공부하며, 순수하게 하나님을 믿고 의지하는 신앙생활을 하는 것은 이런 오랜 전통이나 기질과도 결코 무관하지 않은 일이다.

안동교회에서 처음 주일예배를 드리던 날, 더위를 식혀 주는 가느다란 단비가 부슬부슬 내리는 가운데 예배당 꼭대기 십자가 주위엔 옅은 안개가 소리 없이 내려앉고 있었다. 10시가 조금 지난 시각 교육관 입구 의자에 앉아 자판기 커피를 마시고 있던 나는 곱게 다린 삼베옷을 차려입고 한 손에는 우산을 다른 한 손에는 지팡이를 든 노인 어른 한 분이 선교관 건물로 들어가는 것을 봤다. 조금 지난 후 이번에는 눈부신 모시 한복으로 곱게 단장한 할머니 한 분이 굽은 허리를 지팡이에 의지한 채 본당으로 향하고 있었다. 2부 예배는 벌써 시작되었고, 3부 예배는 아직 한참 남았는데, 어르신들이 무슨 일로 이렇게 일찍 교회에 오시는 걸까 궁금했다.

10시 30분쯤 된 시간에 조용히 본당 1층 친교실 쪽으로 발걸음을 옮겼다. 문틈 사이로 뭔가 중얼중얼 거리는 소리가 들렸다.

주일 아침 일찍 모여 성경 공부를 하는 도중 서로 손을 잡고 기도하는 여자 장년반 성도들.
맞잡은 손 아래로 성미를 담은 봉지가 보인다.

가만히 한쪽 문을 열고 안을 들여다보았다. 할머니들이 나란히 탁자에 앉아 성경책을 읽고 있었다. 친교실은 예배 후에 식당으로 사용하는 공간이기 때문에 직사각형 탁자 하나를 두고 서로 마주보고 둘러앉는 구조로 되어 있었다. 탁자마다 할머니들이 앉아 있고, 군데군데 그보다 조금 젊어 보이는 여자들도 눈에 띄었다.

이번에는 앞마당을 가로질러 선교관 지하로 들어가 봤다. 그곳에선 할아버지들과 중년의 남자들이 앉아 비슷한 방식으로 성경 공부에 몰두하고 있었다. 그 분위기가 너무 진지해서 발소리가 날까 봐 슬그머니 까치발을 하고 들여다봐야만 했다.

그 무렵 안동교회에서는 매주일 오전 10시 30분부터 여자들은 본당 1층 친교실에서, 남자들은 선교관 지하에서 각각 장년반 성경 공부 시간을 가졌다. 장년반이라고는 하지만 조금 젊은 분들은 2부 예배와 3부 예배 때문에 여기저기서 봉사를 해야 하니까 대부분이 할아버지와 할머니들이었다. 할머니 할아버지들이 주일 아침 고운 옷을 입고 일찍 교회에 나와 조용히 성경을 읽으며 공부하는 모습이 그렇게 아름답고 평화로울 수가 없었다.

시간이 지나면서 지금은 65세부터 70세까지는 장년부로, 70세 이상은 노년부로 나눠 성경 공부를 이어오고 있다. 이렇게 나눴더니 장년부는 장년부대로, 노년부는 노년부대로 모임이 더 활발해졌다고 한다. 노년부 성경 공부는 주일 2부 예배 후인 오전 10시 30분부터 남자들은 선교관에 있는 '노인정'에서, 여자들은

100주년기념관 2층 식당인 '사랑샘'에서 모인다. 재미있는 것은 할머니들은 소그룹으로 짝을 지어 공부하는 걸 좋아해서 분반 공부를 하고, 할아버지들은 한꺼번에 모여 공부하는 걸 좋아해서 단체로 모임을 갖는다는 것이다.

노년부 남자반을 인도하는 윤성광 장로는 성경 공부가 그렇게 즐거울 수 없다고 했다.

"가르치면서 오히려 제가 더 많은 은혜를 받고 있습니다. 재미도 있고요. 제가 36년 동안 국어 선생님으로 교직에 몸담고 있으면서 잘못 가르쳤던 것들을 성경 공부를 하면서 비로소 깨닫게 되었습니다. 예를 들어 이육사의 '광야'나 '청포도', 윤동주의 '별 헤는 밤', 김춘수의 '꽃' 등의 시를 감상할 때 저는 감상의 근원이 무엇인지를 이야기하지 못하고, 그저 문자적인 해석만 했었어요. 그런데 그분들이 다 기독교인이었기 때문에 시 안에 민족적인 의미도 있지만 신앙적인 의미도 있었던 것이죠. 민족에 대한 희망만이 아니라 하나님에 대한 희망이 있었다는 겁니다. 그때 제가 그걸 말하지 못했어요. 그래서 참 많이 뉘우치고…… 더 간절히 기도하고, 열심히 말씀을 읽고, 깊이 묵상하면서 깨달은 바를 가르치려고 노력하고 있습니다. 그러다 보니 저나 다른 노인 분들이나 다들 즐거운 마음으로 공부하고 있습니다."

2016년 8월 10일자 〈영남일보〉에 재미있는 기사 하나가 실린 적이 있다.

안동교회 이야기

매주일 아침 정기적으로 열리는 남자 장년반 성경 공부 시간.
선비들이 서책을 읽듯 여자 장년반에 비해 분위기가 진지하고 숙연하다.

무더위가 연일 기승을 부리고 있는 가운데 안동의 작은 도서관이 더위를 피하면서 독서의 즐거움을 누릴 수 있는 공간으로 관심을 모았다. 안동시 화성동 안동교회가 운영하는 하늘씨앗어린이도서관은 혹서기를 맞아 가족이 함께 참여하는 독서 프로그램을 개설했다. 쾌적한 도서관에서 책을 읽으며 잠시 더위를 잊자는 취지에서 '방학은 엄마 아빠와 함께 책을' 프로그램을 마련, 휴가 절정기인 지난 1~5일 도서관을 밤 9시까지 연장 개방했다. 두 자녀와 함께 참여한 김미향 씨는 "멀리 휴가 갈 필요 없이 에어컨 빵빵 터지는 도서관에서 아이들과 책을 읽으니 너무 좋다"면서 "내 아이가 어떤 책에 관심이 있는지 알게 되고, 직접 책을 읽어주면서 가족애를 더 쌓을 수 있어 뿌듯하다"고 말했다.

하늘씨앗어린이도서관은 주일 아침만 되면 어린이들로 북적인다. 이곳에서 아이들은 어렸을 때부터 책 읽는 습관을 들인다. 그리고 형이나 누나들이 그랬던 것처럼, 아빠 엄마들이 그랬던 것처럼, 할머니 할아버지들이 그랬던 것처럼 성경을 읽고, 쓰고, 외우는 훈련을 시작한다. 항상 성경을 가까이 두고 접하는 안동교회의 고유한 전통과 문화는 어느 날 갑자기 저절로 생겨난 게 결코 아니다.

"어린이도서관이지만 어른들이 아이들과 함께 오시거나 자녀들이 볼 만한 책을 부모님이 빌려 가시기 때문에 성인용 도서들도 다소 구비하고 있습니다. 신간이 늘면 공간이 점점 넓어져야 하니까 오래된 책이나 안 읽는 책은 폐기하고 가급적 깨끗한 책과 신간 위주로 진열하고 있죠. 안동시청에서 지원해서 사서 한 분이 일하고 계시고, 나머지는 안동교회 교인들이 봉사하며 운영하고 있습니다. 법정 공휴일만 빼고 매일 문을 열기 때문에 봉사자가 많이 필요합니다. 우리 도서관의 특징 중 하나는 사회 안전망 구실을 하고 있다는 겁니다. 부모님들이 아이를 돌볼 수 없는 상황이 발생하거나 급한 일이 생겼을 때 아이를 도서관에 맡겨두고 갑니다. 아이들은 여기서 책을 읽으면서 봉사자들의 따뜻한 돌봄을 받죠. 그러다보니 교회에 대한 사회적 이미지도 크게 향상되었습니다. 어린이를 위한 다양한 프로그램을 개발하면서 안동 시내 시립도서관이나 학교 도서관과 협력 관계를 잘 유지해 나가려고 합니다."

실장을 맡아 섬기고 있는 신동건 집사는 도서관에 대한 자부심이 남달라 보였다.

도서관 서가에 놓인 최의숙 권사의 '자녀들에게'를 다시 한 번 읽어 보았다. 앞으로 10년, 20년, 30년 후쯤 이 아이들이 여기서 《할머니가 쓴 한글성경》과 《사순절 무지개 언약성경》을 읽으며 자라나 어른이 되었을 무렵을 상상해 보았다. 아마 이 아이들도 안동교회의 말씀 제일주의 전통을 따라 '겉을 꾸미지 말고 교양과 말씀으로 속을 채워 무쇠 솥 같은 신앙을 가진' 그런 어른들이 되어 있지 않을까?

제
3
장

다른 교회가 부흥하기를
바라며 돕는 교회

안동교회 목회자들과 교인들은 나무를 보기보다는 숲을 바라봤으며, 지엽적인 문제에 신경 쓰기보다는 한층 본질적이고 근원적인 문제를 더 중요하게 생각했다. 우리에게 가장 중요한 것은 무엇일까? 그것은 바로 예수 그리스도께서 우리에게 말씀하셨듯이 잃어버린 한 마리의 양을 찾는 것이다. 한 생명을 천하보다 귀하게 여기시는 주님의 명령을 따라 예루살렘과 온 유대와 사마리아와 땅 끝까지 이르러 주님의 증인이 되는 일이다. 사진은 김수만 장로가 개척한 교회 중 금곡교회가 있는 '하늘 아래 첫 동네'라고 불리던 금곡리 풍경.

유교와 불교,
구교와 신교가 한데 어우러진
화합의 장

2017년 2월 22일 오후 2시, 안동교회 옆에 새로 조성된 화성 공원에서는 지금까지 다른 어느 곳에서도 볼 수 없었던 색다른 장면이 연출됐다. 법복을 차려 입은 불교 승려, 로만 칼라를 갖춰 입은 가톨릭 사제, 긴 갓에 도포 차림이 눈에 띄는 유림, 넥타이를 곱게 맨 개신교 목사 등 종교 지도자들과 지역 인사들이 한데 모여 안동종교타운 준공식을 거행한 것이다. 우리나라에서 처음 열린 행사였다. 이들은 어색함 없이 서로 악수를 나누고 안부를 물으며 담소를 나누었다. 종교 간에 놓인 두터운 장벽을 생각하면 좀처럼 떠올리기 쉽지 않은 풍경이었다. 왜 안동에서 이런 일이 벌어진 것이고, 또 종교타운이란 과연 무엇일까?

안동교회가 자리한 화성동과 목성동 일대를 걸어가며 찬찬히 둘러보면 굳이 설명해 주지 않아도 절로 고개가 끄덕여지게 된다. 사람들이 상식적으로 알고 있는 대부분의 종교 시설이 이곳에 밀집해 있기 때문이다. 억지로 모아 놓은 것이 아님에도 자연스럽게 어울렸다.

목성교 사거리에서 교회 방향으로 인도를 따라 걷다 보면 붉은 벽돌을 쌓아 올린 예쁘장한 2층집이 나타난다. 성바오로딸 수도회에서 운영하는 서점과 천주교 안동교구 안동교회사연구소가 있는 건물이다. 책을 읽으며 쉬어갈 수 있도록 아담한 카페 에스포와도 운영 중이다. 여기서 왼쪽으로 난 오르막길을 조금 오르면 오른편에 성심유치원과 목성동 우리농산물 직매장이 보인다. 그 위쪽 너른 언덕에 웅장하게 자리 잡은 채 시내를 한눈에 내려다보고 있는 성당이 천주교 목성동 주교좌성당이다. 1927년 안동에서 가장 먼저 설립된 성당으로 천주교 안동교구의 본당인 이곳은 1956년에 화재로 소실된 뒤 복구되었으며, 1962년 한국 최초의 십자형 성당으로 증축되었다. 하늘에서 보면 성당이 거대한 십자가로 보인다고 한다. 돌아가신 김수환 추기경이 주임신부로 첫 사목 활동을 시작한 곳으로도 유명하다.

성당을 내려와 교회 쪽으로 몇 발자국 걸으면 경상북도 문화재자료 제407호인 안동김씨 종회소가 눈에 들어온다. 원래는 고려의 후삼국 통일을 도운 삼태사의 한 분인 김선평 공을 모시기 위해 1770년 후손들이 건립한 사당이었으나 여러 사정으로 용도

안동교회 이야기

안동을 상징하는 씨족 집회지인 안동김씨종회소. 언덕 위에는 1927년 안동에서 가장 먼저
설립된 목성동 주교좌성당이, 왼쪽에는 1923년 신도들이 세운 사찰인 대원사가 이웃해 있다.

선교관 옥상에서 바라본 안동종교타운. 안동교회와 붉은 벽돌을 쌓아 올린
목성동 주교좌성당 사이에 화성공원이 조성되어 있고, 경상북도 유교문화회관과
대원사와 안동김씨종회소 등이 줄지어 자리하고 있다.

가 바뀌어 문중의 대소사를 의논하기 위한 종회소로 사용하게 되었다. 그 후 담장과 건물이 훼손되면서 1804년에 중건한 이 건물은 정면 3칸 측면 2칸짜리 팔작지붕 집으로 씨족 집회지라는 측면에서 안동을 상징하는 장소이기도 하다. 옆에는 현대식으로 지은 종회소회관이 들어서 있다.

안동김씨 종회소와 이웃한 건물은 1923년에 신도들이 세운 사찰인 대원사大圓寺다. 6·25전쟁 때 훼손되어 몇 차례에 걸쳐 중수한 결과 현재의 지하 1층, 지상 5층 현대식 콘크리트 건물을 유지하게 되었다. 19세기 말 전형적인 불화의 특징을 간직한 신중도, 영산회상도, 지장보살도 3폭 탱화를 소장하고 있어 경상북도 유형문화재 제335호로 등재되었다.

"인의예지 실천하여 유교문화 창달하자."

대원사 옆에 이처럼 커다란 현수막이 내걸린 건물이 바로 경상북도 유교문화회관이다. 안동 유림의 본산인 셈이다. 경상북도 유교문화 교육관, 성균관유도회 경상북도본부, ㈔한국음양지리학회 등도 함께 자리하고 있다. 젊은 층을 중심으로 인문학과 동양학에 대한 관심이 증폭되고 있는 세태에 맞춰 주부한자교실과 예절, 주역, 논어, 맹자, 풍수지리, 사주명리, 소학 등에 관한 각종 강좌와 시민들을 대상으로 한 여러 가지 아카데미가 개설되어 있다.

이밖에 유·불·선을 합친 신흥 민족종교인 성덕도聖德道 북부 지역 책임교화원을 비롯한 다양한 종교 용품 및 서적 판매점 등이 인근 100미터 안에 산재해 있다. 특히 종교타운 일대는 역사적으로도 안동 민간신앙의 발원지이자 풍요와 평화를 기원하는 사직단이 있었던 곳으로 향교 등 전통 유교 교육과 여론 형성의 중심지 역할을 해오던 곳이기도 하다.

유교문화회관을 지나면 길 하나 건너 안동교회를 만날 수 있다. 이 일대가 안동종교타운으로 지정된 것은 이렇듯 유교와 불교, 구교와 신교 등이 한데 어우러지는 현장이기 때문이다. 화성공원은 안동교회, 목성동성당, 유교문화회관, 대원사가 모두 바라다 보이는 중간 지점에 위치해 있다. 공원 안을 한 바퀴 돌면 이 모든 종교 시설을 다 구경할 수가 있다.

성지 모형 주제 공원인 화성공원은 19세기 안동읍의 모습을 담은 도석을 중심에 두고, 개신교, 불교, 천주교, 유교, 성덕도의 상징물을 새겨 넣은 다섯 개의 열주列柱를 중앙 한마음마당에 배치했다. 종교인과 주민들의 화합을 기원하기 위함이다. 공원 곳곳에는 예배당과 성당, 향교와 석탑 등 각 종교의 대표 미니어처와 미니 분수대 등을 설치해 각각 빛의 길, 온누리숲, 고행의 길, 번뇌의 사면 등으로 명명했다. 그늘막과 의자가 마련되어 있고, 주변에 소나무, 산수유, 영산홍 등 수목과 화초가 심겨져 있어 시민들의 휴식 공간으로 다양하게 활용될 수 있다. 음악회 같은 공연을 할 수 있는 작은 무대와 스탠드도 갖춰져 있다.

안동김씨 종회소 앞쪽에 화성공원과 함께 만들어진 목성공원은 종 모양의 조형물이 있는 울림 광장과 LED 바닥 등을 통해 종음의 파동을 상징화한 파동의 길 그리고 전파 광장 등 다채로운 빛의 연출로 야간 경관을 즐길 수 있도록 꾸며진 작지만 아름다운 공원이다.

다른 종교 지도자들과 머리를 맞대고 이 일을 추진한 김승학 목사는 준공식 직후 한 언론사와 가진 인터뷰에서 다종교와 다문화 시대를 살아가는 기독교인들의 소명을 강조했다.

"종교 간의 소통과 화합이 무엇보다 중요한 시대입니다. 배척과 반목으로는 아무것도 이룰 수 없습니다. 화성동과 목성동에 세워진 두 공원에서 다양한 문화 활동을 펼쳐 나감으로써 교회 성도들뿐만 아니라 지역 주민들과 함께 소통하는 장으로 적극 활용하겠습니다. 이런 노력을 통해 종교 간에 갈등과 분쟁이 없어지고, 저마다 지역 사회에 맡겨진 사명과 사역들을 충실히 감당해 나간다면 얼마나 좋겠습니까? 기독교인들이 먼저 앞장서야 합니다."

안동교회가 타 종교와의 대화와 교류를 통해 지역 사회의 평화와 안정에 이바지하려고 애쓴 것은 어제오늘의 일이 아니다. 1957년 천주교 안동교구에서는 안동의 개신교 목사들과 평신도 지도자들을 초청해 목성동 성당에서 신·구교 교환예배 모임을 개최한 적이 있었다. 그때 천주교 측에서는 안동교회 김광현 목사를 설교자로 초청했다. 김광현 목사는 누구보다 이런 일에 많은 관심을 가지고 있던 터라 흔쾌히 수락했다. 예배에는 안동교회 교인들을 비롯해서 많은 개신교 목사와 장로 등 평신도들이 참여했다. 김광현 목사는 목성동 성당에서 천주교와 개신교 신자들을 앞에 두고 감격적인 설교를 했다. 구교와 신교, 교파와 교단을 떠나 지역 사회의 단합과 어려운 이웃에 대한 봉사를 위해 더욱 헌신하자는 설교였다.

그러나 그날의 집회는 일회성에 그치고 말았다. 당연히 개신교에서도 천주교 사제들과 교인들을 초청해 예배를 드리고 대접을 해야 마땅한 일이었으나 천주교에 비해 개신교가 운신의 폭이 넓지 못했던 것이다. 안동교회에 천주교인들을 초청해 예배드리는 일에 대해 여기저기서 우려의 목소리들이 터져 나왔다. 청함을 받았으니 청해야 하는 것은 당연한 일이었지만 일이 점점 어렵게 되어갔다. 고심 끝에 김광현 목사는 안동교회에서의 예배를 포기하고 말았다. 그때의 섭섭하고 착잡했던 심정을 김광현 목사는 이렇게 기록해 둔 바 있다.

"물론 나는 저쪽의 초청을 받고 설교까지 한 사람이며, 개신교 측으로는 제일 큰 교회 목사이고 그중에 제일 고참자인 만큼, 개인적인 체면으로도 초청 답례를 해야 했다. 그러나 의견이 양분되었다. 나는 다수가 나의 의견을 따라 주리라는 것을 알았지만 소수라고 무시하고 일을 단행하기가 어려웠다. 안동만의 일이라면 모르지만 다른 곳에도 파급될 문제이고, 게다가 다른 곳에서는 반대하는 측이 상당히 많은 터이므로, 전국 교회에 미칠 영향을 생각하니 신중을 기하지 않을 수 없었다. 이미 나누어진 교회와 연합하기 위하여 본래 하나인 교회를 나누어지게 할 수는 없기 때문이었다."

결국 그는 부끄러움을 무릅쓰고 스스로 졸장부가 되는 길을 선택했다. 교회의 연합을 위한다는 명목으로 또 다른 의미에서 교회의 일치를 깨뜨리는 일을 할 수 없었던 까닭이다.

하지만 그 뒤로 세월이 많이 흐르면서 타 종교를 인정하고 이해하며 함께 지역 사회를 위해 봉사하려는 안동교회의 노력은 시나브로 쌓이고 쌓여 안동종교타운 준공으로 자그마한 결실을 맺게 되었다. 화성공원과 목성공원은 규모로 따지면 서울에 있는 대단한 공원에 비할 바 아니다. 그렇지만 나는 이곳을 지날 때마다 어떠한 경우에도 교회는 화해와 일치를 통해 평화를 만들어 가는 소명을 포기할 수 없음을 깨닫게 된다.

지금까지
단 한 번의 분열도 없었던 교회

우리나라에 있는 개신교 각 교단의 수는 얼마나 될까? 여러 가지 자료를 찾아봤지만 어느 게 정확한 통계인지 분간하기 어려웠다. 대략 수백 개가 넘는 듯했다. 가장 큰 교단인 장로교만 해도 대한예수교장로회와 기독교한국장로회로 나뉘어져 있으며, 대한예수교장로회는 다시 통합, 합동, 합신, 고신, 개혁, 호헌 등으로 갈라져 등록되지 않은 작은 교단까지 다 합치면 400개가 넘는다고 한다. 감리교도 기독교대한감리회와 예수교대한감리회로 양분되어 있고, 성결교도 기독교대한성결교회와 예수교대한성결교회로 구분된다. 침례교, 오순절교회, 성공회, 구세군까지 합치면 한국 개신교 교단의 숫자는 헤아리기조차 힘들 정도다.

한국 교회는 나라의 운명이 바람 앞의 촛불과도 같았던 시절 민족의 근대화를 앞장서 이끌며 교육, 의료, 선교 사업을 통해 새로운 문명을 일으켰고, 구제와 봉사를 통해 가난과 무지에 빠져 있던 국민들을 일깨우며 보살폈다. 이와 함께 3·1운동을 시작으로 조국의 광복과 독립을 위해 끊임없이 피를 흘렸으며, 신사참배를 단호히 거부함으로써 민족의 자존심을 지켜냈다. 6·25전쟁 때는 공산당과 좌익 세력으로부터 대한민국을 수호했고, 군사독재정권에 저항하며 민주화를 이루어내는 데도 크게 기여하였다.

하지만 이런 역사의 또 다른 한 편에서는 일제에 타협하여 신사참배를 수용하고, 좌우익의 대립 속에 이리저리 휩쓸리며 내부 분열과 혼란을 자초했으며, 군사독재정권에 순응해서 정치와 종교가 이해관계를 주고받는 오점을 남기기도 했다. 급속한 경제 성장과 교회 부흥의 바람을 타고 물질만능주의와 성공지상주의, 이기주의와 교파주의의 세속화 바람이 교회 안으로 불어 닥쳤다. 그러면서 한국 교회는 틈만 나면 싸우고, 갈라서고, 나뉘기를 끝없이 반복하여 분열에 분열을 거듭해 왔다.

그 결과 오늘날 한국 교회는 수백 개의 교단과 수백 개의 신학교가 난립하며 서로 경쟁하고 비난하는 모습을 보임으로써 국민들로부터 존경과 사랑을 잃어 가고 있다. 이미 한국 교회는 성장을 멈춘 채 크리스천들 사이의 수평적 이동을 통해 작은 교회와 시골 교회는 신자들이 자꾸만 떠나고, 도시의 대형 교회는 교세가 날로 늘어 더욱더 거대화되고 있는 추세다. 상대적으로 열심히 사회적 책임을 다하면서 일치된 목소리를 내고 있는 가톨릭 교회가 국민들의 존경과 사랑을 받으며 그 교세가 날로 커지고 있는 상황이다. 한국 개신교회가 다시 한 번 국민들로부터 존경과 사랑을 받으며, 신앙적으로 도덕적으로 모범을 보이기 위해서는 분열과 분쟁의 역사를 끝내고 화해와 일치의 새로운 역사를 써나가야만 한다.

안동교회는 지난 110년 동안 단 한 번의 분열이나 분쟁도 없었던 교회다. 아마도 100년 이상의 오랜 역사를 가진 우리나라 교회 중에 이런 교회는 안동교회가 유일하지 않을까 생각한다. 이는 일찍부터 안동교회 목회자들과 교인들에게 확고부동한 에큐메니컬 정신이 있었기 때문이다.

김광현 상원로목사는 젊은 시절부터 "다 같이 하나님을 믿고, 예수 그리스도를 나의 구주로 영접하고, 성령의 역사하심을 따라 살기를 원하는 크리스천들이 장로교면 어떻고, 감리교면 어떻고, 침례교면 어때서 그렇게 파를 나눠 싸움을 하는가?"라고 탄식하며, "통합이니 합동이니 하는 것들은 하나님 앞에서 보면 다 부질없는 것"이라고 지적했다. 그러면서 "우리의 관심은 내가 무슨 교단, 무슨 교파냐가 아니라 어떻게 하나님을 잘 믿고, 하나님 뜻대로 살며, 하나님 말씀을 전하느냐 하는 것"이라고 주장했다.

안동교회 이야기

우리의 관심은 내가 무슨 교단, 무슨 교파냐가 아니라 어떻게 하나님을 잘 믿고,
하나님 뜻대로 살며, 하나님 말씀을 전하느냐 하는 것이다. 이것이 십자가를 지는 삶이다.

해방 이후 한국 교회의 가장 큰 분열은 대한예수교장로회가 통합 측과 합동 측으로 갈라진 것이다. 1959년 세계교회협의회(World Council of Churches, 약칭 WCC) 가입에 관한 문제로 노선 차이를 분명히 한 장로교단 관계자들은 폭력이 난무하는 가운데 대전중앙교회에서 치러진 제44회 총회를 끝으로 서로 등을 돌리게 된다. 이후 WCC 가입을 지지했던 인사들은 연동교회에서 총회를 구성하여 장로회신학대학 출신들로 대한예수교장로회 통합 측을 구성하였고, WCC 가입을 반대하고 복음동지회운동에 찬성하는 인사들은 승동교회에서 총회를 갖고 총신대학 출신들로 대한예수교장로회 합동 측을 만들기에 이른다.

교단이 갈라지면서 각 지방의 노회들과 교회들도 파가 갈려 쪼개지기 시작했다. 연동 파냐, 승동 파냐, 합동 측이냐, 통합 측이냐는 그들에게 죽고 사는 문제였다. 이런 분열의 파도는 안동 지역에도 어김없이 밀려들었다. 하지만 안동교회를 중심으로 한 경안노회는 전국에서 유일하게 분열 없이 기존의 노회를 그대로 유지하였다.

"당시 워낙 분위기가 안 좋았으니까…… 김광현 상원로목사님을 신신학자다 해서 규탄하는 사람들이 있었습니다. 이쪽이냐, 저쪽이냐 분명히 하라는 거였죠. 하지만 김광현 상원로목사님은 확고하셨습니다. '통합이니 합동이니 이게 다 무슨 소리냐, 우리는 하나로 화합하고 일치해야 한다'는 것이었습니다. 정말 대단한

안동교회 이야기

분이셨습니다. 전혀 흔들림이 없으셨어요."

안동교회 100년사 편찬위원장을 맡았던 윤성광 장로는 그때를 생생히 기억하고 있었다.

이런 안동교회의 화해와 일치의 정신은 김기수 원로목사에 의해 더욱 굳건해지고 구체화되었다. "이단 종파가 아니라면 교회는 모두 한 형제이기 때문에 화합하고 단결해야 하며 분리와 분열주의를 극복해야 한다"는 것이 김기수 원로목사의 철저한 신념이었다.

"나만 잘되고, 내 교회만 잘되고, 우리 교단만 잘되기를 바라는 것은 기독교 정신이 아닙니다. 다 같이 잘돼야 해요. 이것이 바로 에큐메니컬 정신입니다. 합동이니 통합이니, 기장이니 예장이니, 성결교, 감리교, 침례교 이런 교단들이 다 연합하고 교류하고 마음을 열고 만나서 하나님을 중심으로 뭉쳐야 합니다. 서로 다른 교회가 잘되도록 돕고, 넓은 아량을 가지고 상대를 배려하고, 욕심 부리지 말고 베푸는 삶을 살아야 해요."

1984년 안동교회 창립 75주년을 맞아 발간한 〈안동교회보〉에서 김기수 목사는 안동교회가 앞으로 나아갈 방향을 다음과 같이 제시하였다.

성숙한 교회는 싸움을 하지 않는다. 넓은 아량과 용서로 화목해야 된다. 오늘 한국 교회는 양적으로 많이 성장되었으나 내면으로는 심한 갈등으로 가득 차 있다. 사랑을 말로는 부르짖고 있으나 형제를 용서하는 마음이 인색하다. 교파와 교파, 교회와 교회, 교인과 교인끼리 문을 크게 열고 교제가 이루어져야 한다. 부산에서는 우리 통합측 교회와 고신측 교회의 목사들이 서로 강단을 교류한다고 한다. 이 이야기를 들을 때 마음이 뿌듯한 일이 아닐 수 없다. 하나님은 하나 되기를 가장 원하신다. 미국 장로교회는 123년 만인 작년에 통합 총회를 가진 것을 우리는 잘 알고 있다. 분쟁이 있는 교회는 부흥이 있을 수 없다. 선교 100주년을 맞는 장로교는 통합과 일치를 모색해야 된다. 800만 신도들 중에 장로교인이 500만 명 이상이 된다. 장로교에 무려 32개 파가 있으니 안타깝다. 하루 속히 하나로 뭉쳐지기를 바라고 기원한다.

복음 전파를 위해서라면 어떤 교회라도 돕는다

    나는 중고등학교 때까지 성결교회를 다녔고, 대학생 때는 감리교회를 다녔으며, 사회생활을 하면서부터 장로교회를 다니게 되었다. 무슨 특별한 이유가 있어서가 아니라 집이나 학교에서 가까운 교회를 다니다 보니 그렇게 된 것이다.

    그런데 성결교든 감리교든 장로교든 예배를 드리고, 찬송을 부르고, 성경을 읽고, 신앙생활을 하는 데는 큰 차이가 없었다. 똑같은 성경책을 읽고, 똑같은 찬송가를 부르고, 거의 비슷한 순서에 의해 예배를 드렸다. 목회자의 설교 내용도 개인차가 있을 뿐 교단이 달라서 설교 내용이 달라지는 건 거의 없었다. 전례나 행정적인 면에서도 대동소이했다. 아마 보통 크리스천들의 경우 대부분 나와 똑같은 느낌을 가질 것이다.

그렇다면 장로교, 감리교, 성결교, 침례교 등 교단은 뭐가 그렇게 달라서 서로 나눠진 것일까? 구체적으로 따져 보면 그다지 다를 것도 없을 것 같다. 약간의 신학적 차이나 제도적 차이, 성경을 해석하는 방법이나 관점이 조금 다른 정도가 아닐까? 기독교 신앙의 가장 근원적이고 본질적인 부분, 이를테면 사도신경이나 주기도문의 내용을 그대로 믿는다든지, 신구약 성경 말씀과 삼위일체 하나님을 절대적으로 믿는다든지 하는 부분에 있어서는 하나도 다를 게 없다고 본다. 그걸 안 믿는다면 그건 기독교가 아니기 때문이다.

안동교회 목회자와 교인들도 이와 똑같은 생각을 하고 있었다. 그런 의미에서 안동교회는 우리나라에서 가장 진보적이고 개혁적인 열린 교회라고 할 수 있다.

1951년 3월 4일 안동교회 당회에서는 1·4후퇴 때 피난을 내려와 있던 단양감리교회 서영준 목사를 남전도인으로 초빙하여 안동 지역에 감리교회를 세우도록 했다. 남·여전도회의 청원을 수락하는 형식으로 안동에 피난 와 있던 감리교인들을 위해 따로 교회를 설립한 것이다. 당시 부산에 있던 감리교 총리원에 이 사실을 알리고 허락을 받은 후 총리원이 지원한 교회 건립비와 목사 생활비를 토대로 그해 4월 29일 안동시 옥정동에 있는 적산 가옥(敵産家屋, 해방 후 일본이 한반도에서 철수하면서 정부에 귀속되었다가 일반에 불하된 일본인 소유의 주택)을 인수하여 안동제일감리교회를 세웠다. 이것이 안동 지역에 최초로 설립된 감리교회였다.

당시 안동교회 주일학교는 거의 1,000여 명에 달하는 초등학생들이 출석하고 있었다. 김광현 목사는 안동교회 유년부장으로 열심히 교회를 섬기고 있던 조상국 집사를 불러 인근 지역 교인들과 함께 안동제일감리교회에 출석하여 교회를 섬기도록 당부했다. 조상국 집사는 마침 감리교 신학을 공부하고 있었는데, 이를 눈여겨본 김광현 목사는 감리교회를 세우면서 조상국 집사를 그리로 보내 개척 교회를 섬기도록 배려한 것이다. 비록 교파는 다르지만 한 하나님을 믿는 크리스천으로서 비슷한 생각을 가진 인근 지역 사람들을 모아 교회를 세우고, 이를 지원하여 튼튼히 성장하도록 마음을 쓴 것은 결코 아무나 할 수 있는 일이 아니었다. 조상국 집사는 나중에 안동제일감리교회 초대 장로가 되었다.

그 후 1974년에 이르러 어렵사리 설립한 안동제일감리교회가 화재로 예배당이 불에 타는 사고가 일어났다. 이때도 안동교회에서는 교인들에게 이를 알리고 정성껏 건축 헌금을 모아 예배당을 복구하는 데 도움을 주었다고 한다.

1953년에는 성결교회 십자군전도대가 안동 지방에 내려와 대대적으로 전도 집회를 실시했다. 이에 안동교회에서는 전도대를 이끌던 천세광 목사를 초대하여 삼일 기도회 때 설교를 하게 하는 등 전폭적으로 이들을 환영했고, 집회가 성공할 수 있게끔 지원을 아끼지 않았다. 1953년 8월 23일자 안동교회 주보에는 "오는 수요일부터 한 달 동안 성결교회 전도대에서 와서 장막 전도를 하게 됩니다. 같이 힘써서 큰 성과 올리도록 합시다"라는 광고가 실렸으며, 9월 6일자 주보에도 "안동군청 앞에서 성결교회 전도대에서 와서 천막 전도를 하오니 많이 가셔서 도와주시기 바랍니다"라는 광고를 실어 교인들을 독려했다.

이렇게 십자군 전도대를 도운 결과 1954년 10월 20일 안동시 삼산동에 기독교대한성결교회 안동교회가 설립되어 천세광 목사가 초대 담임목사로 부임하였다. 이것이 안동 지역에 세워진 최초의 성결교회였다.

"안동제일감리교회가 세워지고 나서 얼마 후 이번에는 성결교회에서 이성봉 목사님이라는 유명한 부흥사가 오셔서 전도대를 이끌며 부흥회를 하셨는데, 이때도 매주 주보에 광고를 하면서 가서 협조하라고 권유를 하셨습니다. 그것이 바탕이 되어 안동성결교회가 들어서게 되었습니다. 그런 면에서 김광현 상원로목사님은 대단히 스케일이 크신 분이셨어요. 다른 교단 일인데도 그렇게 앞장서서 돕고 내 교회 일처럼 협력했으니까요. 이런 역사를 가지고 있기 때문에 안동 지역 내 교회들은 교파를 초월해서 서로 협조가 참 잘되고 있는 지역입니다. 지금도 안동시 기독교연합회 같은 모임을 통해 서로 협력하는 일이 아주 많습니다."

100주년기념관 건축위원장을 역임한 임만조 장로는 그런 의

1954년 안동교회에서 열린 대한예수교장로회 제39회 총회.
안동교회의 소명은 지역 사회에 기여하여 빛과 소금의 역할을 잘 감당해 나가는 것과
교파와 교회를 초월해 한 형제자매로서 연합과 일치를 실천해 나가는 것이었다.

미에서 안동교회는 교파를 초월하여 안동 지역에서 '어머니 교회'로 통한다고 했다.

여전도회연합회장을 지낸 강정옥 권사도 그때 일을 잊지 못하고 있었다.

"우리 교회는 참 사랑이 많은 교회입니다. 요즘 보면 다른 교회 교인들까지 데려다가 자기 교회만 사람 숫자를 늘리기 위해 혈안이 된 교회도 있는데, 우리 교회는 절대 그런 일이 없었습니다. 김광현 상원로목사님 때부터 모두들 어디가든 예수 믿는 게 중요하지 어느 교회에 가느냐 하는 것은 중요하지 않다고 생각했으니까요. 다른 교단이든, 다른 교회든 그건 상관없었어요. 예수를 믿게 하는 게 중요한 일이었죠.

전도를 해도 꼭 우리 교회에 나오라고 강요하지 않습니다. '예수를 믿어라' 이거지, 힘든데도 '억지로 나와라' 이런 거는 없어요. 교회 차를 가지고 사람들을 실어 나르지도 않았어요. 교회가 차를 구입한 것도 안동유치원 때문에 얼마 전에야 구입한 거예요. 그전에는 차도 없었어요. 아무 교회나 가까운 교회, 편한 데로 나가서 섬기고 봉사하면 되지 뭐 하러 차로 실어 나르기까지 하느냐는 거였죠. 교회를 분립할 때도 지역을 경계로 해서 그쪽에 사는 사람들은 다들 그 교회로 나가라고 했어요. 이런 전통을 따라서 우리 여전도회 선배들도 오산에 오산교회를 개척한 일이 있습니다."

1955년 1월 24일 안동유치원에서는 안동읍 안에 있는 각 교회 남녀 교역자와 장로 전원, 장로가 없는 교회에서는 집사 2인씩 대표가 모여 안동읍 기독교회연합회를 조직하게 된다. 이 모임의 초청장을 발송한 발기인 대표는 김광현 목사였다. 이 모임에는 안동읍에 있는 각 교단과 교회 대표들이 다 모였다. 형무소, 군인교회까지 모임에 참석했다. 초대 회장에는 만장일치로 김광현 목사가 추대되었다.

김광현 목사가 이런 모임을 만든 이유는 간단했다. 하나님을 믿는 교회와 크리스천들이 한 지역 안에 살면서 서로 뜻과 힘을 모아 도움으로써 효과적으로 복음을 전파하고, 지역 사회에 기여하여 빛과 소금의 역할을 잘 감당해 나가자는 것이었다. 이렇게 교파와 교회를 초월해서 한 형제요, 한 자매로서 연합과 일치를 실천하는 모습을 보임으로써 안동은 이후 교단 분열이나 교파 간 분쟁 때에도 전국에서 유일하게 흔들림 없이 하나가 되는 모습을 보일 수 있었던 것이다.

이후에도 안동교회는 드러내지 않고 조용히 다른 교단들이 안동 지역에 교회를 개척하는 일을 도왔다. 심지어는 천주교에서 성당을 세울 때도 안동교회에 협조를 요청하는 일이 있었다. 어느 교단의 교회든지 안동에 교회를 세우고자 할 때는 '어머니 교회'인 안동교회를 먼저 찾는 게 자연스러운 전통처럼 된 것이다.

유난히 파벌과 분쟁이 많았던 한국 교회에서 이런 일에 앞장선다는 것은 보통 용기를 가지고는 되지 않는 일이다. 말이 많고, 탈도 많고, 오해를 낳고, 쓸데없는 구설수에 휘말릴 수 있기 때문이다.

하지만 안동교회 목회자들과 교인들은 나무를 보기보다는 숲을 바라봤으며, 지엽적인 문제에 신경 쓰기보다는 보다 본질적이고 근원적인 문제를 더 중요하게 생각했다. 우리에게 가장 중요한 것은 무엇일까? 그것은 바로 예수 그리스도께서 우리에게 말씀하셨듯이 잃어버린 한 마리의 양을 찾는 것이다. 한 생명을 천하보다 귀하게 여기시는 주님의 명령을 따라 예루살렘과 온 유대와 사마리아와 땅 끝까지 이르러 주님의 증인이 되는 일이다.

분가식 교회 분리를 통해 교회를 개척한다

안동읍에 세워진 최초의 교회로서 안동교회는 지난 110년 동안 한시도 '안동 복음화'에 대한 사명과 열정을 잊어 본 적이 없었다. 틈만 나면 여러 지역에 전도인을 파송하여 교회를 개척했고, 교인들을 보내 지원함으로써 자립할 수 있는 힘을 길러 주었다.

해방 전 가장 활발하게 전도 활동을 한 분은 바로 김익현 장로다. 안동교회 장로로서 오랫동안 성소병원 조사로 활동하던 그는 취사도구와 침구를 준비하고 다니면서 거의 매일 전도 활동을 나갔다고 한다. 안동군 내에서 김익현 장로가 전도하기 위해 발을 들여놓지 않은 곳은 한 곳도 없었으며, 그러다가 마을 청년들에게 몰매를 맞고 먹살을 잡힌 채 마을 밖으로 추방당한 일도 한두 번이 아니었다. 그러면서도 밤이면 산에 올라 소나무를 붙

잡고 눈물로 기도의 제단을 쌓으며 영혼 구원을 위해 기도에 매달렸다.

그 결과 1924년 12월 정재순 목사가 김익현 장로를 송현동에 파견하여 집중적인 전도 활동을 벌임으로써 후에 송현교회를 개척하게 되었으며, 역시 같은 시기에 수하리 일대에 전도대를 파견하여 나중에 수상교회가 세워지게 된다. 그리고 비슷한 시기에 김익현 장로는 와룡면 이하동에서 계명학교 학생 김장한 소년을 전도한 후 그의 부친 김성진과 형제들을 모두 전도함으로써 그 집 사랑방을 기점으로 전도를 벌여 이하교회를 설립하기에 이른다.

이렇게 전도인을 파견하여 복음을 전파하고 교회를 개척하는 일에 앞장서던 안동교회는 보다 효과적인 전도를 위해 안동읍을 3개의 지역으로 나눠 서부교회와 동부교회를 분리하고, 교인들을 거주지에 따라 해당 교회에 나가도록 분가를 시켰다. 내부 문제나 분쟁 때문에 교회가 갈라져 나간 게 아니라 순전히 복음 전파를 위해 아무런 잡음 없이 은혜롭게 교회를 나눠 교인들이 분가를 한 사례는 아마도 한국 교회 역사상 안동교회 외에는 거의 없을 것이다. 이런 결단을 내린 목회자도 대단하지만 이런 결정에 절대 순종하여 자기가 가야 할 교회를 찾아 나가면서 묵묵히 전도에 힘쓴 안동교회 교인들도 참으로 대단한 사람들이다.

서부교회가 세워진 안기동은 함안조씨들이 씨족부락을 이루

안동교회에서 분가한 안동서부교회 예전 예배당. 경안고등학교 옆에 있으며
겉모습이 안동교회와 비슷하다. 초대목사를 지낸 이원영 목사 기념비가 세워져 있었다.
비문은 후배인 한경직 목사가 쓴 것이다.

며 살아온 곳으로 굉장히 보수적이고 배타적인 지역이라 전도가 제대로 되지 않던 곳이었다. 그러다가 1924년 1월 안기동 338번지에 초가 여섯 칸을 매입하여 기도실로 사용하면서 예배를 드리게 된다. 이후 서부교회가 안동교회에서 분립하여 독립 교회가 된 것은 1932년 8월이었으며, 이때 예배당을 신축하고 교회 이름을 안기교회로 바꾸었다. 그해 12월 안기교회 초대 목사로 이원영 목사가 부임하게 되면서 안기교회는 크게 부흥을 이루게 되었다.

이원영 목사는 안동의 정신적 상징인 퇴계 이황의 14대손이다. 우리나라 유학의 본산이라고 자부하는 안동에서 그 상징적 존재인 이퇴계의 14대손이 유림의 그늘에서 벗어나 예수를 믿고 목사가 되었다는 건 사울이 바울이 된 거나 마찬가지로 엄청난 일대 사건이었다. 이원영 목사는 일제강점기 때 3·1만세운동에 참여했다 체포되어 서대문형무소에 투옥되었으며, 감방에서 전도를 받아 예수를 믿고 목사가 되었다고 한다. 해방 이후 이원영 목사는 1954년 4월 23일부터 27일까지 안동교회에서 열렸던 대한예수교장로회 제39회 총회에서 총회장에 선출되면서 신사참배 결의를 취소하는 성명서를 의결했고, 일제의 강압에 못 이겨 일부 교회가 신사참배에 응했던 부끄러운 과거에 대해 회개하는 시간을 가지기도 했다.

1932년 2월 첫째 주일 안동교회에서는 예안과 대구 도로를 경계로 동편에 거주하던 남자 20명, 여자 40명, 어린이 50명 등 모두 110명을 선별한 다음 신세동에 신세교회라는 이름의 목조 예배당을 건축하여 이들을 분가시켰다. 이것이 안동동부교회의 시작이었다. 당시는 목사가 많지 않아 신세교회도 이원영 목사가 초대 목사로 담임을 겸하였다.

일제강점기에 일본 사람들에게 있어 교회와 크리스천들은 눈엣가시였다. 여러 가지 방법으로 갖은 핍박을 가했지만 교회는 끈질긴 생명력으로 살아남았다. 그러다가 1940년대에 들어서면서 일제는 교회를 말살하기 위해 교회 강제 통폐합 정책을 펴면서 교회 건물을 국방헌금이란 명목으로 빼앗았다. 이에 따라 송현교회, 수상교회, 이하교회는 물론 안기교회와 신세교회도 모두 안동교회에 통합되고 만다.

해방이 되면서 안동교회는 통합되었던 교회들을 다시 분립시키는 일을 시작했다. 1948년 송현교회가 기도실을 9평으로 확장하고 예배를 드렸고, 1945년 수상교회는 인근 산기슭에 예배당을 마련하여 예배를 드릴 수 있었으며, 이어 이하교회도 교회를 분립하여 예배를 드리게 되었다. 1946년에는 안기교회 교인들이 다시 이원영 목사를 추대하면서 1947년 교회 이름을 안동서부교회로 바꾸고 교회를 재건하게 된다. 신세교회 역시 1946년 예배당을 복구해서 교회를 재건하고 이름을 안동동부교회로 개정했다. 안동서부교회와 안동동부교회는 현재 아름다운 예배당을

퇴계 이황의 14대손으로 서대문형무소 투옥 중에
전도를 받아 예수를 믿게 된 이원영 목사.
독립운동가였던 그는 안동 유림과 기독교의 화합을
상징하는 인물로 지역 사회에 많은 영향을 끼쳤다.

새로 건축하고, 안동을 대표하는 교회로 자리매김하면서 성장과
발전을 거듭하고 있는 중이다.

　일제강점기 때 통폐합되었던 교회들을 다시 분립시킬 때도 안
동교회는 해당 지역에 사는 교인들을 분립된 교회에 출석하도록
했으며, 장로들도 각각 분립된 교회를 섬기도록 지정해 주었다.

안동교회 이야기

아울러 부족한 중에도 건축 헌금을 모아 힘닿는 데까지 도움의 손길을 주었다.

당시 한약방을 경영하던 배영찬 장로의 집은 안동교회 동편 화성동 길가에 있었다. 교회와 그의 집은 몇 걸음이면 닿을 만큼 가까웠다. 그는 안동교회 초대 교인의 아들로 안동교회가 석조 예배당을 신축할 때 부 건축위원장을 지낸 인물이었다. 교회와 노회에서 중요한 직책을 두루 맡고 있었기에 그는 도저히 모교회인 안동교회를 떠날 수 없는 사람이었다. 그럼에도 불구하고 배영찬 장로는 안동교회가 그에게 안동동부교회로 옮겨갈 것을 결정했을 때 어떤 이의도 제기하지 않고 안동동부교회로 가서 충성을 다하는 순종의 모습을 보여 주었다.

1950년 6월 안동교회는 안동시 태화동에 기도실을 설립하기로 한다. 그러나 6·25전쟁으로 일을 이루지 못하다가 1951년 3월 태화동 전도소에 조흥노 장로 등을 파견하여 본격적인 전도에 나선다. 그러다가 1953년 5월 태화교회가 정식으로 세워지게 된다. 이때 안동교회는 이주한 장로를 전도사 겸 시무장로로 파송했다.

1956년 7월 8일자 안동교회 주보를 보면 "오늘 맥추감사 헌금은 태화교회 부지(7만 환)와 금소예배처소(5만 환)를 구입하는 데 쓰게 됩니다"라는 안내문이 실려 있다. 그 후 태화교회는 도원교회로 이름을 바꾸고 성장을 거듭하기에 이른다.

안동교회의 분가식分家式 교회 개척은 한국 교회에 깊은 울림을 주기에 충분하다. 모름지기 교회 성장과 독립은 이런 방식으로 건강하게 이루어져야 한다. 모교회가 지교회에 어떤 영향력도 행사하려 해서는 안 되며, 모교회가 지교회를 일종의 체인점처럼 주렁주렁 거느린 채 재벌기업 흉내를 내려고 해서도 안 된다. 씨앗을 뿌리듯 분가하고, 독립시켜 자연스럽게 성장하도록 도와야 한다. 그것이 건강한 교회 성장의 모델이다.

안동 땅의 복음화는 분쟁에 의한 분열이 아닌 창조적인 분리를 통해 이루어졌습니다. 그 중심에 안동교회가 있었습니다. 1909년 8월 8일 첫 예배를 드린 안동교회는 설립된 첫 해부터 하나님의 은혜로 놀라운 부흥을 이루었습니다. 그러나 안동교회는 안동 읍내에서 교회의 대형화를 꿈꾸지 않았습니다. 그래서 교회 성장의 독점적인 권리를 포기했던 것입니다. 이미 80여 년 전에 교회의 대형화가 눈앞에 있었음에도 불구하고 스스로 교회를 쪼개고 분립하는 창의적인 계획을 세우고 적극적으로 추진했습니다. 그래서 안동교회를 중심으로 서쪽에 안동서부교회를, 동쪽에는 안동동부교회가 분립될 수 있었으며, 그 결과 안동·안동서부·안동동부 이 세 교회가 서로 어깨동무를 하며 협력해 훗날 목격할 안동 지역의 복음화를 위한 기초를 다질 수 있게 되었던 것입니다. 안동교회는 108년 동안 단 한 번도 분쟁으로 분열된 적이 없습니다. 안동교회는 욕심을 부리지 않고 자율적으로 교회를 분리시켜 다른 교회들을 출산했습니다. 안동서부교회와 안동동부교

안동교회 이야기

회라는 새로운 교회, 다른 교회의 출산이 혹 발생할지도 모르는 안동교회
의 분열을 사전에 막았을 수도 있었을 것이라는 생각이 들기도 합니다. 모
든 영광을 하나님께 돌립니다.

2017년 새해를 맞으며 김승학 목사는 교회 홈페이지에 쓴 칼
럼에서 위와 같이 밝혔다.

"안동교회는 지역 교회와 더불어 사는 교회입니다. 이웃과 함
께하는 교회입니다. 집안이 잘되려면 형만 잘살면 안 됩니다. 동
생들도 다 잘살아야 해요. 모두 잘되어야죠. 이게 우리 교회의 원
칙이고 특징입니다. 안디옥교회는 이방의 모교회였고, 예루살렘
교회는 유대의 모교회였습니다. 이 지역의 어머니 교회는 안동교
회입니다. 어머니는 주는 겁니다. 이것저것 다 주고 수고하는 교
회가 어머니 교회입니다. 우리 교회는 일 년 내내 문을 닫지 않습
니다. 경안노회에서 주관하는 사업의 절반 이상이 우리 교회에
서 치러집니다. 교인들은 이를 당연하게 생각합니다. 한 번도 그
만하자, 안 된다고 한 적이 없습니다. 밤낮 문을 열어놓고, 전기료
다 내고, 밥하고, 청소하고 하지만 전혀 불평 없이 해왔습니다. 이
게 어머니 교회입니다. 주는 교회, 나누는 교회입니다. 우리가 더
많이 가지려고 하지 않습니다."

예전에 김기수 원로목사에게서 들었던 이야기다. 나는 그의
말을 들으며 안동교회는 우렁이 같은 교회라는 생각이 들었었

다. 논에 사는 우렁이. 우렁이는 새끼들을 자기 몸속에 낳아 기르며, 새끼들은 어미 살을 먹고 자란다. 새끼들이 다 자라 세상 밖으로 나오면 어미는 빈껍데기만 남아 물 위에 둥둥 떠오른다. 자식들을 위해 모든 것을 내어 주지만 자식들은 그런 어미 마음을 알 길이 없다. 하지만 어미 우렁이가 없다면 어떻게 우렁이의 번식과 생존이 가능하겠는가? 한국 교회에 안동교회처럼 우렁이 같은 교회가 많아지기를 소망하는 건 나만의 지나친 욕심일까?

다리를 절면서 열 교회를 세운
안동의 사도 바울 김수만 장로

2006년 여름은 유달리 더웠다. 이런 무더운 여름 땡볕의 시골 길을 걸어서 행진하며 마치 바울의 선교 여행지를 답사하듯 선조들의 신앙 유산을 따라 고난의 행군을 감행하는 젊은이들이 있었다. 여름수련회 순례 팀에 참가한 안동교회 청년들이었다. 이들을 만난 건 8월 초순 길안 지방으로 연결된 35번 국도 위에 서였다. 모두들 손을 흔들며 환호성을 질러댔다.

"여긴 어쩐 일이십니까?"

"우리는 김수만 장로님께서 개척하신 길안과 임하 지방 여덟 개 교회를 둘러보며 선조들의 신앙심을 몸으로 체험하는 순례를 하고 있는 중입니다!"

"아, 그래요? 우리도 지금 김수만 장로님 개척하신 교회들을 둘러보러 가는 중입니다."

그들은 지도를 들고 걸어가고 있었고, 우리는 자동차를 타고 에어컨을 켠 채 도로를 질주하는 중이었다. 언뜻 피곤해 보이기도 했지만 하나같이 밝고 활기찬 표정들이었다.

성지순례나 문화유산답사 같은 건 많이 하지만 자기가 다니고 있는 교회의 어른들이나 선배들이 전도하고 개척해서 일구어 놓은 신앙 유산의 흔적을 따라 도보 행진을 하며 수련회를 하는 교회는 아마도 흔치 않을 것이다. 나도 이런 수련회 풍경은 처음이었다. 신선하면서도 특별했다. 그런 의미에서 안동교회 젊은이들은 복이 많은 사람들이었다.

안동읍에서 동남쪽에 위치한 길안, 임하 지방은 길도 험하고 외진 곳이어서 복음을 전하거나 교회를 세우기가 쉽지 않은 지역이었다. 게다가 유교와 무속의 전통이 뿌리 깊게 박혀 있는 곳이었다. 이런 지방에 여덟 개의 교회를 개척한 전도인이 바로 김수만 장로다.

안동교회에서 35번 국도를 따라 길안 방향으로 가다 보면 제일 처음 만날 수 있는 교회가 신덕교회다. 임하면 신덕리 의성김씨 운암종택 옆에 교회가 있어 찾기 쉽다. 조선시대 학자 운암雲巖 김명일의 종택으로 영조 30년(1754년)에 건축된 집이다. 김수만 장로는 1955년 이전부터 이 마을에 들어와 전도를 했는데, 당시 신덕리는 주민 수가 500명 안팎이었다고 한다. 이 마을은 의성김씨

최근에 새로 지은 임하교회 예배당. 1960년 전후 김수만 장로가 처음 전도를 시작해
온갖 고난과 시련 속에서도 모든 가정을 방문해 끊임없이 복음을 전한 결과 세워진 교회다.

집성촌이다. 워낙 유교 질서가 완고하게 자리 잡은 마을이라 도저히 전도가 불가능한 곳으로 여겨졌었다.

김수만 장로는 아침저녁으로 동네 동산에 올라가 함석을 말아서 만든 확성기를 입에 대고 "사랑하고 사랑하고 사랑하는 동포야, 하나님을 버려두고 누굴 찾아가느냐?"고 외쳤다. 하지만 동네 사람들은 "미쳤다!"고 할 뿐 대꾸조차 하지 않았다. 그러던 중에 예수를 믿다가 이 마을로 시집 온 류정명이라는 부인이 김수만 장로를 도와 예배를 드리게 되었고, 마침내 초가 세 칸 크기의 예배당을 마련하게 되었다. 이곳에서 부인들과 어린이들 30여 명이 모여 예배를 드렸다고 한다. 도저히 불가능해 보였던 일이 기적처럼 가능하게 된 것이다.

신덕교회는 이후 몇 차례의 건축을 통해 지금은 붉은 벽돌로 지은 커다란 예배당이 들어서 있다. 2층 본당에 올라가니 "말씀이 다 알아서 하십니다!"라는 표어가 크게 적혀 있었다. 김수만 장로의 피눈물과 땀방울이 아름다운 꽃으로 피어난 고귀한 성전이었다.

35번 국도를 따라 가다가 임하리로 접어들어 논길을 지나 한참을 안쪽으로 들어가면 낡은 한옥 한 채가 보인다. 목사 사택으로 사용되던 집이다. 예전에는 오른쪽 대문에 임하교회 푯말이 걸려 있었다. 지금은 언덕배기에 새로 2층짜리 아담한 예배당과 목사 사택이 세워졌다. 예배당 오른쪽 아래에 있는 공터가 임하

교회 옛날 예배당이 있던 자리다. 아직도 남아 있는 건 오래된 종탑이다. 돌을 쌓아 올린 탑 가운데 십자가가 서 있고, 위태롭게 보이는 종이 고즈넉이 걸려 있다. 이 종탑은 김수만 장로가 의족義足을 한 채 다리를 절면서 쌓고 또 쌓아 만든 소중한 종탑이다.

김수만 장로가 임하리에서 전도를 시작한 건 1960년 전후였다. 마찬가지로 마을 언덕 위에 올라가 확성기에 대고 "누구든지 예수를 믿지 않으면 멸망당한다!"고 외치면서 모든 가정을 방문해 복음을 전했다. 세를 얻어 예배 처소로 사용하고 있었는데, 예배를 드릴 때마다 장난꾸러기들이 몰려와 교인들의 신발을 걸어 오줌단지에 빠뜨리기도 했다고 한다.

그러기를 여러 해, 김수만 장로의 열심과 정성에 감동한 마을 주민들은 하나둘 마음을 열기 시작했고, "다른 이는 천당 못 가더라도 김수만 장로는 천당 갈 것"이라고 인정하게 되었다. 이런 노력의 결실로 지금은 임하교회 없는 임하리를 상상할 수 없게 되었다.

새로 지은 예배당은 친교실, 찬양대실, 목양실, 만나실 등을 두루 갖추고 있었다. 교회 뒤로 돌아가니 조선 현종 4년(1663년)에 지었다는 지례동知禮洞 양동댁良洞宅 가옥이 보였다. 이 집은 조선 숙종 때 대사간과 대사성을 지낸 지촌芝村 김방걸의 중형 김방형이 살던 집이었는데, 후대에 와서 수산秀山 김병종의 집으로 바뀌었다. 그래서 그의 호를 따 수산재秀山齋라고도 부른다. 여러

임하교회에 남아 있는 오래된 종탑. 김수만 장로가 불편한 다리로 넘어지고
또 넘어지면서 돌을 쌓아 만든 눈물의 종탑이다.

차례 중수를 거쳐 현재 본채와 서당 그리고 외양간이 남아 있다. 원래 임동면에 있던 것을 1988년 임하댐이 건설되면서 임하리로 이전한 것이다. 안동 지역 어디를 가나 이런 종택과 고가가 없는 곳이 없었다. 부근에서 아낙네들의 말소리가 들려 들어가 보았다. 할머니와 아주머니들이 더위를 피해 멍석 위에서 수박을 먹고 있었다.

"옛날 임하교회 모습은 어땠습니까?"

"이 마을은 옛날부터 불교가 성해. 어데 마을 사람들이 교회 다니나?"

"왜? 교회 다니라고 그러는 거지요?"

"우리 마을에서는 열다섯 집 정도밖에 안 다녀요."

교회에 대해서는 야박했지만 인심은 후했다. 수박 한 덩이를 먹으라고 건네주었다.

임하리를 벗어나 다시 35번 국도를 타고 가다가 금소교라는 다리를 건너 왼쪽 아래 마을로 내려가면 길 오른편에 금소교회가 보인다. 교회 울타리를 전부 예쁜 화단으로 꾸며놓은 단층 교회다. 등나무 쉼터 옆에는 영락없이 높다란 종탑이 세워져 있다.

김수만 장로는 1955년 길안초등학교에 근무하던 조복성 집사의 누나가 금소초등학교로 전근을 오자 함께 금소리로 들어와 조복성 집사의 집에서 가족들과 함께 예배를 드리며 성경과 찬송을 가르쳤다. 김수만 장로가 확성기를 입에 대고 "예수 믿으시오!" 하고 외치면서 전도를 하면 어느 마을에서나 제일 먼저 믿는 사람들은 아이들이었다.

그러나 여전히 예배당에 돌을 던지고, 담장을 무너뜨리고, 솔가지에 불을 질러대는 사람들이 있었다. 김수만 장로는 변함없이 참고 기도하면서 때를 기다렸다. 그러자 마을 사람들이 김수만 장로의 인품에 감탄하게 되었고, 교회를 핍박하던 사람들이 예배당을 찾아들기 시작했다. 교회는 점점 성장해서 새로운 예배당을 짓기에 이르렀다.

예배당을 지을 때도 김수만 장로는 불편한 장애인의 몸으로 사다리를 타고 올라가 벽돌을 쌓고 못질을 하면서 "하나님, 내 힘은 여기까지입니다. 이제부터는 하나님이 이 일을 맡아 주십시오!"라고 기도했다고 한다. 이렇게 세워진 금소교회는 2015년 창립 60주년을 맞았다.

길안면 소재지인 천지리에 세워진 길안교회 앞마당에는 김수만 장로의 기념비가 건립되어 있다. 십자가 제단 위에 돌로 된 성경책이 펼쳐져 있고, 그 위에 마태복음 6장 33절 "너희는 먼저 그의 나라와 그의 의를 구하라. 그리하면 이 모든 것을 너희에게 더하시리라"는 말씀과 찬송가 376장 "내 평생 소원 이것뿐 주의 일 하다가 이 세상 이별하는 날 주 앞에 가리라"는 가사가 기록되어 있으며, 아래에는 "복음을 전하다가 죽은 자 이름은 영원히 빛나리라"는 문구가 적혀 있다. 비석 옆에는 김수만 장로가 생전에 복

안동교회 이야기

길안교회 뜰에 있는 김수만 장로 기념비.
"복음을 전하다가 죽은 자 이름은 영원히 빛나리라"는 글귀가 뚜렷하다.

음을 전하고 개척한 교회 이름이 차례로 새겨져 있다.

길안교회는 김수만 장로가 안동교회 전도인으로 파송된 후 맨 처음 전도를 시작한 곳이다. 면 소재지였기 때문에 정기적으로 5일장이 열렸다. 김수만 장로는 장터에서 복음을 전했다. 아무도 듣지 않았지만 그는 장이 설 때마다 장터에 나가 예수 믿으라고 외쳤다. 그러면서 마을 곳곳을 찾아다니며 복음을 전하느라 끼니를 거르기가 예사였고, 물도 자유롭게 마시지 못했다고 한다. 당시 풍습이 남정네는 우물가에 가까이 갈 수 없었기 때문이다.

김수만 장로가 길안 지방 전도에 정신없이 매달리며 집을 나가 있는 사이 아버지를 따라다니던 막내아들 원진이는 극심한 영양실조로 인한 신장염 때문에 배가 부풀어 오르다가 죽음을 맞이했다. 그때 막내아들은 초등학교 6학년이었다. 안동교회 안에 있는 안동유치원 옆 사택에 살고 있던 김수만 장로는 아들의 시신 앞에서 통곡을 하며 목 놓아 울었고, 김광현 목사와 최의숙 권사가 이를 위로하며 장례를 치렀다고 한다.

이런 슬픔 속에서도 김수만 장로는 결코 전도의 끈을 놓지 않았다. 추운 겨울 개울을 건너다가 물에 빠져 얼어 죽기 직전까지 간 것이 한두 번이 아니었고, 논두렁에서 굴러 떨어져 의족이 부러지고 온몸이 만신창이가 된 건 셀 수조차 없었다. 오직 복음에 대한 열정만이 그를 지탱하는 힘이었다. 그가 지나갈 때마다 아이들은 "예수! 예수!"라고 외쳐댔다. 그는 정말로 살아 있는 작은 예수였으며, 안동 지방의 사도 바울이었다. 그의 피나는 노력과 기도의 결실로 1958년 길안 장터에 드디어 길안교회를 세울 수 있게 되었다.

농촌 교회 개척의 선봉이 된
안동교회

　　김수만 장로는 1901년 2월 2일 안동군 남후면 광음리에서 태어나 농사를 지으며 살다가 우연한 기회에 일본으로 건너가 기술을 배워온 뒤로 정미소를 운영하며 생활했다. 그러다가 나이 마흔이 넘어 사고를 당함으로써 오른쪽 다리를 절단하게 되어 절망에 빠졌으나 기도 중에 응답을 받고, 나무로 의족을 만들어 이에 의지한 채 살다가 1948년부터 서원 기도대로 복음을 전하는 전도인의 길에 들어서게 되었다.

　　시커먼 팔자수염에 하얀 두루마기를 휘날리며 하루도 쉬지 않고 복음을 전파하던 김수만 장로는 1952년 안동교회 김광현 목사를 만나게 된다. 김광현 목사는 마침 길안 지역 개척 전도 사업을 구상하고 있었다. 익히 김수만 장로의 소문을 듣고 있던 김

광현 목사는 그를 만나 길안 지방 개척 전도사를 맡아 줄 것을
부탁한다. 이를 흔쾌히 받아들인 김수만 장로는 이후 안동교회
의 든든한 지원을 받으며 길안 지방 전도에 박차를 가해 복음 전
파가 미미했던 이 지역에 계속해서 교회를 세우게 된다. 1971년
김수만 장로가 세상을 떠나기 전까지 안동 지역에 그가 개척한
교회는 모두 열 개에 달했다.

두메산골
산자락에 감긴
아담한 집 같은
쬐그만 예배당
교인은 아이들을 합쳐도
오직 몇 사람뿐
그래도 예배드리는 시간은
너무 사랑스러워
너무 은혜스러워
성경 말씀 배우고 기도할 때면
바람결에 실려 온 꽃향기가
하나님의 말씀처럼 달콤하고
풍금 소리 맞추어 찬송할 때면
산새들도 날아와 노래 부르는

기도소리 가득한 산골 예배당

어느새 하늘나라 예배당이 되었다.

길안면 소재지에서 35번 국도변에 있는 백자리 이정표를 보고 우회전하여 산길을 따라 올라가다 보면 백자천 개울 건너에 깔끔하게 지어진 백자교회가 나타난다. 빨간 고추밭과 코스모스 숲 사이에 아담하게 자리한 백자교회 게시판에는 아련한 옛날 교회 추억을 떠올리게 하는 '산골 예배당'이라는 시가 걸려 있었다.

김수만 장로의 전도로 복음을 받아들인 백자리 사람들은 재 넘어 금곡리에 있는 교회를 다녔다. 하지만 거리가 너무 멀었다. 그래서 금곡교회에서 분립하여 백자리에 세운 교회가 바로 백자교회다. 하나의 씨앗이 뿌려져 싹이 나면 여러 개의 열매를 거두는 법이다.

백자교회에서 금곡교회로 가는 산길은 말 그대로 첩첩산중이었다. 꼬불꼬불 산꼭대기를 향해 차 한 대가 겨우 지나갈 정도의 좁은 길을 한없이 올라갔다. 이 먼 길을 나무 의족을 한 채 복음을 전하기 위해 수도 없이 오르내렸을 김수만 장로를 생각하니 코끝이 찡해 왔다. 하지만 그 고단함과 어려움을 어찌 조금이나마 실감할 수 있겠는가?

산길 양옆으로는 온통 사과밭이었다. 사람은 한 명도 보이지 않고 천지사방이 사과뿐이었다. 마치 빨갛게 익은 사과들이 둥

실둥실 떠서 춤을 추며 하늘로 올라가는 것처럼 보였다. 파란 하늘은 사과를 잔뜩 담은 커다란 보자기 같았다.

산꼭대기쯤 이르자 마을 아래 금곡교회가 보였다. 과연 사람들이 '하늘 아래 첫 동네'라고 부를 만했다. 옛날에 지은 교회는 너무 낡아 폐허처럼 되어 있었고, 언덕 위에 새로 지은 예쁜 예배당이 있었다. 사택과 화장실도 깨끗하게 새로 지어져 있었다. 십자가 종탑은 옛날 그대로였다. 주보에는 '전도의 노래'가 실려 있었다.

우리의 소원은 전도
꿈에도 소원은 전도
이 정성 다해서 전도
전도를 합시다.
이 교회 살리는 전도
이 지역 살리는 전도
성도여 전도를 하자.
전도를 합시다.

예배 때마다 이 노래를 부르는 모습을 상상해 봤다. 너무 애절해서 가슴이 얼얼했다.

금곡교회는 김수만 장로가 가장 고생을 많이 하면서 개척한 교회지만 신비롭게도 마을 사람들이 복음을 쉽게 받아들인 곳

금곡교회를 찾아가는 산길 위에서 맞닥뜨린 사과밭.
나무 밑에 앉아 그 향기에 흠뻑 취하면 여기가 산인지 바다인지 분간할 수가 없게 된다.

이다. 예배당을 짓고 헌당 예배를 드릴 때는 안동교회 교인들이
트럭을 타고 찾아와 한바탕 큰 마을 잔치를 벌였다고 한다.

2017년 여름, 오랜만에 금곡교회를 다시 찾았다. 구절양장 같
은 산길은 변함이 없었다. 예배당을 향해 올라가는데, 왼편에 있

금곡교회 앞에서 만난 조정원 전도사 부부. 영락없는 농사꾼 촌로의 모습이지만
이들은 평생 사람을 낚는 어부로 살아온 신실한 믿음의 동역자들이었다.

는 자그마한 살림집에서 노인 한 분이 걸어 나왔다. 금곡교회에서 목회하다 2012년에 은퇴한 조정원 전도사였다. 손에는 낫 하나가 들려 있었다.

"제가 목회를 늦게 시작했어요. 쉰세 살 때였죠. 게다가 얼마 후 교통사고를 당해 더 이상 목회를 못할 형편이었어요. 그런데 하나님 은혜로 다시 목회를 하게 되면서 1999년도에 예안교회 목사님 소개로 이곳에 오게 되었죠. 그동안 많은 어려움이 있었지만…… 지금은 갖출 것 다 갖추고 어엿한 자립교회가 되었습니다. 금곡리가 다섯 개 부락이 모인 마을이에요. 여기가 상갈현이고, 저 아래가 중갈현입니다. 부락과 부락이 십여 리씩 떨어져 있어요. 그중 우리 부락이 가장 큽니다. 현재 열세 가정에 25~26명 정도 주민들이 살고 있는데, 두 집 빼고 대부분 교회에 나옵니다. 참 감사한 일이죠. 제가 은퇴한 후 젊은 김삼철 목사님께서 오셔서 열심히 목회 잘하고 계십니다. 교회 생긴 이래 목사님이 오신 건 처음이에요."

그에게는 아들 셋에 딸 하나가 있다고 했다. 큰아들은 구미에 살다가 7년 전 귀농해서 사과 농사지으며 함께 살고 있고, 둘째 아들은 시내에서 사업을 하고 있는데, 안동교회 장립집사라고 한다. 셋째아들은 KBS 안동방송국에 다니며, 딸은 사위가 공군 장교인 관계로 경기도 연천에 살고 있다고 했다. 연신 웃는 얼굴로 "아이고, 주여 감사합니다!"를 찬송가 후렴처럼 읊조리는 그는 무척 행복해 보였다. 그런데 은퇴 후 왜 계속 여기 머물게 된 것일까?

"제 고향이 도산면에 있습니다. 안동댐 건설로 수몰된 곳이죠. 그래서 은퇴하면 조상들 묘가 있는 곳으로 가려 했지만 그마저도 국가에서 매입해 유교랜드를 조성해 버렸어요. 그러니 갈 데가 없게 되었죠. 그래서 여기 눌러 앉아 농사지으며 살게 된 겁니다. 여기가 제 제2의 고향인 셈이에요. 지금은 마을 입구까지 버스가 들어오지만 얼마 전까지만 해도 백자리나 묵계리까지 걸어 나가야 버스를 탈 수 있었어요. 제가 여기서 경안성서신학원을 다녔거든요. 이 산길을 수백 번도 더 넘어 다녔을 겁니다. 안동교회 김기수 목사님께 많은 것을 배웠어요. 그분이 저에게 장학금을 줘서 공부를 시키셨죠. 사연이 참 많아요."

은퇴한 노 목회자 부부의 정겨운 배웅을 받으며 산길을 다시 내려와 35번 국도로 접어들어 조금 올라가니 묵계리 언덕 위에 묵계교회가 눈에 들어왔다. 이 교회는 김수만 장로가 하나님의 부르심을 받은 뒤 1975년 10월 9일에 안동교회의 지원을 받아 '고 김수만 장로 기념 예배당'으로 지어진 교회다. 예배당 오른쪽 아래 벽면에는 "절면서 열 교회를 세운 고 김수만 장로(1902~1972)를 기념하여 이 예배당을 짓는다"라는 현판이 붙어 있다. 김수만 장로가 생전에 입었던 두루마기처럼 하얀색으로 칠해진 소박한 예배당이 인상적이었다.

아름답고 고즈넉한 묵계교회. 김수만 장로가 하나님의 부르심을 받은 뒤 세운 것으로 생전에 김수만 장로가 입었던 두루마기처럼 하얀색으로 단장되어 있다.

묵계리에 복음을 전파해 교회를 세우는 일은 김수만 장로나 김광현 목사에게 있어 모두 특별한 의미를 지닌 일이었다. 두 분 다 안동김씨인데, 이 마을이 안동김씨 집성촌이었기 때문이다. 묵계리에는 안동김씨 묵계종택과 묵계서원默溪書院이 들어서 있어 복음 전파와 교회 설립이 참으로 힘들었다. 묵계서원은 고을의 선비들이 보백당寶白堂 김계행과 응계凝溪 옥고를 봉향하는 서원으로 숙종 13년(1687년)에 지었으나, 고종 6년(1869년) 서원철폐령 때 사당은 없어지고 강당만 남아 있다가 최근에 복원되었다. 묵계종택은 마을 한가운데 자리하고 있는 김계행의 종택이다. 김수만 장로는 온갖 핍박과 압력에도 굴하지 않고 기도와 전도로 일관하여 묵계리에 열 번째 교회를 세워 교회 설립 사역을 마무리하려 하였으나 끝내 그 결과를 보지 못하고 하나님 곁으로 떠나고 말았다.

묵계교회 안에는 묵계교회만의 '10계명'이 붙어 있었다.

1. 하나님 아버지를 친아버지로 모셔라.

2. 교역자를 잘 모셔라.

3. 11조를 오른쪽 주머니에다 달아라.

4. 원수를 맺지 말라.

5. 주일을 본 교회에서 지켜라.

6. 아침에 계획하고 저녁에 묵상한다.

7. 그날 했던 일, 있었던 일, 기도로 보고하자.

8. 성경부터 읽어라(다른 것보다).

9. 사회봉사를 하려면 크게 하라.

10. 교회 가면 제일 앞자리에 앉아라(복 받는다).

도시 교회 사람들이 읽으면 유치하다고 생각하거나 반박할 말도 있겠지만 이런 소박한 신앙의 자세는 도시 교회 사람들이 진정으로 배우고 본받아야 할 자세가 아닐까 생각했다.

게시판에는 이런 내용의 유인물도 붙어 있었다.

······ 인구가 농촌을 떠나는 시대 조류가 이곳에도 흘러와 교인 수가 감소되어 지금은 노약 교인만 남았다. 사람들이 생각할 땐 별 희망도 전망도 없어 보인다. 그러나 이 모든 것이 하나님의 역사로 볼 땐 그다지 부정적이지만은 않을 것이다. 계곡 계곡에서 맑은 물이 원류가 되어 큰 강물로 나가듯이 농촌 교회에서 신앙의 초보를 길러 도시 사회로 진출하여 활동을 넓히는 것도 농촌 교회의 보람과 필요성을 깨달을 수 있게 된다. 교인이 고령자 부녀자로서 인간 관점에서 볼 땐 심히 약하고 보잘것없지만 여기엔 크신 능력의 주체가 되시는 그리스도 예수를 모시고 함께 역사하실 땐 참된 생명의 보금자리가 되어 그 향기 찾아 많은 심령들이 찾아올 것이다. 믿음은 감추어진 보화와 같다. 그 길을 찾기엔 좁은 문을 지나고 가시밭길을 거쳐 고해수산을 넘어야만 얻을 수 있다는 것을 성경 말씀 속에서 알 수 있다. 그러므로

쟁기든 농부가 뒤를 돌아볼 수 없듯이 오직 그리스도 예수의 십자가를 지고 목표물을 향해서 꾸준히 가야하는 것이다.

김수만 장로가 길안 지방에 개척한 교회 중 35번 국도를 달려 마지막에 닿는 교회가 송사교회다. 지금은 길이 잘 뚫려 있지만 당시만 해도 송사리는 산골짜기 속에 파묻힌 오지 중에 오지였다. 김수만 장로가 이 마을을 들어서기 전 마을 사람 아무도 '하나님, 예수, 천국'이라는 말을 들어본 일이 없었다. 그런 마을에 어느 날 다리를 절뚝거리는 웬 노인 하나가 들어선 것이다.

마침 이 마을에는 다른 동네에서 예수를 믿다가 갓 이사 온 조복제, 신귀수 부부가 살고 있었다. 김수만 장로는 이들을 금곡교회로 인도했다. 하지만 금곡교회까지는 너무 멀었다. 그래서 조복제 성도 가정에서 예배를 드리면서 동네 전도에 힘을 기울였다. 텔레비전도 라디오도 없던 시절, 땅거미만 지면 들려오는 김수만 장로의 "예수 믿으시오!"라는 외침은 이 고요한 농촌 마을에 울려 퍼지는 유일한 메아리였다.

이때 마을에 귀신 들린 사람이 하나 생겨났는데, 김수만 장로가 예배 도중에 찬송가를 힘차게 부르자 이 사람에게서 귀신이 쫓겨나갔다고 한다. 이 일이 알려지면서 교회에 사람들이 몰려들기 시작했다. 송사교회는 이렇게 해서 어렵사리 예배당을 건축하고 교회의 모습을 갖추게 되었다. 마을 사람들은 평신도 목회자

안동교회 이야기

묵계교회 예배당 벽면에 놓인 머릿돌. "절면서 열 교회를 세운 고 김수만 장로를 기념하여 이 예배당을 짓는다"라고 적혀 있다.

김수만 장로의 헌신적인 사랑과 기도의 능력, 세심한 가정 방문에 크게 감동하여 서서히 닫혔던 마음의 문을 열었다. 나중에는 인근에 있는 송일동 주민들이 송사교회에서 분립하여 송일교회를 세우기에 이른다.

찢기고 넘어지며 쌓아 올린 종탑에서
울려 퍼진 종소리

안동교회 석조 예배당과 100주년기념관 사이에는 파란 잔디가 깔려 있다. 그리고 그 위에 '한국기독교사적 제12호 김수만 장로 복음전도 기념지'라고 새겨진 동판이 박힌 비석 하나가 놓여 있다. 비석에는 '길안·임하 지역 전도인 파송 교회'라는 글귀가 쓰여 있다. 2013년 5월 7일 대한예수교장로회 총회에서 세운 것이다. 비석 오른쪽에는 김수만 장로가 개척한 열 개 교회 이름이, 왼쪽에는 그의 이력이, 뒤쪽에는 그의 사역 내용이 적혀 있다. 또한 비석 앞쪽 바닥에는 그가 길안·임하 지역을 다니면서 전도한 여정이 지도로 그려져 있다.

이는 안동교회가 경안노회를 거쳐 총회에 사적지 지정을 청원하는 동시에 임만조 장로가 자료를 모은 소책자를 제작해 배

안동교회 이야기

포하는 등 많은 노력을 기울인 끝에 2012년 9월 제97회 총회에서 안건이 통과됨으로써 얻어진 결과다. 이로써 안동교회 교인들은 교회를 오가며 그의 신앙과 전도 열정을 체감할 수 있게 되었으며, 안동교회를 방문하는 손님이나 주민들 역시 안동교회가 지역 사회 복음화를 위해 얼마나 노력해 왔는지를 실감할 수 있게 되었다.

김수만 장로가 개척한 열 개 교회 가운데 길안과 임하 지방에 세운 여덟 교회를 제외한 나머지 두 교회는 어디일까? 그가 본격적으로 개척 전도에 나서기 전 자신의 고향인 남후면에 개척한 교회가 개곡교회와 고곡교회다. 남후면은 안동읍 서남쪽에 자리 잡은 고장이다.

해방되고 나서 다음 해에 세워진 개곡교회는 개곡리로 접어들어 개울가 옆에 지어진 고즈넉한 초가지붕 정자를 지나면 오른쪽 언덕 위에 그 모습을 드러낸다. 석류가 익어가는 담장 아래 다른 교회에서와 마찬가지로 김수만 장로가 직접 지어 올린 종탑과 십자가가 보였다.

1946년 개곡리로 이사를 한 김수만 장로는 이 마을에 교회를 세우기로 결심한다. 김수만 장로와 함께 정미소를 동업하던 김문연 성도 집에서 밤마다 몇몇 교인들이 모여 남폿불 아래서 성경을 읽고 찬송을 불렀다. 부지런히 돈을 모아 5,000원이 마련되자 미루나무를 사들여 교회 건축을 시작했다. 처음 해보는 교회 건축은 그야말로 가시밭길 시련의 연속이었다.

어려운 시절이었지만 신앙심만큼은 횃불처럼 활활 타오르던 시절이었다. 3~4킬로미터나 떨어진 마을에 사는 아이가 칠흑 같이 어두운 새벽에 논두렁을 지나고 산길을 건너 새벽 기도회에 참석하기도 했으며, 남후초등학교에 다니던 김수만 장로의 두 아이는 아버지 말씀을 따라 고개를 숙여 국기 앞에서 절하는 배례를 거부해 퇴학을 당하기도 했다고 한다.

개곡리에서 아래쪽으로 조금만 내려가면 고상리라는 마을이 나타난다. 커다란 고목 옆으로 난 길을 따라 'ㄱ'자로 꺾어 들어가면 고곡교회가 보인다. 이 교회는 김수만 장로가 개곡교회를 개척한 이후 가족들의 생계 수단이던 정미소를 그만두고 본격적으로 전도인으로 나서서 처음으로 세운 교회다. 12년 전 첫 번째로 이 교회를 찾았을 때 가장 먼저 눈에 띈 건 예배당 앞에서 뛰어놀던 아이들이었다.

"안녕하세요?"

"누구세요? 뭐 하러 오셨어요?"

똘똘하게 생긴 사내 아이 둘이 반갑게 인사를 하며 연신 질문을 퍼부어 댔다.

"응, 교회 좀 둘러보려고……."

조금 있자 아이들 아빠로 보이는 건장한 남자가 나타났다. 부임한 지 얼마 되지 않았던 이진만 목사였다.

고상리에 있는 고곡교회. 종탑 아래 이진만 목사와 두 아들이 이야기를 나누는 모습이 보인다.
농촌 교회의 현실은 풍경만큼 여유롭지가 않았다.

"이 마을이 몇 가구나 됩니까?"

"70가구 정도 됩니다. 아랫마을은 한 80가구 정도 되고요. 그 중에서 여섯 가구가 우리 교회에 나옵니다."

주일 낮에는 열두 명 가량 모여 예배를 드린다고 했다. 김수만 장로가 개척한 교회 중에서 가장 규모가 작은 교회였다. 예배당 양쪽에 긴 의자가 다섯 개씩 나란히 놓여 있었다. 능소화가 길게 늘어진 담벼락 옆에 아담한 종탑이 보였다.

"요즘도 종을 치시나요?"

"그럼요. 예배 시작 30분 전에 한 번 치고, 예배 시작하기 바로 전에 또 한 번 치죠. 한 번 칠 때마다 줄을 다섯 번 정도 당깁니다. 옛날에 제가 어렸을 때는 한 번 치면 수십 번 정도 울리게 쳤었는데, 마을 분들이 시끄럽다고 해서서 딱 다섯 번만 칩니다."

이진만 목사의 허락을 받고 줄을 잡아당겨 종을 한 번 쳐봤다. "땡그랑!" 소리를 내며 종소리가 마을을 향해 울려 퍼졌다. 교회 앞 외양간 황소들이 "음매!" 하고 화답했다. "땡그랑!" 하고 울리는 종소리 속에 어디선가 김수만 장로의 "예수 믿으시오!"라고 외치는 소리가 들리는 듯했다.

고곡교회는 6·25전쟁 이후 어렵사리 예배당을 지었지만 두 번씩이나 불에 타버리는 사고를 당하게 된다. 그러나 교인들은 좌절하지 않고 그때마다 다시 힘을 모아 예배당을 지었다고 한다. 그 고생스러움은 말로 다할 수 없었을 것이다.

안동교회 이야기

시커먼 팔자수염에 하얀 두루마기를 휘날리며
하루도 쉬지 않고 복음을 전파하던 김수만 장로.
1971년 세상을 떠나기 전까지 안동 지역에 그가
개척한 교회는 모두 열 곳에 달했다.

사도 바울처럼 자신의 삶을 다 바쳐 복음을 전하고 교회를
개척했던 김수만 장로의 전도지를 따라 열 곳의 교회를 둘러보
는 데는 자동차를 타고도 하루 가까이 걸렸다. 이 먼 길을 나무
로 어설프게 만든 의족에 의지한 채 걷고 또 걸으며 목이 터져라
"예수 믿으시오!" 하고 외치던 김수만 장로. 길가와 냇가에서 노
숙을 밥 먹듯 하고, 무수한 봉변과 핍박을 당하면서도 사람들을

향한 끝없는 사랑을 결코 멈추지 않았던 김수만 장로. 김기수 원로목사의 표현대로 그는 인도에서 '맨발의 성자'로 불리는 썬다 싱(Sundar Singh, 1889~1926)에 견줄 만한 '한국의 썬다 싱'이었다.

김광현 상원로목사는 틈만 나면 김수만 장로에 대해 이야기하기를 좋아했다.

"내가 존경하는 모든 사람 중에 수만 장로님을 제일 존경합니다. 나는 그를 세상 사람이야 뭐라 그러는지 모르겠습니다만 아마 호평으로 말해 주리라고 믿고 있습니다. 나는 그를 성자라고 그렇게 내 마음에 여깁니다. 나는 내가 아는 사람, 본 사람 가운데 그이처럼 존경할 만한 인물이 없기 때문입니다."

김서년 목사도 그때 일을 또렷하게 기억하고 있었다.

"김수만 장로님 가족이 안동교회 옆 사택에 사셨기 때문에 저는 어릴 때 그분의 아들들하고 함께 놀곤 했습니다. 다리를 절면서 늘 전도하러 다니시던 모습이 지금도 눈에 선하지요. 가끔씩 집에 들어오시면 아버지를 만나러 오셨어요. 어릴 때부터 아버지는 김수만 장로님 이야기를 많이 하셨습니다. 언제나 장로님을 깍듯하게 대접하셨고, 어렸을 때 기억으로도 어떤 경외감 같은 걸 가지고 장로님을 대하신 것 같다는 생각이 듭니다."

안동교회는 김수만 장로를 도와 길안 지방 전도를 위해 여러 차례 전도인을 파송했고, 남전도회, 여전도회, 청년회 등에서 전도대를 조직하여 방문하기도 했다. 그리고 틈틈이 쌀이나 시멘트, 벽돌, 황소 등의 물자를 지원했으며, 형편에 따라 건축 헌금을 해서 교회 개척을 돕기도 했다. 1953년 이후 주보에는 '청년회 전도대가 길안에 전도하러 나갔다'는 광고가 자주 실렸다. 교회가 설립되면 남전도회 회원들이 한 달에 두 번씩 가서 예배를 도왔고, 목사, 전도사, 신학생들을 파송해서 교회를 섬기게 했다.

안동교회가 지역 사회의 존경을 받고 이 지역 교회에서 어머니 교회로 불릴 수 있게 된 것은 결코 우연한 일이 아니었다. 목회자와 교인들이 이 지역에서 일어나는 일이라면 다 내 일처럼 발 벗고 나서고, 할 수 있는 대로 도움을 주며, 힘을 모아 기도하고, 한 고장 사람들을 사랑하는 마음이 워낙 남달랐기 때문에 가능한 일이었다.

시골길을 따라 농촌 교회를 둘러보며 많은 생각을 하게 되었다. 나는 도시에서 너무 편안하게 신앙생활을 하고 있는 건 아닌지, 산길을 지나고 개울을 건너 교회를 다니는 사람들도 있는데, 나는 주차할 곳이 없다고 투덜대며 편한 것만 찾지는 않았는지, 내 마음속에 김수만 장로가 가졌던 그 순수한 신앙과 믿음과 열정이 천분의 일 아니 만분의 일이라도 과연 있기는 있는지……. 한없이 부끄러워 파란 하늘이 노랗게만 보였다.

김수만 장로가 개척한 농촌 교회에는 아직도 예배당 뒤편에 성미 주머니들이 걸려 있었다. 어렸을 때 어머니는 밥을 짓기 전에 꼭 쌀독에서 쌀을 한 그릇씩 덜어 성미 항아리에 담곤 했다.

2013년 대한예수교장로회 총회는 안동교회를 '길안·임하 지역 전도인 파송 교회'로 인정해 한국기독교사적 제12호로 지정했다. 김수만 장로의 복음 전도 여정을 한국 교회가 기념해야 할 사적으로 공인한 것이다.

그리고 이를 모아 주일이면 묵직한 성미 자루를 들고 교회로 향했다. 이 성미는 목회자들의 식량으로 사용되기도 했고, 교회 운영비로 사용되기도 하던 요긴한 존재였다. 도시 교회에서는 이제 성미라는 게 없어졌다. 모든 게 돈으로 통일되었다. 그러다 보니 오직 액수만이 중요할 뿐 정성이라는 게 사라져 버렸다. 예수님은 '얼마'에 관심이 있으신 게 아니라 '어떻게'에 관심이 더 있으시지 않을까? 까만색 천에 흰색 실로 이름을 써넣은 성미 주머니를 보면서 옛날 어머니가 다니시던 그리운 시골 교회 풍경이 떠올랐다.

또 한 가지 공통점은 교회 옆에는 하나같이 종탑이 높이 세워져 있었다는 것이다. 임하교회에 세워진 돌로 쌓은 종탑이 가장 인상적이었지만 모두 교회 형편에 맞게 각종 종탑을 세운 것은 종소리가 울려 퍼지듯 예수 그리스도의 복음이 멀리멀리 전파되기를 바라는 마음에서였을 것이다. 그리고 그때만 해도 모든 농촌의 일과가 시계를 보고 시간에 맞춰서 하는 게 아니라 해와 달의 움직임에 따라 경험에 맞춰 하는 것이었기 때문에 예배 시간을 알리려면 반드시 종을 쳐서 알려야만 했다.

어린 시절, 저녁 무렵 친구들과 뛰놀다 보면 멀리 예배당에서 종소리가 울렸다. 그러면 교회 갈 시간임을 알아채고 부리나케 예배당으로 달려가곤 했다. 예배당 종소리. 지금은 좀처럼 듣기 힘든 아련한 추억의 소리가 되었다.

순종하며 사니까
너무 행복합니다

안동교회에서는 한 부서나 팀에서 10년, 20년 이상 봉사하는 게 보통이다. 자기가 가르쳤던 주일학교 학생이 커서 어른이 되어 함께 교사로 아이들을 가르치는 모습도 흔하고, 중고등부 임원으로 활동하며 회의를 했던 사람들이 나이 먹고 장로가 되어 다시 당회에서 만나 회의를 하는 풍경도 낯설지 않다. 서로 섬기고 순종하는 마음과 자세에 있어서는 목회자나 평신도가 따로 없다. 안동교회 사람들은 다 같이 한 식구 같고, 친구 같다. 사진에서처럼 예배당 안에서 예배를 드리는 모습도 가족들이 모인 듯 푸근하고 살갑다.

전국 각지에서 찾아오는
순례자들의 발길

　근래 들어 안동교회에서 가장 눈에 띄는 변화는 외지에서 온 순례자들의 발길이 끊이지 않는 것이다. 오랜 역사와 독특한 문화 그리고 아름다운 신앙 공동체에 관한 이야기들이 소리 없이 퍼져 나가면서 생겨난 현상이다. 전라도, 충청도, 강원도는 물론 제주도에서까지 손님들이 찾아온다. 어떤 날은 대형버스 대여섯 대가 주차장을 가득 메우는 때도 있다.

　안동교회에서는 순례자들을 반갑게 맞아 교회 이모저모를 친절히 알려드리기 위해 안내 팀을 만들어 소정의 교육을 통해 도우미로 활동할 수 있도록 했다. 주로 교회 근처에 사는 은퇴 장로와 권사들이 도우미로 봉사하고 있다. 누구든 도우미들로부터 안내를 한 번 받게 되면 이들이 가진 기독교 역사에 대한 해박한

1. 안동 최초의 선교사 사택(1908)
2. 안동 최초의 교회(1909)
3. 기독서점(1908) – 안동 최초의 근대식 서점
4. 진택교회(1910)
   안동성소병원(1909) – 안동 최초의 근대식 병원
6. 계명학교(1911)
7. 안동 최초의 2층 예배당(1913)
8. 안동 3·1 운동 모의 장소(1919)
9. 안동 최초의 기독면려회 발상지(1920)
10. 한국 기독청년면려회 발상지(1921)

11. 경안노회창립교회(1924)
12. 금주·금연운동(1937)
13. 안동 최초의 유치원(194

예배당으로 올라가는 계단 앞바닥에 놓인 안내 동판. 안동 최초의 선교사 사택, 안동 최초의
근대 서점, 안동 최초의 근대식 병원 등 안동교회의 역사와 활동상이 집약되어 있다.

지식과 열의에 놀라지 않을 수 없을 것이다.

교회를 방문한 순례자들이 가장 먼저 마주하는 것은 석조 예
배당 계단 앞쪽 바닥을 장식하고 있는 커다란 안내 동판이다. 이
동판만 들여다봐도 안동교회가 어떤 교회인지, 지난 110년 동안
지역 사회에서 무슨 일을 해왔는지를 대략 알 수 있다. 안동 최초
의 선교사 사택, 안동 최초의 근대 서점, 안동 최초의 근대식 병원,
여자 초등교육 기관인 계명학교, 안동 최초의 기독청년회 발상

안동교회 이야기

지, 안동 최초의 유치원, 1924년 설립되었던 경안중학원, 1919년 안동에서 벌어진 3·1만세운동을 모의했던 장소 등이 안동교회를 중심으로 산재해 있다.

"방문하시는 분들이 20명 미만일 경우에는 역사전시실로 모셔서 설명을 한 뒤 예배당을 중심으로 교회 이곳저곳을 둘러보시도록 하고, 20명이 넘을 경우에는 예배당 1층 동은예배실에서 설명을 미리 다 한 다음에 역사전시실을 자율적으로 관람하시도록 하고 있습니다. 시간 여유가 있는 팀들은 좀 자세히 설명을 드리고, 다른 일정 때문에 시간이 넉넉지 않은 팀들은 중요한 사항만 간략하게 설명을 드립니다. 그때그때 상황에 맞춰서 하고 있습니다."

교회 역사에 누구보다 많은 관심을 가지고 있는 권정국 장로는 도우미 활동에도 어느 청년 못지않게 적극적이다. 동은예배실은 김광현 목사의 호인 '동은東隱'에서 따온 것이다. 100주년기념관이 완공되면서 새로운 식당이 마련됨에 따라 그동안 친교실로 사용하던 예배당 1층 공간을 예배실로 꾸며 김광현 목사를 기리는 차원에서 동은예배실로 이름 붙였다.

50평 규모의 역사전시실은 100주년기념관 1층에 마련되어 있다.

옛날을 기억하라. 역대의 연대를 생각하라. 네 아버지에게 물으라. 그가 네게 설명할 것이요. 네 어른들에게 물으라. 그들이 네게 말하리로다. (신명기

32장 7절)

그대는 하나님께서 하신 일을 기억하고 높이라. 잊지 말지니라. 인생이 그의 일을 찬송하였느니라. (욥기 36장 24절)

역사전시실 입구 두 개의 기둥 위에 새겨진 말씀이다. 역사를 잊지 않고 보존하며 자손 대대로 바르게 가르치는 것은 기독교인들에게 주어진 사명이며 책무다. 성경은 이를 실천하지 않은 이스라엘 백성들이 얼마나 많은 고난을 당해야 했는지를 생생히 증명해 주고 있다.

벽면은 안동 지역 기독교와 안동교회의 모습이 시간의 흐름에 따라 어떻게 변해 왔는지를 시각적으로 보여 주는 공간이다. 눈에 띄는 건 김수만 장로가 전도하러 다닐 때 사용했다는 대형 성경 궤도다. 가로 197센티미터, 세로 140센티미터인 이 종이 궤도에는 창세기부터 요한계시록까지 신구약 성경 전체의 내용이 글과 그림으로 일목요연하게 정리되어 있다. 1950년대에 어떻게 이런 기발한 도구를 만들어 전도에 사용했는지 놀라울 따름이다. 김수만 장로는 이 궤도를 돌돌 말아 가지고 다니다가 사람들을 모아 놓고 성경을 가르칠 때마다 펼쳐서 걸어두고 설명했다고 한다. 직접 보면 누구나 그의 지혜와 열정에 탄복할 것이다.

소천笑泉 권태호 선생에 관한 자료도 흥미롭다. 1903년 안동교회 초창기 신자이자 최초의 세례 교인으로서 훗날 목사가 된

안동교회 이야기

순례자들에게 역사전시실을 안내하는 권정국 장로. 김수만 장로가 전도하러 다닐 때
사용했다는 신구약 성경 전체를 글과 그림으로 요약한 대형 성경 궤도에 대해 설명하고 있다.

권중한의 장남으로 태어난 그는 권찬영 선교사의 부인인 권애
라(權愛羅, Ella M. Crothers, 1878~1966) 선교사로부터 오르간과 피아
노를 배우며 서양음악에 입문했다. 그 뒤 안동보통학교를 졸업
한 다음 일본 나가노 음악학교에서 성악을 전공한 그는 귀국 후
YMCA강당에서 독창회를 여는 등 성악가 겸 작곡가로서 활발하
게 활동했다. 처음으로 슈베르트 등 독일 가곡을 국내에 소개했
고, 최초로 우리말로 된 찬송가를 빅터 레코드사에서 취입하기

도 했다. 안동은 물론 우리나라 음악 발전에 크게 기여한 그를 기리기 위해 2014년 새로 조성된 안동문화관광단지 안에 소천권태호음악관이 세워졌다.

나리 나리 개나리
잎에 따다 물고요.
병아리 떼 종종종
봄나들이 갑니다.

그가 작곡한 동요 '봄나들이'(윤석중 작시)는 아직도 많은 사람들에게 널리 불리고 있다.

중앙에 있는 유리 탁자 안에는 지난 시대의 유물들이 전시되어 있다. 1913년 7월 20일에 있었던 안동교회 첫 번째 당회록과 기독교면려청년회 허락을 결의한 1921년 2월 5일 제 57회 당회록 원본이 전시 중이다. 최초의 당회록에는 다음과 같은 기록이 등장한다.

김영옥 목사가 디모데전서 3장 1절~7절과 베드로전서 5장 1절~6절까지의 말씀으로 강도하고 기도한 후 오월번 목사께서 노회 허락을 의지하여 김병우 장로 장립함을 공포하였다. 김영옥 목사가 장로와 교우에게 문답한 후 오월번, 김영옥, 권찬영 목사들이 안수하고 권찬영 씨의 기도로 장립하여 당회를 조직하고 찬송가 3장을 부른 후 오월번 씨의 기도로 폐회하였다.

2013년 9월 26일 양화진외국인선교사묘원에서는 특별한 행사가 벌어졌다. 한국기독교선교100주년기념교회의 초청으로 방한한 오월번 선교사의 손녀인 프리실라 웰번 에비Pricilla Welbon Ewy 씨와 남편 고든 A. 에비 씨 등 후손들이 할아버지와 삼촌과 이모가 묻혀 있는 묘소를 참배한 뒤 옆에 위치한 한국기독교선교기념관에서 추모예배를 드린 것이다. 예배 후 그녀는 대한제국에서 발행한 할아버지의 여권과 안동에서 신고 다니던 나막신, 수첩, 도장, 편지, 사진 등의 자료를 양화진 홀에 기증했다. 지금도 양화진 홀에 가면 이때 기증된 유물들을 관람할 수 있도록 상설 전시하고 있다. CBS TV에서는 이들의 여정을 취재하여 그해 11월 15일 〈청진기와 나막신〉이라는 제목의 특집 다큐멘터리를 방영하였다.

2015년 9월 18일 다시 방한한 이들은 안동교회를 방문해 역사전시실에 들러 할아버지가 안동선교부와 안동교회에서 활동했던 장면들을 둘러봤으며, 안동에 관련된 귀중한 자료들을 기증한 뒤 김승학 목사를 비롯한 안동교회 교인들과 함께 즐거운 만찬을 나누기도 했다.

이밖에도 유리 탁자 안에는 초창기의 교적부와 제직회의록, 학습교인명부, 세례교인명부, 주보, 어려운 형편의 학생들에게 꾸

100주년기념관 1층에 위치한 안동교회 역사전시실 내부. 역사를 잊지 않고 보존하며
자손 대대로 바르게 가르치는 것은 기독교인들에게 주어진 사명이며 책무다.

준히 지급해 온 장학금 내역을 기록한 장학생대장, 최의숙 권사의 필사성경 등이 정성스럽게 진열되어 있다. 온도와 습도를 조절할 수 있는 수장고에는 다른 유물과 자료들이 많이 수집되어 있어 앞으로 다양하게 전시를 꾸밀 수가 있다.

"한 번은 목사님들이 부부 동반으로 여러분 오셨는데, 동은예배실에서 해설을 하는 도중에 보니까 눈물을 흘리고 계시더라고요. 110년 전 어렵사리 안동에 뿌려진 복음의 씨앗이 이토록 아름답게 뿌리를 내리고 열매를 맺게 된 현장을 보면서 감동을 한 것이죠. 돌아가신 뒤에도 전화해서 참 고마웠다고, 너무 감격스러웠다고 말씀해 주시는 분들이 정말 많아요. 감사한 일이죠. 이 모든 것이 다 하나님의 역사요 은혜입니다."

안동교회를 찾는 순례자들의 발길은 시간이 흐를수록 더욱 더 빈번해질 걸로 보인다. 볼 것과 들을 것이 워낙 많은 교회니만큼 느끼고 깨닫고 배워갈 것도 점점 늘어날 것이다. 하지만 나는 안동교회를 돌아보며 정말 체험해야 할 것은 따로 있다고 생각한다. 그것은 눈에 보이고 귀에 들리는 것이 아니라 지난 110년 동안 안동교회 사람들이 꾸준히 실천해 온 순종하는 삶이다. 하나님께 순종하고, 말씀에 순종하고, 교회에 순종하고, 권위에 순종하고, 어른들에게 순종하고, 나보다 어려운 이웃들에게 순종하는 신앙이야말로 순례자들이 안동교회에서 배워가야 할 최고의 덕목이다.

순종의 습관이
몸에 밴 사람들

한마디로 안동교회 사람들은 순종하며 사는 사람들이다. 구약성경 사무엘상 15장 22절에 나오는 "순종이 제사보다 낫다"는 말씀을 실천하며 살아가는 크리스천들이다.

서울에서 태어나 줄곧 서울에서 살다가 안동교회에 부임해 2년 넘게 사역하고 있던 정한욱 부목사는 2006년에 나를 만났을 때 안동교회의 독특한 문화를 이렇게 설명했다.

"안동교회는 어른들이 말씀하시면 조용히 입을 다무는 분위기입니다. 서울에 있는 교회에서야 각각 자기 목소리를 내고 주장을 하지만 여기는 자기 목소리를 내지 않습니다. 서울에 있는 교회는 개인적이기 때문에 모래 알갱이 같지만 여기는 가족 공동체적 문화이기 때문에 흔들리거나 깨지지를 않습니다. 할아버지, 아버지가 다 안동교회 다니시고, 장로님, 집사님들이 고향 선배님들이시니까 그분들이 말씀하시면 자기주장을 내세우지 않고 받아들이는 겁니다. 예를 들어 안동에서는 자동차 운전할 때 경적을 울리지 않습니다. 괜히 경적을 울렸다가 상대편 운전자가 아버지 친구이거나 선배일 경우 아주 버릇없는 사람으로 취급받고 곤란한 일이 벌어지거든요. 그러니까 웬만하면 경적을 울리지 않고 참고 기다리는 겁니다.

그만큼 서로 참아주는 문화가 대단합니다. 어찌 보면 체면 문화 때문이라고 말할 수도 있겠지만 실제로 대한민국 사회에 이런 문화가 꼭 필요합니다. 상대를 배려하고 기다리고 참는 문화, 이게 정말 성숙한 문화입니다. 서로 의견이 달라도 이야기를 하다가 결론을 지을 때는 상대 의견을 받아들이고 이해하고 결국 합의를 이루어냅니다. 이게 보통 저력이 아닌 겁니다. 요즘 젊은이들이나 교회에 어디 이런 문화가 있습니까? 다 자기 말만 하고 자기 의견이 옳다고 목소리를 내지 남의 말에 귀를 기울이고 배려하는 게 적잖아요? 안동교회는 청년들도 겉모습은 노랑머리를 하고 꽁지머리를 하고 그러지만 속을 들여다보면 그렇지가 않습니다. 어른들하고 똑같아요. 기다리고 상대를 인정하고 배려할 줄 압니다. 공동체를 유지하기 위해 순종하고, 지키고, 참고, 기다릴 줄 안다는 거죠. 내가 물러설 줄을 압니다. 이게 안동교회 사람들의 자존심입니다. 아이들도 스스로 이걸 잘 알고 지킵니다."

2006년 8월 26일 토요일 새벽 5시 30분, 안동교회 본당은 앞줄부터 맨 뒤까지 교인들로 가득 찼다. 매달 넷째 주 토요일에 열리는 전교인 새벽 기도회가 시작되기 직전이었다. 시간이 되자 강단 앞에는 어린아이에서부터 중고등학생, 청년들, 중년의 아저씨와 아주머니들이 줄지어 서서 해맑은 표정으로 찬양을 시작했다. 율동을 하고 노래를 부르는 표정들이 너무도 진지하고 밝았다.

그 양옆으로는 전자기타를 치고, 피아노를 치고, 드럼과 색소폰 등 악기를 연주하는 사람들이 노래에 맞춰 열심히 반주를 하고 있었다. 특이한 것은 색소폰을 부는 사람이 젊은 사람이 아니라 머리가 벗겨진 노인이었고, 드럼을 치는 사람 역시 젊은이가 아니라 머리를 묶은 중년의 여자 교인이었으며, 전자기타를 치는 사람도 건장한 청년이 아니라 호리호리한 아가씨였고, 본인 키보다 훨씬 더 커 보이는 첼로를 켜는 사람은 어여쁜 아가씨가 아니라 나이 어린 초등학교 여학생이었다는 사실이다. 모두들 자기 나이나 성별을 잊은 듯했다. 남녀노소가 다 같이 어우러져 한바탕 축제처럼 진행되는 뜨거운 새벽 기도회였다.

찬양이 끝나자 한 여자 청년이 나와 대표 기도를 했다. 어버이를 위한 기도였다. 어버이들의 건강과 행복을 위해, 자손들이 어버이들의 소중한 신앙 유산을 잘 물려받기를 위해, 온 집안의 평화를 위해, 그리고 어버이께 효도하는 자녀들이 되기를 위해 기

안동교회 이야기

도를 드렸다.

이어 중년의 남자 교인이 나와 대표 기도를 했다. 아이들을 위한 기도였다. 자녀들이 하나님께 순종하고, 지혜로운 자녀들이 되기를 위해, 세상 풍조를 본받지 말고 경건한 가르침에 따르는 자녀들이 되기를 위해, 꿈과 비전을 가진 자녀들이 되기를 위해 기도드렸다.

김승학 목사의 설교가 이어졌다. 재림을 준비하는 신앙을 갖자는 내용이었다.

"안동을 둘러싼 악한 영들이 성령의 흐름과 확산을 막고 있습니다. 하나님의 말씀과 영이 생명력이 있어 악의 세력을 물리쳐야만 안동 땅이 하나님의 영으로 충만해질 수 있습니다."

영성을 강조하는 김승학 목사의 설교 후에 안동을 예수 마을로 만들기 위해, 안동 땅에 매일 같이 하나님을 믿는 영혼들이 넘쳐나기를 위해 뜨겁게 통성 기도를 이어갔다.

마지막으로 예배에 참석한 어른들이 자기 자녀들의 머리 위에 손을 얹고 축복의 기도를 드리는 시간이 진행됐다. 아이들은 조용히 자기 머리에 손을 얹고 기도하는 아빠, 엄마의 기도 소리를 듣고 있었다. 김승학 목사의 온화하고 풍성한 축도로 새벽 기도회가 끝났다.

아주 특별한 체험이었다. 이런 찬양 팀과 연주단을 본 적도 없었고, 자녀들은 부모들을 위해, 부모들은 자녀들을 위해 대표 기도하는 모습도 인상적이었으며, 부모들이 자녀들 머리에 손을 얹고 축복 기도하는 풍경도 이채로웠다. 가족들을 위해 드려지는 이 새벽 기도회를 위해 부모들은 자녀들을 일찍 재우고 일찍 깨웠다. 아이들은 부모의 말씀에 순종해서 평소보다 일찍 일어나 졸린 눈을 비비며 교회로 향했다. 자녀들은 부모에게 순종하고, 부모들은 자녀들을 축복하는 이런 문화는 예배를 통해 습관처럼 길러지고 있었다.

안동교회 본당 바닥은 마루다. 처음 예배당을 지을 때는 신발을 벗고 들어와 마루에 방석을 깔고 앉아 예배를 드렸다. 그러다가 의자를 들여놓게 되면서 그대로 마루 위에 의자를 놓은 것이다. 의자도 오래된 것이지만 마루는 너무 오래되어 반질반질하다. 예배를 드리기 위해 의자에 앉으면 마루를 먼저 내려다보게 된다. 80년 전, 50년 전, 30년 전 바로 이 마루에 엎드려 예배를 드리고, 울면서 기도하던 그 신앙의 위대한 선배들이 무릎 꿇었던 자리. 그 자리에 내가 오늘 발을 디디고 앉아 있다고 생각하면 감히 졸거나 딴 생각을 할 수가 없게 된다. 그래서 더욱 경건한 마음이 들고, 순종하는 마음을 갖게 되는 듯했다. 적어도 내 경우에는 그런 생각이 들었다.

그해 9월 17일 주일은 오랫동안 준비해 온 총동원주일이었다. 아침부터 태풍 때문에 비가 조금씩 내렸다. 하지만 안동교회 사람들은 전혀 개의치 않고 개미들이 줄을 지어 제각기 자기 일을

총동원주일 예배를 마친 후에 예배당 1층 예전 친교실에서 새 가족을 영접하며
즐거운 시간을 보내고 있는 교인들. 한복을 곱게 차려입고 활짝 웃는 모습이 예스럽다.

해내듯 열심히 자기 맡은 일에 충실하고 있었다. 새 가족들을 위해 기존 교인들은 일체 차량을 가져오지 못하게 했고, 교회 앞마당은 새 가족 차량만 주차할 수 있도록 했다. 이런 사소한 것도 정해지면 어기는 사람이 없었다. 안내위원들은 비가 오는데도 한복을 곱게 차려입고 예배당 입구에 나란히 서서 인사하기에 바빴고, 건장한 남자 집사들은 미키마우스 인형을 뒤집어쓰고 분위기를 띄우느라 열심이었다.

계단 아래 마당에는 천막을 쳐 놓고 새 가족을 영접하고 이름표를 달아주며 환영하는 접수위원들이 예쁘게 흰색 블라우스를 맞춰 입고 사람들을 기다렸다. 다과를 나누게 될 1층 친교실은 풍선으로 장식된 꽃밭으로 변해 있었다. 어제 오후까지만 해도 아무것도 없던 곳이었다. 교회 이곳저곳에서는 자기들이 인도하려고 마음먹고 기도하며 권유하던 태신자들이 예배에 꼭 참석하도록 독려하는 교인들의 전화가 계속해서 이어졌다.

"세상에 이런 좋은 시간이 없어요. 빨리 오세요. 기다릴게요."

"2부 예배 못 나왔어도 괜찮아요. 약속을 어긴 게 아니라니까. 지금 서둘러 3부 예배 나오면 돼요. 11시 30분까지니까 내가 교회 앞에서 기다릴게요. 함께 예배드리고 식사합시다. 내가 한 턱 낼게!"

이날 1부 예배부터 4부 예배까지 교회에 나온 새 가족은 310명이었다. 이 작은 안동 땅에서 한 주일에 300명이 넘는 사람들이 새로 교회에 나왔다는 것은 정말 대단한 일이었다. 안동교회 사람들은 늘 하는 일, 매년 있는 행사라고 해서 대충하는 법이 없다. 남의 일이라고 생각하는 사람도 없다. 일단 뭘 하든 한 번 하자고 결정하면 다 내 일이고, 우리 집안일이기 때문에 반드시 내 몫을 채워야 된다. 담임목사가, 장로가, 웃어른이 하시고자 하는 일이면 그냥 무조건 한다. 일단 순종하고 본다. 하다하다 안 되면 할 수 없지만 처음부터 못하는 일이란 없다.

총동원주일 행사를 보면서 나는 많이 놀랐다. 어쩌면 저렇게 세심한 부분 하나까지도 놓치거나 실수하거나 옥신각신하는 일 없이 자연스럽게 일을 잘 치러낼 수 있을까 놀랐고, 어린아이에서부터 노인 어르신에 이르기까지 교회에서 하는 일에 저토록 순진한 마음으로 순종할 수 있을까 놀랐다. 나는 총동원주일 때문에 이렇게 긴장하고 즐거워하는 교인들을 본 일이 없다. 서울 사람들은 너무 대범해서 웬만한 일에는 긴장하거나 놀라지 않기 때문이다.

경로대학 에어로빅 강사로 봉사하던 김경숙 권사는 당시 이런 말을 했다.

"우리 교회 교인들은 절대 자기를 내세우지 않아요. 자랑하지 않습니다. 그리고 주의 종이나 장로님, 권사님을 뒤에서 욕하고 흉보는 일이 없어요. 식당이나 교회 청소하시는 분들도 내가 이런 거 한다고 자랑하지 않아요. 저는 제가 제일 많은 은혜를 받은 줄 알고 있었는데, 알고 보니까 식당에서 봉사하시는 분이나 남모르게 청소하시는 분이나 다들 묵묵히 각종 은사를 받은 분들이 너무 많더라고요.

　이런 분들이 절대 자기를 내세우지 않고 하나님과 교회와 어른들과 교인들을 순종하며 섬겨왔기 때문에 우리 교회가 100년 동안 분쟁과 잡음 없이 이런 신앙을 이어올 수 있었던 거예요. 말이 없어요. 순종하는 교인들입니다. 참 희한하게 순종을 잘해요. 그러니까 이슬처럼 복을 받는 교회에요. 그만큼 우리 교회는 김광현 상원로목사님이나 김기수 원로목사님 두 분 어른들이 말씀으로 교회를 꽉 잡고 유지했어요. 그래서 이런 은혜가 가능했던 거죠. 제가 그분들 밑에서 양육 받았다는 게 큰 자랑이에요."

뭐든지 할 수 있는
최첨단 교회

예배 때 현악기 연주에 맞춰 합창을 하는 찬양대와 달리 기도회나 찬양예배 혹은 특별한 집회 때 율동과 함께 강하고 빠른 리듬의 음악을 이끌어가는 음악 봉사 팀이 따로 있다. 새롬찬양단, 예음찬양단, 르비딤 찬양단, 소리엘 찬양단 등이 그 주인공들이다. 이 중 가장 오래된 새롬찬양단에서 신나게 드럼을 두들기는 사람이 바로 아줌마 드러머 김인숙 집사다.

"언제부터 드럼을 치셨나요?"

"제가 꿈나무교회에서 교사를 하고 있었어요. 그런데 2004년 10월 경 권오광 목사님께서 찬양 팀을 만들면서 저한테 드럼을 한 번 쳐보라고 하시더라고요. 정말 뜻밖이었어요. 저는 그때까지 드럼의 '드'자도 모르던 사람이었으니까요. 그냥 무조건 해보

새롬찬양단에서 열정적으로 드럼을 두들기는 김인숙 집사. 드럼의 '드'자도 모르던 그녀는 무조건 순종하는 마음으로 드럼을 치기 시작해 이제는 프로페셔널 드러머가 되었다.

라는 거였어요. 청년들이 하면 좋긴 하지만 진학이나 취업 등으로 자꾸 결원이 생기니까 집사님들이 하면 오랫동안 할 수 있어 좋다는 거였죠. 맞는 말씀이긴 한데 엄두가 나질 않았습니다. 그러다가 배워서 하면 된다고 하시기에 그냥 순종하는 마음으로 해보겠다고 했어요. 그때부터 배워서 치기 시작한 게 오늘날까지 이렇게 된 겁니다."

김인숙 집사는 시부모를 모시고 사는 며느리이자 한 남자의 아내이며, 중학교 2학년과 초등학교 6학년인 두 아들의 엄마였다. 교회에서는 꿈나무교회 교사로 섬기고 있었다. 하루 일과가 얼마나 바쁠지는 보지 않아도 상상이 갔다. 그런데도 담당 목회자의 말씀에 순종해서 평생 한 번도 손에 잡아본 일이 없는 스틱을 잡았다. 용기도 보통 용기가 아니었다.

"목사님께서 소개해 주신 선생님에게 1주일에 한 번씩 개인 레슨을 받았어요. 그리고 틈날 때마다 아이들 학교 보내 놓고 시부모님 살펴 드린 다음, 낮에 한두 시간씩 교회 연습실에 와서 드럼을 치기 시작했죠. 해보니까 재미있더라고요. 예배 때 부를 찬양에 맞춰 반주할 수 있도록 필요한 부분만 집중적으로 연습했어요. 딱 3개월을 그렇게 배우고 나서 2005년 1월부터 예배 시간에 반주를 시작했습니다.

그리고 그해 2월 예수전도단 컨퍼런스에 가서 찬양하는 모습을 보고 굉장한 감동을 받았어요. 아, 찬양만으로 저렇게 하나님

을 기쁘시게 하고, 은혜로운 예배를 드릴 수 있구나 하는 걸 깨달
았죠. 그때부터 개인적으로 아는 분들에게 부탁해서 기초부터
새로 다지기 시작했습니다. 찬양하고 드럼 치는 일이 너무 즐겁
고 행복해요. 지금도 드럼 앞에 앉으면 '주님, 제가 비록 부족하지
만 이것을 통해 하나님께서 원하시는 예배를 드릴 수 있게 해주
십시오' 하고 기도합니다."

순종에는 그만한 보상이 반드시 따르는 것 같았다. 이야기를
하는 동안 김인숙 집사의 얼굴에는 기쁨과 감사가 흘러넘치는
듯 보였다. 내가 봐도 참 복 많이 받겠구나 싶었는데, 하나님께서
보시면 얼마나 기쁘고 사랑스러우시겠는가?

새롬찬양단에서 순종의 미덕을 보이고 있는 또 한 명의 스타
는 초등학교 교장 출신의 색소폰 부는 할아버지 김성한 장로였
다. 대머리에 백발이 듬성듬성한 할아버지가 젊은 찬양단 사이
에 껴서 색소폰을 구성지게 연주하는 모습은 보는 것만으로도
감동이 되고도 남았다.

"제가 3대째 안동교회를 다니고 있습니다. 증조할아버지가 오
월번 선교사님을 도와서 매서인으로 전도하는 일을 하다가 나
중에 안동교회 창립 교인으로 초대 장로가 된 김병우 장로님입
니다. 아버지는 음악을 좋아하셔서 바이올린과 클라리넷을 연주
하셨어요. 어머니는 일주일에 전도지를 600장 이상 돌릴 정도로
전도에 열심이셨고요. 우리 집안이 음악 하는 집안이에요. 저도

안동교회 이야기

아버지 영향을 받아 중학교 때부터 색소폰을 불기 시작했죠. 대중가요는 전주에서 후주까지 지금도 어떤 곡이든 불 수 있습니다. 재즈 연주도 못하는 게 없어요.

교회에서는 학생 시절 밴드부를 만들어 특송을 하곤 했죠. 안동 지역이 보수적이라서 교회에서 복음성가를 부르고 악기를 연주하기 시작한 게 얼마 되지 않아요. 나이든 어른들이 별로 좋아하시질 않았지요. 그래서 제가 총대를 멘 거예요. 2004년부터 새롬찬양단에서 색소폰을 연주했어요. 아, 머리가 허연 노인이 찬양을 하는 데야 어른들도 따라하지 않을 수 없으니까요. 연세 많으신 장로님들도 제가 다 설득하고 이해시켜서 안동교회 찬양 문화가 많이 보편화되었고, 수준도 상당히 많이 올라갔습니다."

전통과 예절을 중시하는 안동에서 경건하고 점잖게 예배를 드리지 못하고 일어나서 박수를 치고 율동을 하고 각종 악기를 연주하며 찬양하는 풍경은 낯설기만 한 것이었다. 이런 어른들을 찬양 문화의 중심으로 끌어들이기 위해서는 김성한 장로 같은 분들의 도움이 절실했다. 그래서 담당 목회자가 정중히 부탁을 드렸고, 김성한 장로는 이를 흔쾌히 받아들였다. 장로가 앞에 나가 색소폰을 불기 시작하자 나이 많은 어른들 사이에서 젊은이들의 찬양을 탐탁지 않게 바라보던 분위기가 점점 사라지게 되었다. 지금은 아주 일부 어른들 빼고는 누구나 박수를 치고, 율동을 따라하면서 즐겁게 찬양하는 분위기가 정착되었다.

교인 묘지에서 열린 추석 합동추모예식 때 색소폰을 연주하는 김성한 장로는 안동교회
초대 장로인 김병우 장로의 증손자로 중학생 때부터 색소폰을 연주했다고 한다.

　"한 십여 년 전 추수감사절 때 우리 형제들이 모여 공연을 한
적이 있습니다. 우리 형제가 다섯인데, 다들 음악을 좋아합니다.
색소폰, 클라리넷, 트롬본, 트럼펫, 비올라, 바순 등 못 다루는 악
기가 없을 정도지요. 교인들 반응이 아주 좋았더랬어요. 기회가
되면 우리 형제들이 악단을 한 번 만들어 공연을 할까 생각 중
입니다."

　11년 뒤 안동교회에서 이들을 다시 만났다. 오십 줄로 접어든

김인숙 집사는 여전히 새롬찬양단에서 드럼을 치고 있었다. 언제 초보 시절이 있었냐는 듯 베테랑 티가 물씬 났다.

"그동안 드럼 스틱을 수도 없이 부러뜨렸어요. 실력 있는 후배들이 계속 치고 올라오니까 자리 빼앗기지 않으려고 이 악물고 하고 있죠. 할 수 있는 한 제 자리를 지키고 싶어요."

끈기와 집념은 여전했다. 함께 자리한 예음찬양단 팀장 권향숙 집사도 거들었다.

"청년부 때 김승학 목사님의 지도를 받았어요. 어느 날 목사님께서 곧 새로운 예배가 신설되니까 찬양단을 만들어 보라고 하시더라고요. 엄두가 나지 않았지만 그대로 순종했죠. 순종하면서 해나가니까 되더군요. 지금껏 사람이 모자라서 찬양을 하지 못한 적은 한 번도 없어요. 아무리 어려운 곡이나 빠른 곡을 선정해도 어른들이 잘 따라 주시니까 신이 나요."

색소폰을 불던 멋쟁이 할아버지 김성한 장로는 몸이 좀 불편해 보였다.

"부정맥이 와서 쓰러졌다가 3년 뒤에 또 뇌경색이 와서 쓰러졌어요. 다들 어렵다고 했는데…… 4년 동안 고생하다 지금은 거의 회복이 됐습니다. 감사한 일이죠. 거동하고 식사하고 말하는데 별다른 불편은 없습니다. 하지만 색소폰 연주는 무리죠. 지금은 내 동생 김봉한 집사가 색소폰 연주를 해요. 그 사람도 안동공고 음악 선생으로 밴드부를 지도했었어요. 아주 잘합니다. 건강이 좋아지면 다시 하고 싶은 마음은 있지만 동생이 잘하고 있으니까…… 제가 중학생 때 색소폰을 처음 불었는데, 어느 날 김광현 목사님께서 부르더니 예배 때 한 번 연주해 보라고 하시더군요. '저 북방 얼음산과 또 대양 산호섬……' 찬송가 273장이었어요. 그 뒤로 교회에서 연주를 하게 되었죠. 지금은 예배마다 성가대가 있지만 그때는 중고등학생들로 구성된 엔젤 성가단이 예배 때 성가를 불렀어요. 나중에는 제가 3부 예배 성가대 지휘를 맡았었죠. 당시 성가대 하던 사람들이 이제는 다 집사 장로가 되었지요."

병마와 싸우느라 고단한 시간을 보냈을 텐데도 음악에 대한 애정만은 변함이 없었다.

우리는 대개 내가 잘할 수 있는 것을 골라서 봉사를 하려고 한다. 아니면 잘하지는 못하지만 하고 싶은 것, 내가 해봤으면 하는 것을 선택해서 봉사를 하고자 한다. 보통 교회 봉사나 사회봉사는 이런 식으로 이루어진다. 내가 잘하지도 못하고, 전혀 관심도 두지 않았던 분야라면 목회자가 한 번 해보라고 권하지도 않을뿐더러 그런 요청을 받았다고 해도 정중히 거절하거나 아니면 펄쩍 뛰게 마련이다.

그런데 안동교회 사람들은 그렇지가 않았다. 내가 잘하든 못하든, 내가 좋아하든, 좋아하지 않든 교회가 필요로 하는 것, 목회자의 목회에 도움이 되는 것, 하나님께 영광이 되는 일이라면

안동교회 이야기

현악부 대장으로 봉사하던 장필모 장로가 바이올린을 연주하고 있다. 대도시 교회와 달리
안동교회 현악부에는 나이가 지긋한 연주자들이 젊은 연주자들과 함께 호흡을 맞추고 있다.

순종하며 따를 줄 아는 사람들이었다. 모르면 배워서 하면 되고, 하다 보면 잘하게 될 거라고 믿었다. 그리고 하나님께서 정말 필요로 하시는 일이라면 도와주실 거라고 생각했다. 순종을 잘한다는 건 순박하다는 말이기도 하다. 이해를 따지거나 계산을 복잡하게 할 줄 모른다. 쉽게 말해서 뺀질거리는 사람들이 없었다.

이런 좋은 전통과 문화를 가진 교회라서 그런지 목회자들은 무슨 일이 있어도 불안해하거나 초조해하지 않고 늘 자신감에 가득 차 있는 것처럼 보였다.

2006년 당시 경안고등학교 교목으로 섬기고 있던 권오광 부목사가 그런 목회자였다.

"우리 교회 일하는 방식은 이겁니다. '못하는 게 어디 있냐? 하면 되지.' 전문가는 아니더라도 필요하면 하는 겁니다. 제가 처음 안동교회 부임해 왔을 때 홈페이지에 동영상이란 게 없었습니다. 그런데 담임목사님께서 필요하니까 하라고 하시더라고요. 컴퓨터에 대해 아무것도 몰랐던 제가 그날부터 연구하고 공부해서 하나씩 해결했습니다. 하라면 하는 겁니다. 요즘은 텔레비전 보면 어떻게 편집했구나 하는 게 다 보일 정도입니다. 우리 교회는 전문가만 사역하는 교회가 아닙니다. 모르면 배워서 하는 겁니다. 누구나 하면 됩니다. 그런 의미에서 안동교회는 뭐든지 할 수 있는 최첨단 교회입니다."

안동교회에서 4대째 장로가 된
이정일 장로 집안

과묵한 안동교회 사람들조차 큰 자랑거리로 생각하는 게 한 가지 있다. 우리나라에서 안동교회가 아니면 어디서도 찾아 볼 수 없는 일이기 때문이다. 한국 기독교 역사상 최초의 기록이기도 하다. 그것은 바로 안동교회에는 4대째 장로를 배출한 집안이 있다는 사실이다.

한 교회에서 한 집안이 4대에 걸쳐 장로를 배출한다는 것은 보통 어려운 일이 아니다. 이렇게 되려면 4대가 모두 예수를 잘 믿어야 하고, 이민이나 이사를 가지 않고 한 고장에 살아야 하며, 대대로 장로가 될 만한 인물이 있어야 하고, 교회가 분열되지 않고 평화로워야 한다. 이게 결코 쉬운 일이 아니다.

지난 1984년 우리나라에 개신교가 들어온 지 100주년을 맞

아 한국교회백주년기념관에서 거행된 선교 100주년 기념식에서
는 이정일 장로 집안이 한경직 목사로부터 기념패를 받았다. 그
리고 같은 해 경안노회로부터도 기념패를 받았다. 그때 함께 기
념패를 받은 4대째 목사, 장로 가정이 모두 다섯 가정이었다고 하
는데, 한 교회에서만 4대를 섬기는 집안은 이정일 장로 집안이 유
일했다고 한다. 파란만장했던 한국 현대사에서 한 교회만을 4대
에 걸쳐 섬기며 계속해서 장로를 배출한다는 것은 그만큼 힘든
일이었던 것이다.

　이정일 장로의 증조할아버지인 이중희 장로는 1858년 경북
김천에서 태어나 한학으로 독학해 송천학당을 설립하고 계몽운
동을 하신 분이다. 이중희 장로가 예수를 믿게 된 동기는 좀 특이
하다. 아들이 김천장에 갔다가 전도지를 한 장 얻어온 것이 계기
가 되어 온 집안이 다 이를 읽고 감동을 받아 예수를 믿게 되었
다는 것이다. 지금이야 볼거리, 읽을거리가 넘쳐나는 시대라서 길
이나 전철에서 전도지를 나눠 줘도 읽는 사람들이 많지 않지만
그때는 워낙 읽을 게 없던 시절이라 전도지 한 장의 위력이 그토
록 엄청났던 모양이다.

　예수를 믿게 된 이중희 장로는 1907년 대구선교부에서 사역
중이던 부해리(傅海利, Henry M. Bruen, 1874~1959) 선교사와 함께 김
천군 아포면 송천동 고향 마을에 송천교회를 세웠다. 그 후 부해
리 선교사가 안동에 왔다가 안동교회에서 세운 계명학교에 여학

생을 지도할 교사가 필요하다는 사실을 알게 되어 이중희 장로를 초빙해서 교사로 모셔오게 된다. 그때가 1913년이었다.

안동으로 이사해서 계명학교 교사가 된 이중희 장로는 안동교회를 열심히 섬기게 되었고, 얼마 지나지 않아 1915년 안동교회 장로가 되었다. 이중희 장로는 한학을 한 분이었음에도 불구하고 당시로서는 상당히 개혁적인 사상을 가진 분이었다. 남녀평등, 계급타파, 미신타파를 부르짖으며 사람들을 가르치고 일깨웠다.

3·1운동이 일어나던 1919년, 이중희 장로는 안동교회 김영옥 목사, 김병우 장로, 군청 서기 김원진, 동경 유학생으로 2·8독립선언에 참가하고 온 강대극 등과 함께 비밀리에 만세운동을 계획하다가 일제의 예비검속에 걸려 안동경찰서에 사흘 동안 구속되었다 풀려났는데, 이때 당한 고문 후유증으로 병을 얻어 그해 3월 18일 하나님의 부르심을 받기에 이른다.

2017년 4월 6일 오후 1시, 안동교회 예배당에서는 총회에서 주관한 기념예배가 드려졌다. 석조 예배당을 한국기독교사적 제32호로 지정하고, 이중희 장로를 제6호 순직자로 지정한 것을 기념하는 예배였다. 역사위원회와 삼일운동백주년기념사업위원회 그리고 순교·순직자심사위원회는 경안노회의 청원을 받고 전문위원들의 심사 등을 거쳐 만장일치로 이를 의결하기에 이르렀다. 교회와 나라를 위한 이중희 장로의 헌신적 삶을 높이 평가한 것이다.

이중희 장로 집안이 예수를 믿게 된 것은 그의 아들 이재삼 장로 덕분이었다. 이재삼 장로가 1905년 김천장에 나가지 않았더라면, 아니 갔더라도 전도지를 받아 오지 않았더라면 우리나라에 한 교회 4대 장로 집안은 탄생하지 않았을지도 모른다.

이재삼 장로는 아버지를 따라 안동에 이사 온 후 안동교회를 열심히 다니며 교회에서 집회가 있을 때마다 나서서 객지에서 온 교인들을 열심히 대접했다고 한다. 성품이 워낙 진실하고 열성적이었으며 인정이 많아서 손님 대접하는 일을 즐거워했다. 해방 후에는 교회 부흥전도부원으로 활동하면서 일제에 의해 통폐합된 경안노회 교회들을 다시 일으키는 일에 많은 기여를 했다.

1948년 아버지에 이어 두 번째로 안동교회 장로가 된 이재삼 장로는 성가대와 주일학교 교사 등을 맡아 헌신적으로 교회를 섬기다가 1956년 캐럴이 울려 퍼지던 크리스마스에 불의의 교통사고를 당해 하나님 곁으로 떠나게 된다.

이정일 장로가 증조할아버지와 할아버지에 대한 아련한 기억을 떠올렸다.

"증조부님은 한학을 공부하신 후 교사 생활을 하셨어요. 할아버님 때문에 증조부님도 예수를 믿게 되셨죠. 안동에 오셔서 5년 만에 장로님이 되셨어요. 3·1운동 때 안동교회에서 만세운동을 논의하시다 일제에 잡혀서 안동경찰서에 끌려가 어찌나 고문을

우리나라에서 맨 처음으로 한 교회에서 4대째 장로를 배출한 집안인 이정일 장로와
김선애 권사. 이 집안이 이런 복을 누리게 된 계기는 전도지 한 장 때문이었다.

당하셨는지 나오신 뒤 얼마 지나지 않아 돌아가셨습니다. 뭐 거의 다 어른들께 들어서 알고 있는 거예요.

할아버지에 대한 기억은 또렷합니다. 인정이 많아서 남 주는 거 참 좋아하셨어요. 1년에 한 번씩 성소병원 직원들 불러다가 식사도 하시고, 과수원 과일을 따다가 이웃들에게 나눠 주는 것도 좋아하셨지요. 밭에서 나올 때는 한 지게 가득 지고 오시다가 동네를 거치면서 다 나눠 주시니까 집에 들어올 때는 빈 지게로 오실 때가 많았어요."

이정일 장로의 아버지인 이인홍 장로는 1919년 3·1운동 당시 임동협동학교에 재학 중이던 열아홉 살 어린 나이로 안동교회 청년회 일을 하며 만세운동에 앞장서다가 구속되어 6개월 형을 살고 풀려났다. 3·1운동에 할아버지와 손자가 적극 가담해서 다 구속되었다가 할아버지는 돌아가시고, 손자는 6개월 뒤에 풀려났으니 국가관이 투철한 애국자 집안에 불어 닥친 시대적 아픔이었던 셈이다.

그 후 이인홍 장로는 안동역 앞에서 6·25전쟁 전까지 사진관을 운영했다. 그리고 1964년에는 3대째 장로로 임직하여 장학기금 설립에도 앞장서서 많은 기금을 출연했으며, 안동댐 경내에 있는 광복지사 기념비를 건립했고, 독립사 출판사업회를 조직하여 《독립사 안동판》이라는 책자도 출간했다.

1992년 광복절이 조금 지난 8월 24일 노환으로 소천하신 이인홍 장로에게는 1993년 김영삼 대통령으로부터 독립운동에 기여한 공로로 표창장이 수여되기도 했다.

이정일 장로는 이인홍 장로의 7남매 중 유일하게 대를 이어 안동교회를 섬기며, 제직회 서기와 성가대장 등으로 일하다가 1983년 안동교회 장로가 되었다. 이로써 안동교회는 우리나라 최초로 4대 장로 가문을 탄생시키기에 이른다.

이정일 장로는 안동교회에서 설립한 안동중앙신용협동조합 이사장과 경안노회 평준화 위원장 등을 역임했으며, 현대해상화재보험 안동지점장으로 근무하다가 은퇴했다.

이쯤 되면 사람들은 누구나 궁금해진다. 과연 안동교회에서 5대 장로가 탄생할 수 있을 것인가? 이정일 장로에게는 딸 넷, 아들 하나 다섯 남매가 있다. 그런데 묘하게 이런저런 이유로 다들 외지에 나가 살고 있고, 부모님과 함께 안동교회에서 신앙생활하고 있는 자식은 셋째 딸 이수현 집사가 유일하다. 4대 장로 어른들이 사시던 시대와 요즘 사람들이 살아가는 시대는 너무 다르니 어찌 될지 알 수 없는 일이다. 오직 하나님만이 아실뿐이다.

"제가 딸만 내리 넷을 낳은 후에 하나님께서 우리에게는 아들을 안 주시려나 보다 생각해서 이제 그만 낳으려고 아내 몰래 정관수술을 했었어요. 아내는 기어코 아들을 낳으려고 했었죠. 그런데 이게 어찌된 일인지 한 2년쯤 지나니까 수술한 게 그냥 저절로 풀리더라고요. 옛날에는 그 왜 수술이라는 게 부실했으니까……. 그래서 아들이 생겼어요. 이것 참 신기하죠? 그래 제 아내가 이런 거는 인간의 힘으로는 안 된다고 했지요. 하나님께서 주신 귀한 선물이었습니다. 아들이 생겼으니 5대 장로가 되어야 할 텐데……. 아들이 수원에 가 있어요. 거기서 직장생활하고 해야 하니 글쎄 5대 장로가 되려는가 아직 잘 모르겠어요."

부러웠다. 정말 복 받은 가정이라는 게 이런 거구나 생각했다. 아브라함이 믿음의 조상이 되어 복의 근원이 되었듯이 이중희 장로가 예수를 믿어 하나님을 전심으로 섬긴 결과 4대째 온 집안이 예수를 믿게 되었고, 대를 이어 장로로서 한 교회를 섬기는 엄청난 영광을 누리며 복을 받을 수 있게 된 것이다.

이정일 장로 집안이 이런 값진 신앙의 유산을 물려받을 수 있었던 것은 어른들을 극진히 모시고 순종하면서 선조들의 신앙을 잘 이어받고 따르는 아름다운 전통이 있었기 때문이다. 안동교회 사람들이 웬만한 시련과 고난 앞에서는 쓰러지지 않고 견고한 신앙을 유지할 수 있는 것, 오래 참고 기다리는 법을 아는 것, 나를 비우고 양보하고 먼저 순종하는 미덕을 갖출 수 있는 것은 이런 가문의 내력과 집안의 역사를 곁에서 지켜보며 살아온 때문이 아닐까? 좋은 신앙을 가지려면 좋은 신앙 공동체에 속해 있어야 한다는 말은 이래서 나온 말인 것 같았다. 이날따라 안동의 보름달은 유난히도 밝았다.

안동교회 이야기

추억을 공유하는
오래된 피아노처럼

안동교회 사람들이 순종하며 살아온 흔적은 교회 곳곳에 그대로 남아 있다. 1937년 4월 9일 준공된 지금의 석조 예배당은 무려 11년이라는 긴 세월 동안 지어진 교회다. 1926년 4대 담임인 박상동 목사 재직 시절 처음 건축에 관한 논의가 이루어진 후 5대 담임인 임학수 목사가 사역하던 1937년에야 비로소 공사를 마칠 수 있었다. 지금으로부터 90여 년 전 일제의 탄압과 감시가 극에 달하던 때에 무슨 돈과 인력과 기술이 있어 화강암 덩어리로 이렇듯 웅장하고 아름다운 예배당을 쌓아올릴 수 있었겠는가? 게다가 대다수 교인들 살림이 넉넉지 못했기에 자력으로 이런 예배당을 건축한다는 건 무모해 보이기까지 한 일이었다. 오로지 하나님의 은혜와 교인들의 순종하는 믿음이 없었다면 불가능한 일이었다는 말이다.

당시 임학수 목사는 날만 밝으면 외지로 나가 돈을 구하거나 도움을 청하고, 돌 한 덩어리라도 더 얻기 위해 발이 부르트도록 돌아다녔다고 한다. 교인들도 너나 할 것 없이 먹고 싶은 것을 참고, 입고 싶은 것을 아끼고, 쓸 곳을 줄이고 또 줄여서 한 푼 두 푼 모아 건축 헌금을 드렸다. 이렇게 허리띠를 졸라매는 세월이 장장 11년 동안이나 이어졌다.

임학수 목사의 큰손녀인 부산 광안교회 임순오 권사의 증언을 들어보자.

"교회를 지을 때 우리 할아버지가 교인들 헌금만 가지고는 도저히 예배당을 지을 수 없으니까 수시로 전라도나 경상도 등지로 돌아다니셨어예. 그래 저녁 때 들어오시면 오늘은 돌 하나 어디서 헌금을 했다, 오늘은 돌 하나 어느 교회에서 헌금을 했다고 그러셨어예. 돌은 안동에서 30리쯤 떨어진 맥현에서 가져왔고, 석수(石手, 돌을 다루어 물건을 만드는 사람)는 전라도 순천 매산학교 돌 강당을 지은 중국인 기술자였던 걸로 기억합니다.

하여튼 각 교회마다 가서 설교하시고, 헌금 부탁하고, 돌 얻어오고 그래서 이 교회를 지었어예. 제가 너무 어렸으니까 교회 앞마당에 왔다 갔다 하면서 얼핏얼핏 본 기억밖에 없는데, 하여간 매일 집에 안 계셨어예. 돌 구하고, 돈 구하러 다니느라고. 할아버지가 여기에 다 정력을 쏟은 거예요. 월급이고 뭐고 다 가져다가

안동교회 이야기

교인들하고 손님들, 일꾼들 대접하고 그랬어예. 할아버지가 그러고 다니시니까 며느리인 어머니는 하루도 쉬지 못하고 매일 같이 일꾼들 밥을 해서 먹이고 그러셨지예."

이렇게 해서 기념비적인 예배당이 완공된 후 70여 년이 흐른 뒤 안동교회는 선교 2세기를 준비하기 위해 100주년기념관까지 건립을 완료했다. 석조 예배당은 그대로 보존한 채 안동유치원과 담임목사 사택 자리에 건평 1,500여 평의 지하 1층 지상 4층 규모 건물을 세운 것이다. 오랜 시간 동안 전 교인들이 기도하고 준비하며 이루어낸 눈물겨운 대역사다.

"대략 건축비가 45억 원에 부대시설비 5억 원 해서 총 50억 원 규모로 예산을 잡고 있는데, 아무래도 음향기기 등에서 추가 비용이 들어갈 걸로 생각되기 때문에 예비비까지 계산하면 전체 규모가 60억 원가량 필요할 것으로 보고 있습니다. 지금 교회 묘지를 이전하면서 옛날 부지를 팔아 가지고 있는 자금이 20억 원 가량 있고, 교회 예산을 절약하면 5억 원은 충분히 마련될 걸로 보이며, 교인들이 드린 헌금이 20억 원 정도 되니까 예산 문제에 있어서는 전혀 걱정이 없습니다. 우리 교회는 뭘 하기까지 논의하는 데 조금 오래 걸릴 뿐이지 일단 결정이 되면 다 같이 달려들어서 힘을 모아 일을 해내는 교회입니다. 교인들이 워낙 적극적으로 정성껏 참여해 주셔서 아무런 문제없이 잘 진행되고 있습니다."

100주년기념관 건축위원장을 맡았던 임만조 장로는 막 계획을 수립할 즈음 이미 공사를 마치기라도 한 듯 이렇게 설명한 바 있었다. 준공된 지 불과 몇 년 만에 안동의 새 명물로 자리 잡은 100주년기념관에서 임만조 장로를 다시 만나 건축에 관한 이야기를 들어봤다.

"100주년기념관 건축이 잘 끝나서 안동교회 교인들은 물론 시민들까지 요긴하게 사용하고 있으니 뿌듯하시겠습니다. 그런데 건축 비용이 예상보다 많이 들어갔을 것 같은데요?"

"사실 처음에는 이렇게 공사가 커질 줄 몰랐어요. 하다 보니 자꾸 커져서 실제 비용이 많이 들었습니다. 건축위원회를 수도 없이 했죠. 회계 담당이 따로 있어 정확한 건 모르지만 대략 100억 원가량 안 들었겠나 싶어요. 우리 교회에 큰 부자는 없어요. 그러면서도 전 교인들이 정성을 다해 헌금을 하니까 별 어려움 없이 건축을 했고, 빚도 큰 빚은 아니지만 꾸준히 갚아서 지금은 거의 다 갚았을 거예요. 보통 다른 교회를 보면 건축을 하면서 이런저런 말썽이 생기고 불협화음도 나고 하는데, 우리 교회는 그렇지가 않았어요. 안동교회는 일을 할 때 누가 일방적으로 밀어붙이는 게 아니라 두루 중론을 모아서 하는 게 전통이에요. 건물을 쓸모 있게 잘 짓고 나니까 다들 참 만족하고 감사하고 있죠. 홀 하나하나 전부 용도에 맞게 충실히 사용하고 있어요. 여름에는 시원하고, 겨울에는 따뜻하고 정말 좋아요."

안동교회에는 아주 오래된 피아노가 한 대 있다. 미국 샌프란 시스코 앤드류 롤러 사의 제품으로 안동교회가 6·25전쟁 이후 구입한 제1호 피아노다. 이 피아노의 임자는 김광현 상원로목사 부인인 최의숙 권사였다. 최의숙 권사는 음악을 전공한 분으로 평양에서 학교 다니던 시절 성악 콩쿠르에 나가면 1등을 할 정도 로 실력이 뛰어났다. 이후 경안성서학원과 안동여고 음악 교사로 도 활동했던 최의숙 권사는 교회에서 언제나 피아노 반주를 했 고, 찬양대에서는 솔리스트로 활약했으며, 주일학교에서는 어린 이들에게 찬양과 무용을 가르쳤다.

그때 최의숙 권사로부터 크리스마스에 어른들 앞에서 발표할 무용과 찬양을 배우던 어린이 중 한 명이 지금은 돌아가신 박영 자 권사다. 어느덧 권사가 되어 손주들 재롱 보는 재미에 살 나 이가 되었어도 최의숙 권사 앞에만 가면 언제나 어린아이가 된다 고 말했었다.

"제가 권사가 되어 임직을 하던 날이었어요. 한복 곱게 차려입 고 임직식을 하려고 서 있는데, 최의숙 사모님께서 오시더니 저 를 보고는 '야, 야, 영자야! 니 벌써 권사 됐나?' 이러시더라고요. 껴안고 얼마나 웃었는지…… 지금 우리가 나이가 이렇게 많아도 사모님은 항상 어린애처럼 보이시나 봐요. 아직도 우리를 보면 어 린애 대하듯 하세요. 김광현 상원로목사님이나 최의숙 사모님은 절대로 누구를 편애하지 않으셨어요. 다 똑같이 대하시고 사랑

미국 샌프란시스코 앤드류 롤러 사에서 만든 피아노.
안동교회가 6·25전쟁 이후 구입한 제1호 피아노다. 최의숙 권사는 이 피아노로
교회에서 반주를 하면서 어린이들에게 찬양과 무용을 가르쳤다.

권태호 선생이 18세 때 안동교회에서 풍금을
연주하는 모습. 우리나라 음악 발전에 크게 기여한
그를 기리기 위해 2014년 안동문화관광단지 안에
소천권태호음악관이 세워졌다.

스러워하셨죠. 두 분이 오래도록 건강하게 사시기를 늘 기도하
고 있습니다."

서로 섬기고 순종하는 마음과 자세에 있어서는 목회자나 평
신도가 따로 없었다. 안동교회 사람들은 다 같이 한 식구 같았
고, 친구 같았다. 추억을 공유하는 오래된 피아노처럼.

안동교회에서는 한 부서나 팀에서 10년, 20년 이상 봉사하는 게 보통이다. 자기가 가르쳤던 주일학교 학생이 커서 어른이 되어 함께 교사로 아이들을 가르치는 모습도 흔하고, 중고등부 임원으로 활동하며 회의를 했던 사람들이 나이 먹고 장로가 되어 다시 당회에서 만나 회의를 하는 풍경도 낯설지가 않다.

1984년 발행된 〈안동교회보〉에는 고 황신호 장로가 쓴 다음과 같은 글이 실려 있다.

20여 년간의 주일학교 교사 생활을 회고하려니 먼저 일제 치하의 고난당한 일이 생각난다. 우리말과 글을 말살하려는 때라 일본말로 된 성경 찬송을 가르치도록 강요당하였으며, 보통학교에서 급장을 정탐꾼으로 보내 교회 정문에 지켜 섰다가 교회에 나오는 어린이들을 학교에 보고하게 함으로써 어린이들이 정문으로 들어오지 못하고 뒷담을 넘어 오기도 하고, 철조망 밑으로 기어 들어오는 일도 있었다. 이때 우리 주일학교 학생 수가 최저 36명까지 내려간 일도 있어 아직도 내 가슴에 한으로 새겨져 있다.

…… 해방 후는 먼저 애국가를 부르고 공부를 시작하였다. 몇 주일 동안은 아동 수가 엄청나게 증가되어 반사 부족으로 즐거운 비명을 올리기도 하였다. 교육목사로 석호인 목사님이 부임하신 후 1,250여 명의 어린이가 모인 기록도 남겼다. 교회 마루에 신발 보자기를 펴두고 30여 반으로 분반 공부를 하던 일, 신발 보자기와 신발이 없어져 반사들이 고역을 겪던 일, 성탄절 축하식 후에 신 잃은 아이들을 교사들이 집까지 업어 주던 일 등이 주마등처럼 스쳐 지나간다.

안동교회 예배당 1층 교역자실 옆 벽면에는 옛날에 많이 쓰던 검정색 서류철이 나란히 걸려 있다. 교인 출석부다. 1교구, 2교구, 3교구, 새가족부, 청년부 모두 다섯 개다. 지금까지 교회를 다니면서도 교인 출석부는 본 적이 없어서 이게 도대체 뭔가 펼쳐보았다. 교구별로 교인들 이름이 나란히 적혀 있었고, 매 주일마다 교회 출석을 했는지 안 했는지를 표시하게 되어 있었다. 그리고 그 옆에는 출석하지 못한 이유를 적는 칸이 보였다.

'서울 갈 일이 있어 부득이하게 빠졌습니다.'
'몸이 아파 입원했다고 합니다.'
'시댁에 급한 볼 일이 있어서 갑니다.'
'죄송합니다. 다음부터는 빠지지 않겠습니다.'

'X' 표로 표시된 곳 옆 칸에는 이러저러한 사연들이 빼곡하게 적혀 있었다. 사연들을 읽으며 웃음이 났다. 미안해서 어쩔 줄 모르는 표정들이 떠올랐기 때문이다.

성도의 교제를 뜻하는 '코이노니아'란 이런 것을 두고 하는 말이 아닐까? 오랜 세월 함께하며 기쁨과 슬픔, 고난과 행복, 배고픔과 풍족함을 서로 나누었던 관계 속에서 진정한 섬김과 순종의 문화가 성숙할 수 있었을 것이다. 이것이 바로 안동교회 110년의 힘이었다.

고풍스러운 정자 아래서 진행되는
새 가족 환영 모임

김승학 목사에게는 안동교회 담임으로 부임하면서 줄곧 지켜온 독특한 심방철학이 있다.

"안동교회가 이 지역 사회에서 차지하는 비중이 워낙 크다 보니까 담임목사가 참 바쁩니다. 우리 교회 정도 규모에서 담임목사가 기존 교인들을 일일이 심방한다는 것은 너무 어려운 일입니다. 하지만 딱 세 가지 경우만은 무슨 일이 있어도 제가 직접 심방을 합니다. 첫 번째는 은퇴하신 분들입니다. 이분들은 언제 하나님 나라에 가실지 모르기 때문에 그렇게 되기 전에 한 번이라도 제가 뵈어야 하니까 꼭 심방을 합니다. 이게 도리라고 생각합니다. 두 번째는 오랫동안 아팠던 사람들입니다. 건강이 안 좋으신 분들이죠. 세 번째는 새 가족들입니다. 새 가족 심방은 제가

안동교회 이야기

합니다. 기존 교인들은 제가 알지만 새 가족들은 모르니까 힘들어도 꼭 심방을 해서 친해집니다. 이런 원칙을 장로님들 앞에서도 이야기했습니다."

안동교회 담임목사는 여간 바쁜 자리가 아니다. 별의별 행사에 다 참석해야 하고, 도저히 맡지 않으면 안 되는 직함도 많고, 회의는 시도 때도 없이 열린다. 새벽 기도회를 매일 두 차례씩 하면서 주일이면 1부에서 5부까지 예배 설교를 도맡아야 하고, 빈 시간을 이용해 주일학교 설교까지 할 때도 있다. 수요일 예배도 오전 오후 두 번씩 설교를 해야 한다. 이런 엄청난 일정을 소화하면서 도대체 언제 교인들 심방할 시간이 있을까?

"오랜 역사를 가진 교회에서는 새로 오신 분들이 적응하고 참여하기가 참 어렵습니다. 기존 교인들끼리의 모임이 확고하게 성을 구축하고 있거든요. 우리 교회는 개방성과 폐쇄성을 동시에 가지고 있는 교회입니다. 그래서 이런 문제를 극복하기 위해 새 가족들을 위한 프로그램을 꾸준히 접목시키고 있습니다. 새 가족들이 오시면 제가 먼저 그분들에게 두 번에 걸쳐 교육을 하고 나서 전부 집에 초대해 식사를 함께합니다. 교회와 비전에 대해 이야기를 나누죠. 그런 과정에서 벽이 열립니다. 새 가족 교사들이 아주 열심히 합니다.

제가 또 강조하는 것은 교회 안에서는 절대 서로 이름을 부르지 말라는 겁니다. 친해도 이름을 부르면 안 됩니다. 서로 이름을

주일에 새 가족 출석부를 적는 장면. 비고란에 '시댁이 불교 집안', '가게 손님이 있어
출석 못함', '아들 반대로 당분간 쉼' 등 갖가지 사연이 적혀 있다.

부르는 사람들을 보면 새 가족들은 나는 언제 저렇게 친해지지
생각하게 됩니다. 그러면 거리감이 생기죠. 공식적인 직함을 따
라 아무개 집사, 아무개 권사, 아무개 장로, 아무개 선생 이렇게
부르라고 합니다. 누구에게나 공평하게 거리감을 두지 않도록 말
입니다. 기존 교인들은 새 가족을 늘 배려해야 합니다."

이와 같은 김승학 목사의 생각과 원칙들은 새가족학교 교사
들에 의해 빈틈없이 준비되고 실행된다. 안동교회에 새 가족으

로 등록하게 되면 새가족학교 홍보 팀에서 인도자와 함께 사진을 찍어 예배당 입구 게시판에 부착하고, 바로 홈페이지에 새 가족으로 소개한다. 인도자나 양육 팀 담당자는 새 가족과 함께 예배에 참석하는데, 새 가족 소개는 늘 가장 많은 교인들이 참석하는 3부나 4부 예배 시간에 모든 교인들이 알아볼 수 있도록 치러진다. 예배 후에는 담임목사와 만나 인사를 나누고 양육 팀 담당교사와 함께 식당에서 식사를 한다.

새가족학교 양육 팀에서는 1주일 안에 집으로 환영 카드를 발송한다. 그리고 다음 주부터 담임목사와 2회, 담당 목사와 1회, 교사들과 6회, 총 9회에 걸쳐 새 가족 양육 교육을 받는다. 매주 화요일 오후 7시부터 2시간 동안 100주년기념관 지하 생명터 방에서 교육이 이루어지는데, 혹 시간이 맞지 않는 분들을 위해 목요일 오전 10시에 한 번 더 교육을 한다.

교육을 마친 새 가족은 1년 동안 4교구 새가족구역으로 편성되어 함께 모임을 가지면서 연 2회 야외예배를 나가고, 역시 연 2회 환영 잔치를 치른다. 담당 교사를 중심으로 교회 청소나 식당 봉사 등을 통해 일일 봉사 활동을 함으로써 기존 교인들과 친해지는 시간을 가지며, 매년 새 가족들이 참여하는 헌신예배를 드린다. 그리고 이런 새 가족들을 위해 따로 중보 기도하는 팀이 만들어져 이들의 기도 제목을 놓고 릴레이 중보 기도를 한다.

2006년 여름, 새가족학교 교사들이 모인 자리에 들어가 이야기를 나눈 적이 있었다.

"작년에 새 가족 모임할 때는 병산서원으로 갔었어요. 앞에 강물이 흐르고 아주 경치가 아름다운 곳이죠. 그 전통적인 마을에서 게임도 하고, 서로 모여 음식도 먹으면서 교제를 나누니까 운치가 있고 아주 좋았어요. 그때 새 가족이 서른 가정 이상 참석했었지요."

"이번 여름에 광산김씨 종택이 있는 군자리에서 새 가족 야외 예배를 드린 적이 있습니다. 하루를 이분들과 친교를 하는 겁니다. 애들도 다 데려와서 가족 단위로 남녀노소 구분 없이 어울립니다. 외지 분들이 오시면 안동 사람들이 무뚝뚝하고 이야기를 잘하지 않으니까 서먹서먹하게 느낍니다. 그래서 새가족부에서는 이런 분위기를 풀기 위해 노력하는 거죠. 차도 마시고, 고구마나 감자도 쪄 먹고, 새가족부 방에서 늘 모입니다. 그분들도 집에서 음식을 가져와서 함께 먹기도 하고 그럽니다."

"얼마 전 주일날 어떤 새 가족분이 저에게 선물을 가져오셨어요. 시아버님 몸이 안 좋으셔서 강원도에서 구한 건데, 집사님이 주일날 보니까 너무 피곤해 보여서 드시라고 가져왔다며 선물을 주시더라고요. 너무 기쁘고 감격했어요. 열어보니 복분자더군요."

"처음에는 오기 싫어하고 부담스러워하지만 나중에는 아쉬워하면서 왜 이렇게 시간이 빨리 갔냐고 하시기도 합니다. 교육이 끝나면 사람들이 제일 많이 참석하는 3부 예배 시간에 수료식을 합니다. 사진을 찍고 선물을 주고 하죠. 나중에 새 가족 심방은 담임목사님이 직접 하십니다. 담임목사님하고 친해지니까 저희들하고도 금방 친해집니다."

"저는 고등학교 교사입니다. 학생 시절에 교회 잘 다니지 않았던 학생들이 어른이 돼서 안동교회에 나오는 아이들이 있어요. 선생님과 제자 관계지만 이제 다 같은 성도니까 전혀 다른 분위기에서 화기애애하게 교육을 하고 친하게 지내기도 합니다. 우리 구역에도 옛날 제자가 있습니다. 얼마 전에는 그 남편도 교회에 나오기 시작했어요."

"어느 날 한 노부부가 억지로 끌려 나오셨어요. 그런데 할머니가 위암으로 편찮으셔서 일찍 돌아가시게 되었죠. 할머니 편찮으실 때 제가 그 반 교사였으니까 그 집을 자주 방문해서 호박죽도 끓여가고, 발마사지나 안마도 해드리고 그랬어요. 그러다가 돌아가셨는데, 3일 장례를 치르는 동안 내내 그 곁을 지켜 드렸죠. 그 후로 할아버지가 너무 고맙다고 딸이나 며느리보다 낫다고 하시면서 지금까지 교회 열심히 나오고 계십니다."

"저는 얼마 전에 아버님이 돌아가셨는데, 제가 가르쳤던 새 가족들이 와서 도와주고 위로해 주고 함께 슬퍼해 줘서 너무 고마웠어요. 그렇게 서로 마음을 나누는 사이가 되었죠."

"새 가족 환영 잔치를 할 때는 새 가족 중에서 가족끼리 악기를 연주하거나 노래를 하거나 장기자랑을 하도록 해요. 그러면 이분들이 너무 열심이세요. 어떤 분은 청주에서 오신 분인데, 현악을 하겠다고 하시더니 아들은 바이올린, 자기는 기타, 부인은 피아노, 딸은 노래를 하겠다고 했어요. 기타가 없어서 새 것을 사 가지고 했대요. 또 한 분은 안동병원 의사 선생님이신데, 수술 환자가 있어 환영 잔치에 늦게 되자 연락해서 자기 순서를 좀 미뤄 달라고 하셨어요. 그러고는 부랴부랴 수술을 끝낸 후 달려와서 가족 찬양을 했습니다."

이야기가 끝이 없었다. 하지만 전혀 지루하지가 않았다. 이렇게 헌신적으로 새 가족들을 섬기고, 사람들을 사랑하고, 맡은 일에 충성하는 순종적인 교인들과 함께하는 김승학 목사는 참으로 행복한 목회자라는 생각이 들었다.

예전에는 교육관 1층에 새 가족 사무실이 있었는데, 지금은 100주년기념관 1층으로 자리를 옮겼다. 방 이름은 '에이레네'다. 평화와 풍요를 상징하는 이름이다. 새 가족들은 언제든지 여기 모여 차를 마시면서 이야기를 할 수 있고, 상담도 할 수 있으며, 모임을 가질 수도 있다. 아담하고 정감 있는 공간이었다. 이곳에서 새가족부 차장인 고남순 권사를 만났다.

"그때나 지금이나 새 가족을 안내하고 양육하는 방식에는 큰 변화가 없나 봅니다."

"네, 한결같아요. 주일 예배당 앞에는 새 가족을 맞이하는 빨간 파라솔 부스가 만들어져요. 예배마다 교사 두세 명이 항상 대

군자리에서 있었던 새 가족 야외 예배. 고풍스러운 정자 안에서 돗자리를 펴고 앉아
시원한 계곡 물소리를 들으며 예배를 드리는 광경이 여유롭다.

기를 하죠. 새 가족이 오시면 등록 카드를 작성하고, 사진을 찍은 뒤 본당으로 인도해 예배를 드리도록 합니다. 예배 중에 목사님께서 소개하고 환영하는 시간을 갖죠. 예배 후에는 담임목사님과 새가족부를 전담하는 조경화 목사님이 새 가족을 만나 말씀을 나누고 기도를 드려요. 2부 예배 때는 이 방에서 차 마시며 이야기를 나누고, 3부와 4부 예배 때는 함께 식사를 하죠. 주 중에는 담당 교사가 환영 편지를 보내고, 조경화 목사님이 전화해서 날짜를 조정해 심방을 합니다. 그런 다음 9주 동안 안내 과정에 참여하시도록 해요. 40여 명 정도 되는 교사들이 등록하고, 차와 간식 준비하고, 환영 편지 보내고, 심방하는 등 여러 일들을 나눠서 합니다. 교육 마치면 수료식을 하고, 전부 모여 식사를 해요. 적응 기간이 필요하기 때문에 바로 구역으로 편성하지 않고, 따로 만든 4교구에서 새 가족들만 모임을 가짐으로써 교회에 잘 적응하도록 도와드리고 있습니다."

"새가족부 봉사는 언제부터 하신 건가요?"

"제가 2001년 안동으로 이사 오면서 안동교회에 다니기 시작했어요. 벌써 16년 됐네요. 김승학 목사님께서 오신 후에 새가족부가 만들어졌는데, 그때부터 봉사하기 시작했죠. 현재 66기까지 수료했어요. 그동안 많이 변했습니다. 목사님께서 새로운 것을 계속 만들고 훈련시키시니까 교회가 늘 역동적이에요. 요즘에는 젊은 부부들이 등록을 많이 해요. 우리 교회는 다음 세대 교육 시스템이 좋기 때문이죠. 새 가족들이 교회에 잘 정착해서 각 기관을 섬기고, 그분들이 다시 새가족부 교사로 오시는 모습을 볼 때 너무 감격스럽고 은혜가 됩니다. 제가 그랬던 것처럼 그분들도 자신들이 경험한 것을 새 가족들에게 다시 베푸는 거죠."

남의 일에 관심을 두지 않고, 억지로 강요하지 않는 익명성이 미덕으로 자리 잡은 도시 교회에 익숙해진 나로서는 새 가족 한 명 한 명에게 이토록 극진히 애정을 쏟는 안동교회를 보면서 잊고 지냈던 고향을 되찾은 것 같은 포근함을 느꼈다.

지난 2006년 6월 와룡면 오천 군자리에서 진행되었던 새 가족 야외예배 광경은 오래도록 잊히지가 않는다. 앞에는 계곡물이 흐르고, 뒤에는 푸르른 산 위에서 시원한 바람이 불어오는데, 한적한 정자 마루에 돗자리를 펴고 앉아 찬송가를 부르고 성경 말씀을 읽고 이야기를 나누면서 음식을 즐기는 모습들이 너무나 정겨워 보였다. 톡 쏘는 청량감이 그만인 안동식혜처럼 서울에서는 도무지 맛볼 수 없고 느낄 수 없는 안동만의 고유한 감칠 맛이었다.

지역 사회와 함께하는
공동체 교회

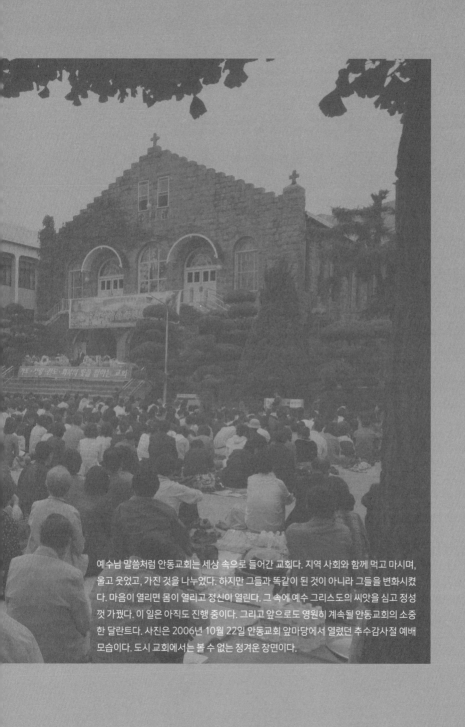

예수님 말씀처럼 안동교회는 세상 속으로 들어간 교회다. 지역 사회와 함께 먹고 마시며, 울고 웃었고, 가진 것을 나누었다. 하지만 그들과 똑같이 된 것이 아니라 그들을 변화시켰다. 마음이 열리면 몸이 열리고 정신이 열린다. 그 속에 예수 그리스도의 씨앗을 심고 정성 껏 가꿨다. 이 일은 아직도 진행 중이다. 그리고 앞으로도 영원히 계속될 안동교회의 소중한 달란트다. 사진은 2006년 10월 22일 안동교회 앞마당에서 열렸던 추수감사절 예배 모습이다. 도시 교회에서는 볼 수 없는 정겨운 장면이다.

365일 열려 있는
담장 없는 교회

안동교회는 담장 없는 교회다. 연중무휴, 365일 활짝 열려 있는 교회다. 예전에도 그랬지만 지금은 더욱 그런 교회가 되었다. 100주년기념관 1층에는 로뎀나무 카페가 있다. 각종 차와 마실 거리 그리고 간단한 요깃거리를 파는 곳이다. 하지만 다른 카페와는 확연히 다르다. 영리를 목적으로 하지 않기에 좋은 재료를 이용해 정성껏 만들어 저렴하게 판매한다. 아무것도 먹거나 마시지 않은 채 하루 종일 앉아 있어도 눈치 주는 사람이 없다. 교복 입은 학생들이 홀로 앉아 공부하거나 여럿이 토의하며 학습에 열중하는 모습도 종종 눈에 띈다.

"저희 카페는 안동 시민들이 편안하게 와서 쉬어가는 공간이에요. 100주년기념관을 짓기 전에 여전도회에서도 뭔가 해야 되

100주년기념관 1층에 있는 로뎀나무 카페. 영리를 목적으로 하지 않는,
시민들을 위한 공간으로 손님의 70퍼센트 이상이 교회에 다니지 않는 비신자들이다.

지 않겠냐 해서 몇 년 동안 바자회를 열어 기금을 모았어요. 그래서 100주년기념관 식당 주방에 최신식 식기세척기 등을 들여 놓고 나머지 돈 가지고 일일이 발품 팔아서 직접 인테리어도 하고 필요한 집기도 사서 카페 문을 열었죠. 경험이 없으니까 전국에서 카페 좀 잘한다고 소문난 교회는 다 다니면서 배웠어요. 처음에는 자원 봉사자 70명이 4교대로 봉사를 했어요. 시간이 지나면서 너무 힘드니까 아르바이트생을 쓰게 되었죠. 바리스타 교육을 받아서 하나둘 자격증까지 따게 되었어요. 이제는 솜씨들이 다 수준급이랍니다. 저희 카페는 하루 평균 400명에서 500명가량 손님들이 오시는데, 이 중에서 예수 안 믿는 비신자 손님들이 70퍼센트가 넘어요. 이분들이 카페와 도서관, 화장실, 주차장 등을 이용하시면서 자연스럽게 크리스천 문화에 익숙해지게 되는 거죠. 하늘씨앗어린이도서관에 교회 다니지 않는 아이들이 오면 엄마들이 카페에 와서 차 마시면서 도서관과 카페 사이에 있는 창문을 통해 아이들 책 읽는 모습을 지켜보곤 해요. 주차장도 넓고, 찾기도 쉽고, 차도 맛있고, 값도 싸고, 분위기도 좋으니까 시민들에게 인기가 많아요. 이제는 자리가 잡혔죠. 수입이 생기면 전액 선교비로 사용하니까 힘은 들지만 보람도 큽니다."

카페 운영 팀장 서정자 권사와 이야기를 나누다 보니 이분은 카페 운영자라기보다 카페 교회를 개척한 목회자 같다는 생각이 들었다. 하지만 직접 내려준 커피 맛은 기가 막혔다.

화성공원 쪽 길가에서도 자유롭게 카페에 들어올 수가 있고, 농구대가 놓인 운동장 쪽에서도 얼마든지 카페를 드나들 수 있으며, 차를 타고 주차장을 통해서도 언제든지 카페로 출입할 수가 있다. 교회 공간이 교인들만의 전유물이 아니라 시민 모두에게 상시 개방되어 있는 것이다. 주차장 입구 사무소에는 요금을 받는 직원이 일하고 있다. 그 직원 월급은 교회에서 지급한다. 얼마 되지 않는 주차비지만 돈을 받는 것은 최소한의 통제와 안전을 위해서다. 물론 주일에는 주차비를 받지 않는다. 평일에 시민들에게 받는 저렴한 주차비는 차곡차곡 모았다가 사회 요소요소 필요한 곳에 환원한다. 교회 마당 옆에 있는 체육시설도 평일 오전 9시부터 오후 6시까지 누구나 무료로 이용할 수 있도록 시민들에게 개방되어 있다.

100주년기념관 입구에는 '안동평생교육센터', '안동노인종합복지센터'라는 현판이 걸려 있다. 지하부터 4층까지 마련되어 있는 크고 작은 강의실에서 하루도 빠짐없이 이 두 기관에서 각종 강의와 행사들이 이어진다. 4층에 있는 청소년 휴게실에는 네 대의 컴퓨터가 설치되어 있고, 안락한 소파와 탁자 등이 구비되어 있어 청소년들의 쉼터 역할을 하고 있다. 1층 영곡아트홀 또한 시민들이 자유롭게 이용할 수 있는 공간이다. 김기수 원로목사의 호를 따서 지어진 이 계단식 홀은 좌석 수가 287개지만 300명 이상 수용할 수 있는 공연 시설이다. 최신 음향과 영상 시설을 갖추고 있어 유치원생부터 청소년과 청년들, 소규모 문화 행사를 준비하는 예술인이나 단체들이 유용하게 사용하고 있다. 아울러 이곳에서는 지역 주민들을 위해 그때그때 볼만한 영화도 상영하고 있어 시민들과 교회를 연결시키는 징검다리 구실을 톡톡히 하고 있다. 이렇듯 100주년기념관은 아직 걸음마도 떼지 못한 어린 아이에서부터 지팡이가 없으면 거동이 편치 않은 노인들에 이르기까지 연령과 학력과 직업과 취향을 초월해 다양한 강좌가 열리고 모임이 치러지기 때문에 항상 사람들로 북적거릴 수밖에 없으며, 궂은 날이나 맑은 날이나 관계없이 땅거미가 진 이후에도 불빛이 꺼질 겨를이 없다.

안동평생교육센터는 다방면의 문화 사역을 통해 지역 주민들에게 건전하고 유익한 여가를 선용하게 하며, 보다 성숙한 삶의 기회를 제공하고, 안동의 새로운 문화를 창출하면서 크리스천 문화를 보급하기 위해 2005년부터 시작된 안동문화센터가 2012년에 확대 개편되어 명칭이 바뀐 것이다. 그러면서 2014년에는 경상북도 '지역 문화 사랑방 보조 사업'으로 선정되어 예산 지원까지 받게 되었다. 1학기와 2학기 각각 15주로 나눠 진행되는 교육 프로그램은 안동 시민이라면 누구나 사전 예고된 내용을 보고 안동교회 사무실을 방문해 신청서를 제출하면 수강할 수 있다. 수강료는 무료이며, 신청자가 많을 경우 선착순으로 마감한다.

현재 개설된 강좌를 보면 힐링아트테라피, 커피학개론, 한국꽃꽂이, 오카리나, 라인댄스와 스트레칭, 소묘스케치, 컴퓨터프로그래밍, 바이올린, 야생화생활자수, 수제덖음꽃차, 차밍에어로빅, 색소폰, 탁구, 천연비누와 화장품, 건강한국무용, 하모니카, 독서논술, 체형교정스트레칭, 플루트, 첼로, 더블베이스 등 평균 20여 개 강좌이며, 한 학기 수강생은 300여 명 수준이다. 강사는 30명 정도인데, 5명을 제외하면 대부분 안동교회 교인들이다. 수강료가 무료니 만큼 강사료 또한 무급이다. 원활한 진행을 위해 봉사자 15명도 활동하고 있다.

안동교회에서 시대 흐름에 맞게 또 하나 착안해 낸 것은 무지개학교 어학강좌다. 젊은이들이 수도권으로 모여들면서 농어촌은 물론이고 지방 중소도시에도 청년층이 눈에 띄게 감소하고 있다. 따라서 일손이 모자라기 때문에 외국인 노동자들을 필요로 하지 않을 수 없고, 그나마 고장을 지키며 살아가는 젊은이들은 배우자를 구하기 어려워 외국인 배필과 혼례를 치르지 않을 수 없는 형편이다. 이런 현실을 감안해 안동교회는 다문화가정에 대한 각종 배려와 섬김을 강화하면서 이들 중 자격을 갖춘 사람을 강사로 초빙해 외국어를 배울 수 있는 무지개학교를 개설한 것이다. 여러 가지 빛깔이 한데 어울려 조화를 이루는 무지개처럼 국적과 인종과 언어와 피부색이 다른 사람끼리 이웃으로 화합하며 살자는 의미에서 붙인 이름이다. 이 또한 1학기와 2학기에 걸쳐 학기당 주 2회 수업으로 36시간을 이수해야 한다.

지금까지 개설된 강좌는 영어회화 초급, 중국어 첫걸음, 일본어 첫걸음, 영어회화 중급, 중국어 중급, 일본어 중급이다. 강사는 모두 안동 인근에 거주하는 해당 외국어를 모국어로 사용하는 결혼 이주 여성으로 레인보우 티처를 수료한 전문 강사들이다. 한 반에 15명씩 정원이 차면 한 학기마다 90명이 수료하는 셈이다. 무지개학교 강사들에게는 적절한 강사료를 지급해야 하는 까닭에 안동교회에서는 안동시의 지원을 받아 이 학교를 운영하고 있다.

"우리 교회의 문화선교 분야는 크게 두 가지 방향으로 나가고 있습니다. 하나는 교회가 주관해서 운영하는 안동평생교육센터고, 또 하나는 안동시의 지원을 받아 운영하는 무지개학교입니다. 할아버지 할머니들 중에 글을 모르시는 분들에게 한글을 가르쳐 드리는 교육 역시 안동시의 지원을 받아 시행하고 있습니다. 안동평생교육센터 프로그램 가운데는 컴퓨터 애플리케이션을 만드는 강좌하고 악기를 배우는 강좌가 아주 인기가 많습니다. 수강생 중 80퍼센트는 안동 시민들이고, 나머지 20퍼센트가 안동교회 교인들입니다. 안동평생교육센터 프로그램은 사회 변화에 맞게 계속해서 개발해야 합니다. 자신의 재능을 함께 나누고 싶어 하는 분들이 재능 기부 형식으로 참여하시는 겁니다. 시민들의 반응은 상당히 좋은 편입니다. 제가 교회 건축이 전공인데, 새로 지은 100주년기념관은 공간 활용도가 매우 높은 건물입니다. 교회가 교인만을 위한 교회가 돼서는 안 됩니다. 주민들과 지역 사회를 위해 항상 열려 있는 교회가 되어야 하고, 교회 내의 건물 역시 활용도가 높아야 합니다."

문화선교부장이자 안동평생교육센터 위원장인 최성연 장로는 젊은 당회원답게 교회는 과거에서 배우고 현실을 직시하되 언제나 미래를 바라보며 나가야 한다는 점을 강조했다.

김승학 목사 역시 안동교회가 지역 사회를 예수 마을로 만들어가기 위해서는 교인 각자가 어떤 자세와 마음가짐으로 섬김과 봉사를 실천해야 하는지 자신의 소망을 드러낸 바 있다.

"섬김은 세상을 변화시키는 능력입니다. 오늘날은 말로 전도하는 시대를 넘어 그리스도인의 삶이 곧 전도요 선교인 시대입니다. 불신자의 마음을 움직일 수 있는 최고의 방법이 바로 섬김이라는 것입니다. 교회는 섬김으로 가득 차 있는 신앙 공동체여야 합니다. 하나님의 백성은 예수님께서 보여 주신 섬김의 마음으로 가득 차 있어야 합니다. 그래야 하나님께서 기뻐하시는 섬김, 주변 사람들도 기뻐하는 봉사를 할 수 있습니다. 선교 2세기를 맞이하는 우리 안동교회는 지역 사회를 사랑으로 섬기는 봉사의 공동체로 자리매김해야 합니다. 지금까지 해왔던 섬김의 지경을 넓혀야 합니다. 봉사의 장을 확장해야 합니다. 교회 울타리를 넘어 봉사의 영역을 더욱 확장해야 합니다. 봉사라는 삶의 방

안동교회를 365일 열려 있는 담장 없는 교회로 만드는 데 헌신한 임만조 장로와 김성애 권사 부부. 100주년기념관 건축위원장을 맡아 안동교회 2세기를 설계하는 일에 앞장섰다.

식으로 안동을 예수 마을로 만들어가는 거룩한 봉사 공동체가
되어야 합니다.

…… 이 땅을 예수 마을로 만들 수 있는 가장 확실한 선교는
지역을 사랑하고 주민을 섬기는 봉사라고 할 수 있습니다. 섬김
이라는 삶의 방식은 공동체에 거룩한 영향을 주어 그 땅과 땅에
거주하는 사람들을 변화시킬 수 있습니다. 따라서 교회는 하나
님 나라의 확장을 위해 어떤 섬김이 필요한지를 연구해야 합니
다. 봉사 내용도 형식도 이전보다 더욱 깊어지고 다양해져야 합
니다. 봉사에는 하나님의 마음, 예수 그리스도의 마음, 진정성이
담겨 있어야 합니다. 자기만족이나 누군가를 의식해서 하는 섬김
이 아니라 진정 하나님께서 기뻐하실 봉사에 충성을 다해야 합
니다. 그래서 선교 2세기를 결산할 때에는 우리 안동교회의 봉사
를 통해 당시 많은 지역 주민들이 주께로 돌아왔을 뿐 아니라 침
체되고 있는 지역 사회에 활력을 불어넣어 안동이 다시 일어날
수 있는 계기가 되었다는 평가를 믿지 않는 사람들로부터 받았
으면 하는 거룩한 욕심이 제게는 있습니다. 이 비전이 교회 창립
100주년을 지나 선교 2세기를 향해 나아가는 우리 안동교회가
감당해야 할 봉사의 지평을 계속해서 확장시키고 앞으로 나아가
게 하는 동력이 되기를 소망합니다."

안동교회 이야기

받는 것보다 주는 것을 더 좋아하는 선한 사마리아인의 교회

안동교회가 365일 문이 열려 있는 담장 없는 교회이며, 지역 사회와 함께하는 공동체 교회라는 사실을 가장 실감나게 체험할 수 있는 것은 부활절, 추수감사절, 성탄절 등 특별한 절기를 맞았을 때였다. 이날은 교회 안에서 교인들끼리만 예배를 드리지 않는다. 밖으로 나가 이날이 모든 사람들의 잔칫날인 것을 선포하고 알리며 나눈다.

2005년 부활절 때는 교인들이 안동 시내를 행진하며 지나가는 시민들에게 부활의 기쁨을 알리면서 예쁘게 장식한 달걀 4,000개를 나눠 주었다. 달걀 4,000개를 언제 다 삶아서 예쁘게 장식까지 할 수 있었을까? 이날 안동 시내는 온통 부활절 축제의 물결로 출렁였다.

당시 김승학 목사가 홈페이지에 올린 글을 보면 이날의 풍경을 대략 짐작할 수가 있다.

올해 우리 교회는 뜻깊은 부활절 행사를 가졌다. 유치부 어린이에서부터 70대 어른에 이르기까지 전 교인이 참여하여 예수 그리스도의 부활을 축하하는 시가행진을 한 것이 바로 그것이다. 우리 교회는 수 년 전부터 아동부와 중고등부 등 교회학교 중심으로 부활주일 예배를 마치고 안동 시내를 행진했었다. 하지만 참여 인원이 미미했기 때문에 그 행렬은 무척 초라했다. 통행하고 있는 자동차에 밀려 어떤 경우에는 두세 사람이 지나갈 수 있는 좁은 인도를 따라 행진할 정도였다.

4월 초파일 시내 중심 도로를 점령하여 거리를 행진하던 타종교 인파를 생각하면 부끄러운 생각마저 들었다. 이럴 바에는 예수님의 부활을 축하하는 시가행진을 폐지하는 게 어떠냐는 의견도 있었다. 하지만 폐지할 게 아니라 오히려 전 교인으로 확대하여 예수님의 다시 사심을 시민들에게 적극적으로 알릴 기회로 삼자는 의견이 많았다. 부활주일 예배를 마친 후 전 교인이 함께 참여하는 것을 목표로 성도들에게 적극적인 협조를 구하기로 하였다.

특히 올해 시가행진에는 행인과 상점에 나눠 줄 부활절 달걀을 작년에 비해 두 배 가량 늘리기로 하였다. 금요일 구역 권찰 모임을 마친 후 주방에서는 달걀을 삶고, 친교실에서는 장로님들과 남선교회 집사님, 그리고 여전도회 회원들이 달걀에 예수님의 부활을 알리는 스티커를 예쁘게 장식했다. 순식간에 4,000개의 달걀이 거리로 나갈 준비를 마치게 되었다.

금요일 오후 장로님들과 여전도회 회원들이 부활절 달걀, 부활을 축하하는 카드와 소금, 냅킨 등을 담은 예쁜 바구니를 시청, 법원, 교육청, 경찰서 등 12개 관공서에 배달하였다. 예기치 않은 선물을 받은 관공서 직원들은 놀라움과 감사의 인사로 화답하였다. 교회는 안동시장으로부터 감사 축전을 받기까지 하였다.

부활주일 당일 시민의 차량통행을 원활하게 하기 위해 경찰서에서는 안내 차량을 보내 주었고, 장립집사님들은 시내 곳곳에 배치되어 안전사고에 대비하였다. 예배를 마치고 많은 성도들이 시가행진에 나섰다. 고등학교의 고적대와 어린이가 포함된 사물놀이 팀은 행렬의 선두에서 시가행진을 선도하였고, 새싹교회(영유아·유치부), 꿈나무교회(아동부), 비전터교회(중고등부), 청년교회와 각 교구 성도들은 예수님의 부활을 알리는 피켓과 현수막을 들고 행진하였다.

또한 시내 곳곳에서는 성도들이 부활절의 의미를 설명하며 예쁘게 장식한 달걀을 시민들에게 나눠 주었다. 교회에서 출발하여 서울의 명동과 같은 시내 중심지까지 모이는 데 30여 분이 지났을까? 그곳에는 어린이들을 위한 페이스페인팅이 한창이었고, 떡과 차도 이미 준비되어 있었다. 고적대와 난타 연주, 부활을 축하하는 찬양은 교인들과 시민들, 주위의 상인들 사이에 존재했던 담을 어느새 허물었다. 시내에서 함께 소리 높여 부활의 찬송을 부를 때 감격하여 눈물을 흘렸다고 말하는 성도가 있을 정도였다. 1시간 30여 분에 걸친 거리 행진을 마치고 교회로 돌아와 참여한 성도들과 함께 점심식사를 나누었다.

부활절 시가행진 때 초등학교 어린이들이 예쁘게 장식한 달걀을 바구니에 담아 나르고 있다. 머리에 맞춰 쓴 두건이 앙증맞다.

복음으로 안동 땅을 정복하기 위하여 안동 시내의 교회들은 최선을 다하고 있지만 안동은 복음화율이 10퍼센트를 간신히 넘어서는 도시다. 복음이 필요한 곳이 있다면 우리는 거리든 시장이든 병원이든 아파트든 어느 곳이든 일어나 갈 것이다. 조용히 점잖게 앉아서 사람들이 교회로 오는 것을 기다리고 있지만은 않을 것이다. 안동을 가슴에 품고 이 세상을 정복하는 교회의 사명을 감당하기 위해 오늘도 우리는 세상 앞으로 용기 있게 나갈 것이다. 부활절 시가행진은 바로 이것을 선언하고 실천에 옮긴 동시에 복음에 대한 자신감을 회복한 사건이었다고 생각한다.

100주년기념관이 들어서면서 예배당 앞마당을 주차장으로 꾸며 지금은 어렵게 되었지만 예전에는 추수감사절이 되면 앞마당에서 돗자리를 깔고 앉아 예배를 드리곤 했다. 그때도 역시 앞마당이 주차 공간으로 쓰였지만 맨땅이었기에 차만 치우면 모임을 갖기에 안성맞춤이었다. 예배당 앞 돌계단 위에 강단이 만들어지고, 주변에는 아름다운 꽃들이 놓여졌다.

예배 시간이 되면 마당에 줄지어선 교인들 중간에서 한복을 곱게 차려입은 김승학 목사와 예배 인도자, 찬양대가 순서대로 입장하고, 그 뒤를 따라 부서별로 깃발을 든 채 제단에 드릴 예물을 가지고 앞으로 나간다. 1년 동안 건강하게 지켜 주신 하나님 은혜에 감사하는 마음을 담아 각 부서에서 준비한 예물은 푸짐한 과일과 떡, 쌀, 채소, 볏단 등이었다.

계단 위에 예물이 다 차려지면 감사예배가 시작되었다. 예배는 보통 때와 같은 형식이지만 상원로목사와 원로목사 두 분이 참석했을 경우 김승학 담임목사가 사회를 보고, 김기수 원로목사가 설교를 하며, 김광현 상원로목사가 축도를 하는 풍경이 연출되었다. 예배에는 지역 사회에 있는 각계각층 인사들도 초청을 받아 참석했다.

추수감사절에는 나이 많은 장로에서부터 한복을 곱게 차려입은 집사와 청년들, 유니폼을 맞춰 입은 꿈나무교회 어린이들까지 모두 한데 어우러져 장고, 꽹과리 반주에 맞춰 흥겨운 감사절 노래를 부르는 순서가 특별 찬양으로 이어졌다.

예배가 끝나면 교구별로 만들어 온 음식을 나누는 잔치가 벌어졌다. 이때쯤이면 과일도 제일 맛있을 때고, 추수가 한창일 무렵이라 그야말로 상다리가 부러지도록 먹을 게 풍성해진다. 아이들도, 어른들도, 할아버지와 할머니도 모두가 함박웃음 터지는 날이다.

식사 후엔 윷놀이가 진행됐다. 이날을 위해 엄청난 크기의 윷이 마련되었다. 말은 새로 나온 신혼부부 중에서 선발된다. 말 두 개가 겹쳐지면 신랑이 신부를 업고 가야 했기 때문이다. 말을 잘못 놓을 경우 어떤 신랑은 다리가 후들거릴 정도로 신부를 업고 벌을 서야만 했다. 신혼부부가 아니라면 이런 좋은 구경을 할 수가 없었다.

안동교회 이야기

거리로 나선 안동교회 사람들. 부활의 기쁨은 교회 안에서만 누리는 게 아니라
세상 밖으로 나가 함께 나누는 것이라는 사실을 몸으로 보여 주고 있다.

윷놀이는 교구별로 대항을 하게 되는데, 각 교구에서는 10대
부터 70대까지 연령을 골고루 섞어서 팀을 짜야 한다. 윷놀이를
한 번 제대로 하고 나면 세대별, 남녀별, 교구별로 잘 몰랐던 사이
라 해도 거리감이 없어지고 금방 친해지게 된다.

오전 10시 30분부터 시작된 추수감사절 예배는 오후 2시경까
지 이어졌다. 그리고 이 모든 광경은 안동 시내 사람들에게 그대
로 노출된다. 안동교회 앞으로는 시내버스들이 다 지나가고, 자

동차도 지나가며, 많은 상가들이 있기 때문에 보기 싫어도 볼 수밖에 없는 것이다. 교회를 다니지 않더라도 안동 사람들은 안동교회에 대해 잘 알고 있기 때문에 흥이 나면 안으로 들어와 함께 음식을 들면서 한바탕 놀다 가는 사람들도 있었다.

추수감사절 행사가 다 끝나면 재단에 예물로 드렸던 음식과 농산물, 각종 채소와 쌀 등을 모두 모아 가까운 고아원이나 양로원을 방문하여 전달했다. 대도시 교인들은 경험할 수 없는 추수감사절다운 아름다운 풍경이 아닐 수 없었다.

성탄절 광경 역시 아주 특별했다. 성탄절 이브에는 교회 앞마당에 쌀가마를 잔뜩 쌓아둔다. 그리고 저녁때가 되면 청년, 학생들은 물론 여전도회, 남선교회에서 모두 나서서 떡볶이와 어묵, 빈대떡, 호떡, 군고구마, 솜사탕 등을 만든다. 달걀 4,000개도 삶았는데, 만들지 못할 게 없다. 이렇게 만든 음식들을 가지고 교회 앞에 만들어 놓은 무대로 나간다.

안동교회 앞길은 옛날에 만든 왕복 4차선의 좁은 길이다. 하지만 시청, 경찰서, 병원, 학교 등이 안동교회 주변을 둘러싸고 있기 때문에 통행량이 엄청나게 많다. 지나는 차량과 시민들에게 줄을 서서 이 음식들을 나눠 주는 게 안동교회에서 제공하는 산타클로스의 선물이다. 무대 위에서는 찬양단의 연주로 캐럴이 신나게 울려 퍼진다.

"메리 크리스마스! 어묵 하나 드십시오!"

안동교회 이야기

"어이구, 감사합니다!"

"메리 크리스마스! 기쁜 성탄입니다. 빈대떡 하나 드세요!

"어머, 맛있겠다. 정말 고맙습니다. 메리 크리스마스!"

지나가는 버스 안에서, 택시 안에서, 자동차 안에서 음식을 받아가는 사람들은 모두가 즐거운 표정들이다. 동네 아이들은 떡볶이를 먹기 위해 몰려든다. 차는 막히지만 화를 내거나 경적을 울리는 사람보다는 크리스마스를 즐기려는 사람들이 더 많다.

이브가 지나고 성탄절이 되면 여전도회와 남선교회에서는 앞마당에 쌓아둔 쌀가마를 가지고 추운 겨울나기에 살림살이가 넉넉지 않은 어려운 이웃시설을 찾아 위문한다. 성탄절 예배 때 드려지는 모든 헌금 또한 전액 어려운 이웃을 돕는 데 사용된다.

예배당과 지역 사회 사이에 담장이 없는 교회. 받는 것보다 주는 것을 더 좋아하는 사람들. 부활의 기쁨, 추수감사절의 즐거움, 성탄의 영광은 이렇게 나누는 것이라는 걸 나는 안동교회 사람들로부터 배웠다.

지역 사회에 뿌리내리되
그들을 변화시킨다

안동교회가 지역 사회로부터 사랑과 존경을 받게 된 것은 하루아침의 일이 아니다. 일제로부터 나라를 빼앗겼던 암울한 시절 안동교회 목회자와 교인들은 돈을 모아 상해 임시정부에 독립자금을 보냈으며, 3·1운동에 적극 가담하여 일제에 저항했고, 일반 대중에게 새로운 사상과 학문을 보급했다. 해방과 6·25전쟁을 겪으면서 그 혼란했던 시기에는 앞장서서 사회 질서를 바로잡았고, 좌익에 맞서 싸워 민주주의를 지켜내는 일에도 선두를 지켰다.

군사독재 시절에는 민주화를 위해 바른 목소리를 내는 일에도 주저함이 없었다. 일찍부터 병원을 만들고, 학교를 세우고, 유치원을 설립했으며, 각종 구제 사업과 장학 사업에도 많은 관심

안동교회 이야기

을 가지고 지원을 아끼지 않았다. 안동에서 벌어지는 크고 작은 일들에 대해 이해득실이나 종교 여부를 따지지 않고 참여하여 먼저 땀을 흘리고 발을 적셨다.

오랜 세월이 흐르는 동안 지역 사회에서 안동교회가 변함없이 이런 모습들을 보여 왔기 때문에 유교의 본산인 안동에서 110년을 이어오며 존경받고 사랑받는 교회로 성장해 올 수 있었던 것이다.

"제가 초등학교 6학년 때 담임이 마키노 선생이라는 사람이었는데, 매일 같이 앞으로 나오라고 해서 동부교회 다니던 배춘화하고 둘이 복도에 나가 꿇어앉아 손들고 벌을 세웠어예. 목사 손녀라고. 예수 믿는다는 죄 하나만으로 그랬어예. 지금 생각해도 너무 억울해 죽겠어예. 그때 제가 신앙이 있었으면 얼마나 있었겠습니꺼? 제가 열세 살이었는데, 만약 열여섯 살 정도만 되었더라도 정신대 끌려가는 거였어예. 그러다가 그해 해방이 되니 너무너무 기뻤지요. 할아버지는 그때 감옥에 계셨어예. 정말 수도 없이 형무소를 들락거렸습니다.

당시 할아버지가 교회에서 돈을 모아 경안노회를 통해 중국에 독립자금을 보냈어예. 어려서 기억이 희미하지만 분명히 할아버지가 중국에 보낸 건 확실합니다. 너무 어려서 증명할 길은 없지예. 할아버지가 경안노회에서 서기를 했어예. 돈을 모아서 임시정부 초대 국무령을 했던 이상용 선생님의 동생 이상동 장로님을 통해 보냈습니더. 중강진을 통해 보냈다고 하는데, 기록을 남기지는 못했어예. 일제의 탄압이 워낙 심했으니……."

임학수 목사의 큰손녀인 임순오 권사는 자신이 일제강점기 때 당했던 핍박과 할아버지가 일제의 눈을 피해 몰래 상해 임시정부에 독립자금을 보냈던 일에 대해 이렇게 말했다.

이정일 장로의 선친인 고 이인홍 장로는 생전에 이런 증언을 남겼다.

당시 동경 유학생으로서 2·8독립선언에 참여하였던 강대극은 국내 독립만세운동을 위해 안동 지역 책임자로 귀국하였다. 그는 당시 안동군청에 근무하던 김원진과 상의하고 우리 교회 김영옥 목사와 본인의 조부인 이중희 장로를 찾아 국내외 정세를 논하고, 전국의 태세에 발맞추어 안동 장날을 기해 군중과 합세하여 독립만세를 부르기로 약속하였다. 그러던 중 경찰은 무슨 기미를 눈치챘던지 3월 10일 김원진, 강대극, 김영옥, 이중희 등 4명을 미리 구속하였다.

한편 우리 교회의 몇 분 장로님과 교인들은 은밀히 모여서 3월 18일 장날을 기해 독립만세를 부르기로 하였다. 이상동, 김병우, 김익현, 황인규, 김계한, 권점필, 김재성, 이인홍과 부녀자로서 김정숙 전도사, 김병규 전도사, 이권애 전도사 그 외에 학생 수십 명이 3월 18일에 군중들과 합세하여 만세를 불렀다. 장소는 현 조흥은행 앞과 남문통이었다. 권점필은 반신불수의 몸으로 경찰에 체포되어 심문 중 병신이 무슨 독립만세냐 하니, 육신이 병신이지 마음도 병신이냐고 반박하였다. 당시의 교인들은 애국심에 있어서도 불신자들의 모범이 되었다.

해방 이후 정국에서는 김광현 상원로목사의 활약이 두드러졌다. 나라가 위기에 처했을 때 교회와 크리스천들이 어떤 사명을 감당해야 하는가에 대해 많은 점을 생각하게 한다.

"해방이 됐다. 곧 우리에게 새로운 국가가 건설된다. 생각만 해도 가슴이 부푼다. 우리가 세울 나라는 군주국이나 독재국가가 되어서는 안 된다. 반드시 민주국이 되어야 한다. 하나님 아래서는 만인이 평등하다는 민주국이 되어야 한다. 그래야만 민족 만대에 복을 누리고 잘 살게 된다. 그래서 우리는 곧 건국완수 새벽 기도회를 시작했다. 그리고 시민에게 이 정신을 고취하기 위하여 서울에 있는 저명한 인사들을 초청하여 강연회를 여러 차례 열었다.

나는 교회가 직접으로 정치에 나서는 것을 잘하는 일이라 생각지 않는다. 그러나 교회가 정치를 등한시하는 것도 맞는 일이라고 생각지 않는다. 그래서 안동에 국민회를 일으켰다. 그 국민회가 애국운동을 하는 주동 세력이 되게 했다. 그러니 안동에 좌익 세력도 강했지만 우익 세력도 더 강하게 되었다. 경북에서 국민회 중에 제일 강한 곳이 되었다. 안동 국민회는 안동군만 아니고 경북 북부 각 군의 국민회의 지도적인 국민회가 됐다."

6·25전쟁으로 인해 국토는 폐허가 되었다. 아무것도 남은 게 없었다. 안동읍 안에서 안동교회를 제외하고 멀쩡한 건물이 없을 정도였다. 이럴 때 안동교회가 주목한 것은 인재, 즉 사람에 대한 투자였다. 안동교회는 경안노회를 중심으로 힘을 모아 경안학원 설립에 공헌했고, 안동유치원을 신축했으며, 학생들을 선발하여 장학금을 지급했다.

안동교회 장학위원회는 그 역사가 깊다. 1957년 4월 8일 제직회에서는 신학생 류시홍에게 학비 10,000환을 지불했고, 9월 2일에는 무릉교회 권정경 신학생에게 5,000환을 지불했다. 이것이 안동교회 장학 사업의 시작이었다. 이후 지금까지 안동교회에서 장학금을 지급한 학생들은 모두 2,000여 명이 훨씬 넘는다.

장학위원장을 지낸 구교익 장로는 2006년 당시 장학위원회 활동상을 이렇게 설명했다.

"장학위원회 기금은 교회 예산과는 별도로 운영됩니다. 매년 5월 넷째주일을 장학주일로 지켜 헌금을 기금으로 적립하고 있습니다. 돌아가신 이인홍 장로님께서는 거의 전 재산을 장학기금으로 바치셨고, 김기수 원로목사님도 총회장으로 계시는 동안 받은 사례금 전액을 헌금하셨으며, 정창근 장로님도 많은 기금을 내셨습니다. 학생 때 장학금을 받았던 사람들이 어른이 되어 사회생활하면서 처음으로 받은 월급을 통째로 헌금하신 분들도 많고, 각종 기념일이나 승진, 개업 등을 축하하는 의미에서 장학금을 내시는 분들이 참 많습니다.

우리 교회에서 장학금을 지급했던 학생들이 자라 신앙생활 열심히 하면서 사회에서 큰 역할을 하는 것을 볼 때 보람이 있고 마음이 뿌듯합니다. 중앙대 법대 김유한 교수는 경안중학교 2학년 때부터 안동고등학교, 서울대 법대 수석 졸업 때까지 장학금을 받았고, 장로회신학대 김명용 교수도 대구 계성중학교 때부터 계성고등학교를 졸업할 때까지 장학금을 받으며 공부했던 학생이었습니다. 모두 우리나라 학계의 거목들이 되었습니다."

학생 시절 장학금을 받았던 김남인 집사를 만난 적이 있다. 고등학교 교사로 대구에서 살고 있는 그는 주말마다 안동에 사시는 어머니를 뵙기 위해 왔다가 안동교회에서 주일 예배를 드리고 다시 대구로 내려간다고 했다.

"경안중학교 1학년인가 2학년 때 장학금을 받았습니다. 지금 기억으로 5,000원 정도 받았던 것 같아요. 1기분 공납금이었습니다. 그게 1973년 혹은 1974년경이었죠. 그때까지 교회를 다니지 않는데, 장학금을 받고 나서 교목 선생님과 약속을 하고 교회에 나가기 시작했습니다. 고등학교를 마치고 대학에 진학하면서 안동을 떠나 줄곧 대구에서 살았습니다. 옛날 생각하면 큰 돈은 아니었지만 참 고마웠어요. 그래서 저도 교사가 되면서부터 지금까지 장학헌금을 계속해서 드리고 있습니다."

안동교회 장학위원회에서 지급하는 장학금에는 몇 가지 종

안동교회 5대 담임을 지낸 임학수 목사.
숱한 어려움을 딛고 1937년 석조 예배당을 완공했으며,
일제의 감시를 피해 상해에 있는 대한민국 임시정부에
독립자금을 보내기도 했다.

류가 있다. 비전 장학금은 신학기가 시작되는 매년 2월 말 안동
교회에 다니는 학생이나 안동 시내에 있는 중고등학교 학생 중에
서 가정 형편이 어려운 학생을 선발해 지급한다. 리더 장학금은
새순교회, 비전터교회, 하늘청년교회 임원들과 안동 시내 중고
등학교에 다니는 학생 중 전교 성적 상위 10퍼센트에 속하는 학
생들 그리고 교인 자녀 가운데 다른 지역에 나가 공부하는 학생

안동교회 이야기

들의 신청을 받아 심사 과정을 거쳐 지급한다. 매년 하반기에는 교회에 나가든지 나가지 않든지 상관없이 안동 시내 12개 고등학교에 공문을 보내 가정 형편이 여의치 않은 학생을 한 학교당 1명씩 추천받아 장학금을 지급하며, 안동 시내 경찰서, 소방서, 교도소 등에 근무하는 직원들의 자녀 중에 추천을 받아 역시 장학금을 지급한다. 이외에도 긴급하게 장학금을 지급해야 할 선교사나 목회자 혹은 신학생에 관한 추천이 들어오면 회의를 통해 지급하고 있다.

현재 장학위원회 기금으로 모아진 돈은 5억 5,000만 원이 조금 넘는다. 안동시 장학회에서도 얼마 전 목표로 하던 100억 원의 기금을 달성했는데, 여기에도 안동교회가 단단히 한몫을 했다. 그동안 장학위원회 기금 중 일부를 꾸준히 안동시 장학회에 기탁해 왔으며, 100주년기념관을 건립할 때도 3,000만 원을 기탁했다. 지금까지 안동교회가 안동시 장학회에 기탁한 금액은 모두 8,000만 원으로 전체 순위로는 7위고, 종교기관으로서는 단연 1위다.

장학위원회 총무 일을 맡고 있는 손병주 집사는 장학금을 많이 지급하면 할수록 기금이 더 많이 쌓인다면서 안동교회는 지역 사회를 향해 주는 교회, 나가는 교회라고 말했다.

"장학금에 대한 교인들의 인식이 굉장히 진지하고 확고합니다. 매년 장학주일이 되면 미리 준비하고 있다가 정성껏 헌금하시는 분들이 많습니다. 한 번 하고 마는 게 아니라 누가 보지 않더라도 꾸준히 하시는 거죠. 최근 들어 연세 많은 장로님과 권사님들이 돌아가시기 전에 자기 재산을 정리하면서 교회에 장학금으로 내놓는 경우가 늘어나고 있습니다. 장례식 끝나고 나서 유족들이 고인의 뜻을 기리기 위해 장학금을 내거나 본인의 환갑이나 고희 등 기념일 때 잔치를 벌이지 않고 장학금을 내는 분들도 계시죠. 이런 분위기가 점점 확산되고 있어요. 제가 이 일을 하고 있지만 참 대단하다고 느낍니다. 놀라운 주님의 은혜죠."

가장 확실한 투자는 사람에 대한 투자라고 했다. 물건은 쓰면 사라지고, 양식은 먹으면 없어지지만 사람은 키울수록 큰 인물이 된다. 안동교회에서 크고 작은 장학금을 지급받으며 공부한 수천 명의 학생들이 장성하여 각지로 흩어져 예수 그리스도의 자녀로서 빛과 소금의 역할을 해내고 있다는 사실, 이 얼마나 아름답고 가슴 벅찬 일인가?

인간은 불완전하고 연약한 존재다. 사랑받을 만한 사람을 사랑하고, 존경받을 만한 사람을 존경하게 되어 있다. 사랑받을 만한 행동을 해야 사랑할 수 있고, 존경받을 만한 일을 해야 존경할 수 있다. 인간은 하나님처럼 초월적 존재가 아니기 때문이다.

교회가 지역 사회로부터 사랑받고 존경받으려면 그럴 만한 행동을 하고 모범을 보여야 한다. 아무것도 하지 않으면서, 자신들의 이익만을 취하면서, 모범이 되기는커녕 손가락질 당할 행동만

하면서 어떻게 사랑받고 존경받는 교회가 될 수 있겠는가?

　예수님 말씀처럼 안동교회는 세상 속으로 들어간 교회다. 지역 사회와 함께 먹고 마시며, 울고 웃었고, 가진 것을 나누었다. 하지만 그들과 똑같이 된 것이 아니라 그들을 변화시켰다. 마음이 열리면 몸이 열리고 정신이 열린다. 그 속에 예수 그리스도의 씨앗을 심고 정성껏 가꿨다. 이 일은 아직도 진행 중이다. 그리고 앞으로도 영원히 계속될 안동교회의 소중한 달란트다.

안동 사람들에게
전도하는 방법

처음 안동교회를 방문했을 때였다. 이야기를 나누던 중 점심 시간이 되어 김승학 목사, 윤성광 장로, 권헌서 장로와 함께 넷이서 교회 주변에 있는 한정식집으로 식사를 하러 갔다. 한창 맛있는 음식들이 계속해서 나오는 중간에 윤성광 장로가 문득 이런 이야기를 했다.

"안동 사람들 기질이 좀 독특합니다. 영주나 포항이 여기서 멀지 않지만 그 고장 사람들하고도 아주 달라요. 예를 들면 영주 사람들은 싸움을 하더라도 다시 만나서 화끈하게 한 번 풀고 나면 '됐나?' '됐다!' 하고 끝을 냅니다. 뒤끝이 없어요. 포항 사람들도 자기 속내를 다 드러내 보입니다. 말이 많죠. 다 표현을 하니까. 그런데 안동 사람들은 무슨 생각을 하는지, 기분이 좋은 건지, 나쁜

안동교회 이야기

건지 속내를 알 수가 없어요. 조용합니다. 겉으로는 무조건 '예, 예!' 하니까 그런가 보다 하죠. 하지만 뒤돌아서면 확 다릅니다. 속으로 꿍하고 삐칩니다. '두고 보자' 이거예요. 안동 사람들 대할 때는 신중하고 조심해야 합니다."

안동 사람들의 기질과 관련해서 건국대학교 문화콘텐츠학과 조용헌 석좌교수는 다음과 같은 글을 쓴 적이 있다.

최근 미국의 어느 동양학자가 조사한 바에 따르면 홍콩, 대만, 싱가포르를 포함한 아시아의 유교문화권 국가들 중에서 유교문화적 요소를 아직까지 가장 많이 보존하고 있는 나라는 한국이라고 한다. 한국 다음으로 일본이고 그 뒤를 중국이 따른다고 한다.

그렇다면 한국에서 유교문화가 가장 많이 남아 있는 곳은 어디인가? 충청이나 호남보다는 상대적으로 영남지방을 꼽을 수 있고, 더 범위를 좁히자면 안동이라고 할 수 있을 것이다. 안동 일대에 밀집되어 있는 수많은 고택과 종택들의 존재가 이를 단적으로 증명하고 있다.

학봉 김성일은 퇴계의 제자로 임진왜란을 당하여 왜군과 싸우다가 전쟁터에서 죽은 선비다. 임금 앞에서도 할 말은 하고야 마는 강직함, 임진왜란 전 일본에 통신사로 갔을 때 일본인들에게 보여준 조선 선비의 자존심과 격조 있는 태도는 오늘날까지도 영남과 안동 사람들에게 전해지고 있다.

학봉에 대한 영남 선비들의 존경심이 어느 정도였는가를 단적으로 말해 주는 사건이 하나 있다. 중앙선 철도 노선을 우회하게 만든 사건이 그것이다.

중앙선은 서울 청량리에서 경북 안동까지 이어지는 철도 노선이다. 일제강점기인 1930년대에 중앙선 노선을 처음 설계할 때, 철로가 학봉의 묘소가 있는 안동시 와룡면 이하동 가수천을 관통하게 되어 있었다고 한다. 설계대로라면 학봉 묘소의 내룡來龍이 끊어지게 된다. 풍수적인 가치관에서 볼 때 이는 학봉에 대한 엄청난 불경에 해당하는 사건이다.

이런 계획을 알게 된 학봉의 제자들과 후손을 포함한 영남 유림 수백 명이 들고 일어나 조선총독부에 진정서를 냈을 뿐만 아니라, 당시 설계를 맡았던 일본인 책임자 아라키도 학봉이 영남에서 존경받는 큰 선비임을 알고 기꺼이 철도 노선을 수정하게 되었다고 한다. 학봉 묘소를 관통하지 않고 우회하도록 설계 변경을 한 것이다. 이 때문에 원래 계획에 없던 터널 5개를 새로 뚫어야 했다. 청량리에서 안동까지 기차를 타고 가다 보면 유난히 터널을 많이 만나게 되는 것은 바로 학봉의 명성 때문이다.

안동 사람들은 무뚝뚝하고, 무표정하며, 말수가 적다. 하지만 인내심이 강하고, 전통을 중시하며, 예의범절에 바르다. '대추 한 개만 먹고 요기한다'는 말이 있다. 비슷한 말로 '열 끼 굶어도 내색 안 한다'는 말도 있다. 모두 안동 사람들의 특징을 드러내 주는 말이다.

《나의 문화유산 답사기》로 유명한 유홍준 전 문화재청장은 이 책에서 안동을 영남 답사 일번지로 소개했다.

남도 답사 일번지는 따뜻한 고향의 품, 외갓집의 편안함, 정겨운 이웃을 생
각하게 하고, 영남 답사 일번지는 지적인 엄숙성, 전통의 저력, 공동체적 삶
의 힘을 연상케 한다.

좀 우스운 이야기일 수도 있지만 안동 사람들의 말도 상당히
재미있다. 퉁명스러운 것 같으면서도 은유적이고 암시적이며 해
학이 넘친다.

"할머니, 그동안 안녕하셨습니까?"를 안동 사람들은 "할매이
껴?"라고 줄여서 말한다. "영희야, 그동안 잘 있었니?"를 줄여서
"영희라?"고 하면 끝난다.

남북이산가족이 반세기 만에 상봉하게 되었는데, 자전거를
사러 나갔던 남편과 헤어졌다가 반세기 만에 다시 만난 어떤 안
동 아지매의 소감이 딱 한마디였다고 한다.

"반갑지 뭐."

남편을 만나서는 "자전거 사왔니껴?" 하고 물었다고 하며, 헤
어질 때 기자들이 심정이 어떠냐고 묻자 또 한마디했다고 한다.

"섭섭지 뭐."

유교와 불교, 무속 신앙이 뿌리 깊게 자리하고 있는 데다 성품
과 기질마저 이러니 안동 사람들에게 예수 그리스도의 복음을
전파하고 교회로 인도한다는 게 얼마나 어려운 일인지는 가히 짐
작이 가고도 남는다.

1950년대 안동교회 추수감사절 때 두루마기를 입고 일어서서 예배를 드리는 남자 교인들. 흰 수염에 뿔테안경을 쓰고 성경 찬송가를 들여다보는 모습이 인상적이다.

　아는 사람을 만나 열심히 전도를 하고 다음 주에 꼭 교회에 나오라고 하면 웃는 얼굴로 이야기를 다 듣고는 싫다고 하거나 거절하는 법 없이 알겠다며 자리를 뜬다. 그래서 주일에 당연히 교회 나올 줄 알고 입구에서 눈이 빠져라 기다려 봐야 올 리가 없다. 그 사람은 말하는 상대의 체면을 생각해서 이야기를 다 들어주고 알았다고 했을 뿐이지 예수 믿고 교회에 나가겠다고 한 건 절대 아니었기 때문이다.

안동교회 이야기

"안동 사람들에게는 인내를 가지고 꾸준히 접촉해야 전도가 됩니다. 일시적으로 단번에 뭘 하려고 하면 잘 안 되죠. 한두 번 해보고 포기해서는 전도를 할 수가 없습니다. 그리고 말로 전도하려고 애쓰지 말고 그 사람과 친해지려고 노력하면서 삶 속에서 행동으로 뭔가를 보여 줘야 합니다. '아, 저 사람 참 괜찮은 사람이다', '믿음이 가고 착한 사람이구나' 하는 마음이 들도록 해야 합니다. 대가를 요구하지 말고 무조건 많이 베푸는 게 중요합니다. 인심을 얻어야죠. 그러면 서서히 마음 문을 열게 됩니다. 이래야 전도가 됩니다."

그즈음 현악부 대장으로 봉사하던 장필모 장로는 안동 사람들에게 전도를 잘할 수 있는 방법이 뭐냐는 질문에 나름대로 터득한 비법을 이렇게 알려 주었다.

실제로 말을 듣고 보니 그럴 듯했다. 안동교회가 이질적인 지역 문화 속에서 오랜 세월에 걸쳐 본을 보이고 헌신하며 좋은 모습을 나타냄으로써 사랑과 존경을 받으며 지역 사회에서 중요한 위치를 차지하게 된 것처럼 안동 사람들에게는 순간적인 재치나 말솜씨, 지식을 가지고 전도하려 하기보다는 삶과 행동을 통해 믿음이 가고 애정이 가도록 먼저 좋은 이웃이 되어야만 비로소 전도를 할 수 있게 되는 것 같았다.

아무리 신앙이 좋고 말을 잘하고 지식이 많아도 행실이 본이 되지 못하고 덕이 부족해서 '싸가지 없는 사람'으로 한 번 인식되면 전도하기가 대단히 어려운 고장이 바로 안동이다. 안동에서 예수를 잘 믿는다고 하는 것은 신앙도 물론 좋지만 행실이 바르고, 인격적이며, 남에게 본이 되고, 예의 바르며, 도덕적인 사람이라는 것을 뜻한다.

속내를 잘 드러내지 않는 독특한 기질의 안동 사람들도 한 번 인연을 맺으면 교회에 나오지 않을 도리가 없게 만드는 전도 왕이 있다. 안동교회 교인 누구나가 인정하는 전도의 달인이다. 그에게는 어쩌면 전도하는 일이 밥 먹고 숨 쉬는 일이나 마찬가지인지도 모른다. 매년 봄, 가을에 걸쳐 '하늘 기쁨 큰 잔치'가 열릴 때마다 100주년기념관 1층 로비에는 각자 자신이 전도할 대상자를 적어낸 명단이 교구별로 게시된다. 교인들의 전도를 독려하기 위함이다. 2018년 봄에도 역시 커다란 종이에 이름이 빼곡히 적힌 1차 전도 대상자 명단이 내걸렸다. 1교구가 단연 1등이었다. 그런데 자세히 보니 1교구 전체 전도 대상자가 50명인데, 112구역에서 적어낸 명단만 42명이었다. 전도 대상자를 적어낸 사람은 구교익 장로였다. 혼자서 42명을 전도하겠다고 선언한 것이다. 평생 42명을 전도한다고 해도 대단한 일이건만 어떻게 6개월 만에 42명을 전도할 수 있을까? 물끄러미 서서 명단을 들여다보며 의구심을 표하고 있는 사이 우연히 구교익 장로가 지나가는 게 보였다. 달려가 그를 만났다.

"어떻게 전도를 그리 많이 하실 수가 있습니까?"

"아, 명단을 보셨어요? 1차 전도 대상자니까 6월 3일 당일에는 조금 줄어들겠죠. 저는 해마다 40~50명씩은 늘 전도를 합니다. 제가 컴퓨터에 적어 놓은 전도할 사람 명단이 200명쯤 됩니다. 시간 되면 만나고 안 되면 전화를 합니다. 저는 누구든지 개인적으로 만나서 3분만 있으면 전도합니다. 제가 자주 가는 콩국수집 주인 아들도 처음 봤을 때 전도해서 교회 잘 나오고 청년회장까지 했습니다. 그런데 부모님이 안 나오시더라고요. 주일날 손님이 오니까 돈 벌어야 돼서 못 나온다고 그래요. 교회 나오면 장사 더 잘된다고 했죠. 2009년 1월 첫 주에 교회에 나왔어요. 목사님 말씀이 너무 좋다면서 열심히 나와서 집사가 됐습니다. 주일날 문 걸어두고 쉬어도 수입이 줄어들지 않더랍니다. 초등학교 교장인 제자가 있는데, 아무리 예수 믿으라고 해도 말을 안 듣더라고요. 어느 날 새벽 기도회 마치고 집에 가는 저하고 운동하러 나가던 그 사람하고 딱 마주쳤어요. 길에 서서 30분 동안 전도했습니다. 이상하게 그다음 날 새벽에 또 만났어요. 길에 서서 다시 30분간 전도했지요. 아, 그런데 신기하게도 그다음 날 새벽에 또 만난 거예요. 그날도 30분 전도했으니까 총 1시간 30분을 전도한 거 아닙니까? 결국 선생님 저도 교회 가겠습니다, 하더라고요. 하나님께서 만나게 하신 거 아니겠어요? 부인도 같이 나옵니다. 교회 나온 뒤로 술도 딱 끊고, 62년 동안 지내던 제사도 안 지낸다고 하더군요. 전도하다 보면요, 참 놀라운 일들이 많습니다."

교회 앞마당에 서서 듣기에는 너무 아까운 이야기들이 줄줄 쏟아져 나왔다.

"제가 전국으로 전도 강의를 하러 다닙니다. 초청해 주면 40~50년 동안 전도한 경험을 요약해서 강의를 하죠. 안산제일 교회 전도특공대원들에게 1시간 강의를 했어요. 강의 끝나고 대장이 그러더군요. 내가 특공대장이지만 10분만 하면 더 이상 전도할 말이 없었는데, 이제는 얼마든지 자신이 있다고 말이죠. 저는 전도할 때 사람의 근본 문제를 이야기합니다. 갓난아이가 운다면 근본 문제는 젖을 먹이는 것이다. 사람의 근본 문제는 무엇인가? 돈도, 명예도, 건강도 아니다. 영혼의 문제다. 이것은 하늘의 비밀이기 때문에 하나님께서는 예수 믿는 사람에게만 가르쳐 준다. 교회 와서 예수님 말씀을 들어야만 영혼에 대해서 알 수 있다. 우리는 영적 존재다. 다 죄인이다. 구원은 오직 예수님밖에 없다. 우리의 죽음 뒤에는 내세가 있다. 이것이 핵심입니다. 이 천국의 비밀을 제대로 알려 줘야만 전도가 됩니다."

구교익 장로는 신앙의 명문가 후손이다. 그의 증조할아버지는 경북 의성군에 최초로 세워진 비봉교회를 다녔다. 비봉리에 살던 김수영 성도가 1893년 봄 청도 장터에서 배위량 선교사의 노방 전도를 듣고 감화를 받아 가정 예배를 드린 것이 교회의 시초가 되었다고 전해진다. 그는 증조할아버지로부터 4대째 장로를 이어가고 있다. 이정일 장로처럼 안동교회에서만 4대째 장로는

증조할아버지로부터 4대째 장로를 이어가고 있는 구교익 장로. 팔순이 넘었음에도 1년에
40~50명씩을 전도하는 그는 전국으로 전도 강의를 하러 다닐 만큼 자타공인 전도 왕이다.

아니지만 4대가 대를 이어 장로가 되었다는 건 예삿일이 아닐 수
없다. 1970년에 장로가 된 그는 올해 83세다. 경안중고등학교 교
사로 재직하다 은퇴한 후 지금은 전도를 하거나 전도 강연을 다
니느라 바쁜 일상을 보내고 있다. 전도 왕에게 유럽 성지순례의
특전이 주어졌지만 나보다는 청년을 한 명이라도 더 보내라며 극
구 사양했다고 한다.

"전도는 나이 많다고 못하는 게 아니고, 하면 됩니다. 저는 잘
하는 거 아무것도 없고…… 그저 전도하는 것밖에 없어요."

인사드리고 돌아서는 등 뒤로 이 한마디가 비수처럼 날아들
었다. 고개를 들 수 없었다.

김승학 목사는 이런 안동 사람들의 기질 속에서 오히려 놀라
운 영적 비전을 발견해냈다. 고요한 바다 뒤에 도사리고 있는 태
풍의 전조를 본 것이다.

"안동은 중용이 중시되는 고장입니다. 변화가 쉽지 않은 곳이
죠. 우리 교회도 포용력이 있고 수용성이 많은 교회지만 그럼에
도 불구하고 변화는 결코 쉽지가 않아요. 깊은 바다 같은 곳입니
다. 그러다 보니 안동교회가 모든 시내와 강물을 다 받아들이는
역할을 해왔습니다. 선지자적이고 예언자적인 역할을 해온 교회
입니다. 모교회로서 바다 역할을 한다는 게 참 짐이 많이 되죠.
그렇지만 이걸 거룩한 부담으로 인정해야 합니다.

그리고 이제부터는 다가올 변화의 바퀴를 돌리는 일을 해야

합니다. 오랜 시간 침체되었던 부분들을 극복하기 위한 시도들이 진행될 겁니다. 다른 교회나 크리스천들에게도 도전을 주면서 점점 거룩한 영적 운동으로 바뀌 나갈 겁니다. 우리에게 안동 지역을 복음화하기 위한 영적인 이슈와 비전을 주신 게 너무 감사합니다. 우리의 영적 전쟁이 확산되어 죽어가는 안동 땅을 살리고 죽어가는 영혼들을 회복시키는 날이 반드시 오리라 믿습니다."

역발상으로 발견해 낸 새로운 비전. 그것은 안동 사람들의 이런 독특한 기질과 문화에 영적인 충격과 바람이 한 번 불어 닥치면 그 어느 지역보다 뜨겁고 무섭게 변화하리라는 기대였다. 안동은 기회의 땅, 에너지가 충만한 블루오션인 셈이다.

먼저
팔 걷고 땀 흘리는 교회

1909년 미국 북장로교 선교사들이 안동으로 들어올 때 의료 선교사들도 동행했다. 그 일원이었던 의사 별의추(鷩義秋, Archibald G. Fletcher, 1882~1970)가 화성동에 있는 선교사 임시주택에서 맨 처음 진료를 시작했고, 그 뒤를 이어 여러 진료진이 동참하면서 안동 지역 진료 활동이 활기를 띠게 되었다. 이것이 안동성소병원安東聖蘇病院의 시작이었다.

환자가 계속 늘어나자 병원을 신축하게 되어 안동성소병원은 안동을 대표하는 병원으로 성장했다. 안동성소병원 위치가 안동교회 바로 옆이기 때문에 병원 의료진과 선교사들은 모두 안동교회에 와서 예배를 드렸다. 안동교회가 석조 예배당을 지을 때는 안동성소병원 의사들과 선교사들이 팔을 걷어붙이고 지원하기도 했다.

　일본이 태평양전쟁을 일으키면서 병원이 폐쇄되었다가 해방 후 잠시 개원했으나 6·25전쟁으로 인해 병원 건물이 전부 파괴되기에 이른다. 그러다가 1953년에 들어서야 비로소 애린진료소라는 이름으로 다시 병원 문을 열게 된다. 이때부터 경안노회에서 안동성소병원에 이사를 파견하게 되었고, 안동교회에서 이사와 이사장, 병원장이 계속해서 배출되었다. 1968년에는 안동성소병원이 재단법인으로 출범하여 초대 이사장에 김광현 목사가 추대되었다.

　이후 의료 환경의 변화에 따라 안동성소병원이 재정난에 빠지게 되자 1994년 재단법인 소유권이 서울 명성교회로 넘어가게 되어 6대 이사장으로 명성교회 김삼환 목사가 취임했다. 그 뒤로 안동성소병원은 의료 시설을 확충하고, 우수한 의료진을 확보하면서 두 번째 병동을 현대식으로 신축함으로써 경북 북부 지역을 대표하는 의료 기관으로 발전하게 되었다. 2013년부터는 19대 김종흥 병원장과 11대 권정달 이사장이 취임해서 일하고 있다.

　해방 후 인재 육성과 교육 사업에 심혈을 기울인 안동교회에서는 1948년 안동 지역 최초로 유치원을 설립했다. 4월 10일 정식 인가를 받은 안동유치원 초대 이사장에는 김광현 목사, 초대 원장에는 애국부인동지회장 최매지 선생이 취임했다.

　마찬가지로 6·25전쟁으로 인해 파괴된 안동유치원은 1953년에 신축되었다가 유치원이 더욱 발전하면서 1994년 건물을 다시 지어 안동교회 마당 오른편쪽으로 들어왔다. 그러던 것이 2009년 그 자리에 100주년기념관이 들어서면서 예배당 왼편 옛날 상원 로목사 사택 자리로 또 한 번 이전해 현재까지 안동에서 가장 유서 깊은 유치원으로 운영되고 있는 중이다. 원래 건축위원회의 계획에 의하면 100주년기념관 안에 안동유치원을 넣어 지으려고 했으나 그렇게 하면 2년 동안 유치원을 휴교해야 했기에 학부모들과 시민들의 의견을 받아들여 안동유치원을 별도로 먼저 지어 이전한 후 100주년기념관을 건축하게 되었다. 이로써 잠시 동안이라도 안동유치원이 자의에 의해 문을 닫는 일이 벌어지지 않게 된 것이다.

2015년 3월부터 일을 시작한 류춘영 원장은 안동유치원에 대한 자긍심이 차고도 넘쳤다.

"안동에서 태어난 저는 경안여중과 안동여고를 나왔어요. 김기수 목사님께 세례를 받았죠. 결혼하면서 교직에 있는 남편을 따라 전근을 다니다 보니 여러 지역을 옮겨 다니며 살았어요. 다른 데 살면서도 언제나 안동교회는 고향 같은 교회고, 안동유치원은 동경의 대상이었죠. 설마 제가 이곳으로 오게 될 줄은 몰랐는데…… 어느 날 갑자기 주님께서 인도해 주셨어요. 안동유치원은 역사가 깊고 규모가 있으며 체계도 잘 잡혀 있습니다. 5세반, 6세반, 7세반 각각 2개 반씩 정원이 132명이에요. 추첨해서 원생

6·25전쟁으로 안동성소병원은 폐허가 되고 말았다. 하지만 절망은 없었다.
땀과 눈물과 정성을 모아 1956년 그 자리에 안동성소병원을 다시 세운 것이다.

들을 뽑으니까 어떤 반은 여자가 많고, 어떤 반은 남자가 많죠. 원생들 동생과 교인들 자녀를 우선 선발해요. 워낙 평이 좋아서 경쟁률이 치열하답니다. 5세반이 다 올라와서 6세반을 채우니까 6세반에 새로 들어올 원생들 자리가 서너 개밖에 안 되는데도 100명이 넘게 지원을 해요. 그러면 학부모님들이 계신 곳에서 공개 추첨을 하죠. 담임교사 6명, 방과 후 교사 3명, 서무교사 1명, 운전기사 2명, 조리사 1명, 영양사 1명, 도우미 직원 1명에 저 포함해서 16명이 일하고 있어요."

예전에 선착순으로 모집할 때는 학부모들이 밤새도록 줄을 서서 지원할 정도였다고 한다. 교회에서 운영하는 유치원이기 때문에 어려운 점도 있지만 좋은 점도 있다. 아이들을 통해 부모들이 예수를 믿게 되는 경우가 많기 때문이다.

"저는 되도록이면 아이들이 자연에서 뛰놀며 자라게 하고 싶어요. 교실에서 하는 교육보다 교실 밖 자연 속에서 하는 교육을 더 선호하죠. 7세반 같은 경우 한 달에 네다섯 번은 가까운 곳으로 나가요. 시청에서 하는 뮤지컬이나 음악회 공연도 자주 보러 가죠. 어딜 가면 워낙 우리 아이들이 반듯하고 정숙하고 모범적이니까 다들 어디서 왔냐고 묻고 감탄하고 칭찬하고 그래요. 다른 유치원 아이들과 확연하게 구분이 되죠. 소풍을 가도 선생님들이 미리 가서 진행 사항이나 이동 경로 등을 다 파악해 놓고 가기 때문에 우왕좌왕할 일이 없어요. 그러니까 인근 지역에서 안동유치원하면 알아주는 거예요. 매주 월요일마다 애국조회를 한 다음 함께 찬양하고 성경 동화를 읽으며 신앙교육을 해요. 학부모님 중 교회 다니지 않는 분들이 절반가량 되지만 안동유치원이 안동교회에서 운영하는 걸 다 아시니까 그런 데 대한 불만은 없으세요. 안동유치원은 학부모님들이나 아이들은 물론 선생님들도 오고 싶어 하는 유치원이에요. 보람도 많지만 한시도 아이들에게서 눈을 뗄 수가 없기 때문에 늘 긴장하며 살아야 해요. 눈 뜨

1948년 안동유치원 제1회 졸업식. 남학생들은 장난기를 감춘 채 짧은 머리에 넥타이로 멋을 냈으며, 여학생들은 예쁜 원피스를 입고 머리에 리본을 둘러 한껏 맵시를 뽐냈다.

1948년 안동에서 최초로 설립된 안동유치원은 오랜 역사만큼이나 지역 사회로부터
평판이 좋아 학부모들이 자기 자녀들을 입학시키고 싶어 하는 제1순위 유치원으로 꼽힌다.

면 맨 먼저 하는 기도가 아이들 다치지 않게 해달라는 거예요."

6·25전쟁 이후 안동교회는 경안노회 이사장이었던 김광현 목사를 주축으로 경안학원을 설립하여 1954년 경안고등학교 개교를 시작으로 1961년 경안중학교, 1966년 경안여자중학교와 경안여자상업고등학교가 차례로 개교하기에 이른다.

'God First' 이것이 경안학원의 건학 정신이다. 모든 일에 하나님 우선주의를 실천하는 인재를 길러내는 게 학교 교육의 목표다. 경안고등학교 교정을 들어서면 왼쪽에 건학 정신을 새긴 지구본 모양의 커다란 돌 상징물을 볼 수가 있다. '하나님 앞에서 진실하자'는 교훈대로 지금까지 경안학원은 충실한 기독교 교육의 전통을 이어오고 있다.

경안고등학교 안에 있는 경안역사관에는 초대 이사장 반피득 (潘彼得, Peter V. Lierop, 1918~2012) 박사와 2대 이사장 우열성(禹烈聖, Stanton R. Wilson, 1923~) 박사의 흉상이 세워져 있다. 옛날 선교사들 숙소로 사용되던 이 역사관 입구에는 1955년 7월 9일에 세워진 비석 두 개가 계단 아래 놓여 있는데, 글자가 지워져 알아보기 어려웠지만 'for Christ & Korea'라는 글자만은 선명하게 남아 있었다. 초기 선교사들이 얼마나 우리나라를 사랑했고, 교육에 열정을 가지고 있었는지를 조금이나마 느껴볼 수 있었다.

안동교회에서 직접 운영하는 것은 아니지만 안동교회 교인들 중에는 지역 사회에서 묵묵히 구제 사업과 의료 복지 사업에 힘쓰는 숨은 일꾼들이 많다.

정창근 장로가 원장과 이사장 등으로 33년 동안 봉사해 온 안동성좌원이 대표적인 곳이다. 안동시 희망1길 17에 있는 안동성좌원은 우리나라에서 소록도 다음으로 규모가 큰 한센병 환자들을 위한 사회복지시설이다.

1947년 낙동강 제방에 정착해 있던 한센병 환자들이 1953년 지금의 장소로 이전해 요양시설을 갖춰 나가다가 1959년 재단법인체로 개편하면서 보건사회부 인가를 받아 사회복지시설로서의 기틀을 갖추게 된다. 이들이 낙동강 제방에 모여 생활할 때 안동교회 동사목사인 권찬영 선교사와 이희명 집사의 전도로 42명이 세례를 받게 되면서 안동교회와 인연을 맺게 되었다. 지난 2002년부터 정부의 도움으로 주거환경 개선을 위한 현대화 사업을 시작하여 현재 새로 지은 6동의 아파트와 생활관에서 151명에 이르는 환자들이 생활하고 있다. 환자들 평균 연령이 80세가 넘은 노인들이라 수용 인원이 계속 줄어들고 있지만 다행인 것은 전원이 기독교인으로 직원들의 따뜻한 보살핌 속에 한 가족처럼 지내고 있다고 한다.

"저는 안동성소병원 이비인후과 과장으로 있다가 1969년에 안동교회에서 장로가 됐고, 지금은 은퇴해서 원로장로로 있어요. 제 집이 대구예요. 대구에 가서 교수가 되고 싶었는데, 김광현 상원로목사님께서 저를 주저앉혔어요. 여기 있으면서 일하라고 말이죠. 안동성좌원은 환자가 700명에서 800명쯤 됩니다. 육지에서 제일 큰 나환자촌이에요. 최근 국고 40억 원, 도비 20억 원, 지방비 20억 원 등 총 80억 원을 들여서 친환경적으로 현대화 시설 공사를 해서 작년 10월에 완공을 했어요. 1999년에는 장애인 및 무의탁노인 재활시설인 시온복지재단을 부도 직전에 인수해서 안동시온재단으로 이름을 바꿔 운영해 오고 있어요. 안동재활원, 안동요양원, 안동단비원, 인교보호작업장 등이 재단에 있는 시설들이에요. 지금까지는 장애인들을 시설 안에 두고 보살피는 데 중점을 둬 왔지만 앞으로는 집에 있는 장애인들을 불러내 일정한 노동을 하면서 출퇴근 시키고 봉급을 주기 위해 예인이라는 회사를 만들었어요. 이게 굉장히 희망적이에요."

2006년 인터뷰 당시 정창근 장로는 이렇게 설명한 바 있다. 한 사람이 어떻게 그 많은 일을 다 할까 싶을 정도로 그는 어마어마한 사회복지사업을 하고 있었다. 하지만 세월이 흐르면서 정창근 장로는 이제 일선에서 물러나 명예원장으로 안동성좌원의 이모저모를 살피고 있으며, 임만조 장로가 이사로서 안동성좌원과 안동교회의 인연을 이어가고 있는 중이다.

안동시 운안동에는 소년 소녀 가장들이 모여 살면서 학업에 매진할 수 있도록 만들어진 생활공간 '함께 사는 집'이 있다. 1990년대 초에 꾸며진 이 시설은 대지 121평, 건평 149평으로 3층 건물이며, 2006년만 해도 8명의 아이들이 생활하고 있었다. 이

육지에서 제일 큰 한센병 환자촌인 안동성좌원 원장 시절의 정창근 장로와 조선자 장로 부부.

시설을 만들어 운영하던 사람이 안동교회 권인찬 장로였다.

권인찬 장로는 1999년 선린복지재단을 설립해 안동권씨회관 지하 1층을 빌려 무료 급식소로 꾸며서 매일 무료 급식과 무료 진료를 실시하기도 했다. 안동교회 교인들을 비롯한 많은 봉사자들에 의해 운영되던 이곳은 하루 평균 150명이 넘는 노인들이 찾았다고 한다.

이뿐만이 아니라 권인찬 장로는 포항에 8천여 평의 땅을 마련

안동교회 이야기

해 대규모 노인요양원을 준비 중이라면서 요양원이 완공되면 중풍이나 치매 등으로 가정에서 돌보기 어려운 노인들이 저렴한 비용으로 최상의 진료 서비스를 받으며 노후를 보낼 수 있게 될 거라고 말했다.

"제가 열네 살 때부터 안동교회에 다니기 시작했습니다. 스물네 살에 결혼을 했고, 스물여섯 살 되던 해에 사업을 시작했죠. 하나님께서 복을 주셔서 돈을 많이 벌었습니다. 나중에 독학으로 검정고시도 보고, 아들 또래 아이들하고 함께 학교도 다녔습니다. 늦게나마 사업하면서 대학도 마치고 대학원도 다녔어요. 이모든 게 하나님 은혜지요. 그래서 저도 할 수 있는 대로 베풀면서 살려고 합니다. 제가 가진 모든 게 하나님께서 주신 거니까요."

지난여름 안동에 들렀을 때 권인찬 장로를 만나려 했지만 만날 수 없었다. 2014년 췌장암으로 하나님의 부르심을 받았다고 했다. 부인 서정자 권사에게 이야기를 들을 수 있었다.

"평소 참 건강했었는데…… 어느 날 이상하게 피곤하다고 해서 병원에 갔더니 췌장암 말기라고 하더라고요. 의사가 3개월 남았다고 했지만 8개월을 더 살다 갔습니다. 본인이 아프면서도 오히려 저를 위로했죠. 별 고통 없이 잠자는 것처럼 갔어요. '함께 사는 집'은 계속 유지하고 있지만 요즘은 아이들이 그런 시설에 잘 안 오려고 해요. 그래서 지금은 아이들이 없습니다. 권 장로가 내 부모는 일찍 돌아가셨지만 다른 부모를 내 부모처럼 모시자고 해서 포항에 실버힐하우스라는 노인요양원을 설립했어요. 현재 62명의 어르신들을 모시고 있죠. 또 권 장로가 장애아들에게도 관심이 많아 포항에서 장애아를 돌보는 일을 했으면 좋겠다는 계획을 가지고 있었어요. 어떻게 해야 좋을지 아들하고 기도하면서 준비하고 있습니다."

안동시 옥동에 가면 아파트 단지 사이에 영어로 'Andong Villa'라고 쓰인 빨간색 벽돌집이 보인다. 겉에서 보기엔 보통의 빌라와 전혀 다를 바가 없다. 깨끗하게 지어진 4층 건물 앞에는 여러 가지 놀이기구들까지 잘 갖춰져 있다. 이곳이 바로 홀로 된 엄마들과 아이들이 생활하는 사회복지법인 안동복지원이다. 안동복지원장은 안동교회 김윤애 권사다.

"아버지가 일본 유학 다녀오신 후에 사업을 하면서 돈을 모으셨어요. 일본에서 구세군들이 활동하시는 것을 보고 믿음을 가지신 것 같아요. 6·25전쟁 후에는 전쟁미망인들이 참 많았어요. 아버지가 이들을 위해 1955년 모자원을 만드셨죠. 저는 아버지가 운영하시던 모자원에서 태어나 살았어요. 옛날에는 교회 건너편에 있다가 30여 년 전 옥동으로 옮겼지요.

고등학교 졸업하면서부터 계속 아버지를 도우면서 살았어요. 언니나 오빠들은 다 외지로 나갔고요. 1990년 9월에 아버지가 돌아가신 후 제가 원장을 맡아서 일하고 있어요. 제일 사람이 많을 때는 35세대 100명까지 있었어요. 아버지가 고아와 과부들을

김윤애 권사가 원장으로 섬기고 있는 안동복지원.
겉으로 보면 여느 빌라와 전혀 다를 게 없고, 놀이터나 각종 복지 시설도 잘 갖춰져 있다.

도우라는 예수님 말씀을 그대로 실천하신 거죠. 저야 아버지가 이루어 놓으신 것을 그저 따라하고 있는 것뿐이지만 아버지는 1950년대부터 모자원을 운영하면서 고생 정말 많이 하셨어요."

안동복지원에는 배우자가 없고 만 18세 미만의 부양 아동이 있는 무주택, 저소득 모자가정만이 들어올 수 있다. 지금까지 이 곳을 거쳐 간 사람들은 대략 400세대 1,500명이 넘는다고 하며, 지금은 18가정 46명이 생활하고 있다고 한다.

"옛날에는 전쟁미망인들이 많았지만 차츰 사별한 모자가정들이 많아지더니 요즘은 이혼한 가정들이 많아졌어요. 사회가 빠른 속도로 변하니까 이분들을 대하는 태도도 달라져야 해요. 굉장히 조심스럽습니다. 상처받지 않게 해야 하고, 서로 마음을 열 수 있어야 하고, 빨리 자립할 수 있도록 도와야 하고, 여기 있는 동안 예수님 믿고 나갔으면 좋겠고……."

결혼도 미룬 채 어려운 모자가정을 돌보는 일에 헌신하고 있는 김윤애 권사의 아름다운 미소 속에서 나는 어두움을 밝히는 불꽃같은 희망을 보았다. 이런 분들이 계시기에 세상은 아직도 살 만한 곳이라는 생각이 들었다.

2015년 안동복지원이 개원 60주년을 맞았을 때 김승학 목사는 이런 소회를 밝혔다.

"안동복지원의 설립에 산파역을 한 초대 원장 김부환 집사님이 모자원에 관심을 갖게 된 것은 가정 형편 때문이라고 합니다.

김 집사님의 조부는 독립운동을 하다가 별세했고, 부친도 김 집사님이 12살 때 하나님의 부르심을 받았습니다. 김 집사님의 모친이 홀로 두 동생을 키우는 것을 보며 성장한 김 집사님은 고생하던 모친을 생각하며 복지 사업에 관심을 가지게 되었습니다. 그래서 전쟁으로 혼자의 몸이 된 부인들과 그 자녀들을 돌보기 위해 1955년 모자시설을 설립하여 초대 원장으로 수고하다가 1990년 하나님의 부르심을 받았습니다. 그는 무려 35년 동안 안동복지원을 위해 헌신한 믿음의 사람이었습니다. 전쟁 이후 극심한 생활고에 시달렸던 상황에서 모자원의 설립과 운영은 형극의 연속이었습니다. 또한 김 집사님은 안기동에서 낫을 만드는 공장과 인쇄소를 경영하면서 그 수익금으로 모자원을 운영했습니다. 당시만 하더라도 국가의 보조를 거의 받을 수 없었습니다. 물론 선교부에서 지원하는 구호물자는 모자원 운영에 큰 도움이 되었습니다. 이것은 그의 헌신이 얼마나 진실했는가를 알 수 있게 합니다. 이처럼 김부환 집사님은 헌신적인 봉사 정신을 가지고 원장으로서의 책임을 완수하여 오늘의 안동복지원을 이루게 하는 기초를 마련했습니다. 김 집사님은 봉사를 거창하게 생각하지 않았습니다. 그가 갖고 있던 봉사의 정의는 단순했습니다. 주변 사람들에게 관심을 가지는 것, 바로 그것이 봉사라고 생각했다고 현 원장인 김윤애 권사님은 선친인 김부환 초대 원장을 회고합니다."

교회는
지역민들의 안식처가 되어야 한다

"안녕하세요. 또 만났군요. 날마다 이 시간에 지나더니 그저께 부터 안 지나기에 내 마음이 약간 야릇했죠. 아침마다 지나칠 때는 매력도 몰랐었지만 아하, 그랬었나 봐. 안 보면 보고 싶어지나 봐. 안녕하세요. 또 만났군요. 다시는 못 만나나 생각했죠. 어쩐 일일까 궁금했는데 다시 만나 보아 반가워요."

예배당에서 요란한 음악 소리와 함께 흘러간 유행가 가사가 흘러나오고 있었다. 박수를 치고 마루에 발 구르는 소리까지 시끌시끌했다.

"이 세상의 부모 마음 다 같은 마음. 아들딸이 잘 되라고 행복하라고. 마음으로 빌어 주는 박 영감인데, 노랑이라 비웃으며 욕하지 마라. 나에게도 아직까지 청춘은 있다. 헤이! 원더풀, 원더

풀, 아빠의 청춘! 브라보, 브라보, 아빠의 인생!"

이정옥 권사의 인도에 따라 평소에 그토록 근엄하시던 할아버지, 할머니들이 어깨춤을 추며 신바람 나게 노래를 부르고 있었다. 곳곳에서 '좋다!', '얼씨구!' 소리가 들렸다.

노래가 끝나자 이번에는 에어로빅 시간이 이어졌다. 김경숙 권사의 현란한 몸짓에 따라 모두 의자 옆으로 나와 몸을 흔들어댔다. 설운도의 '상하이 트위스트'가 울려 퍼졌다.

이것이 바로 내가 처음 목격한 안동교회 경로대학의 수업 풍경이었다. 경로대학이 열리는 매주 수요일 오전이면 일찍부터 안동교회 이곳저곳은 삼삼오오 모여드는 노인들로 가득 찼다. 한 번 모일 때 400명 이상의 노인들이 모인다고 하니 그 숫자 또한 대단했다.

경로대학은 1993년 안동교회 부설기관으로 설립되어 25년째 운영되고 있다. 봄, 가을 1년에 두 번씩 소풍을 가고, 입학한 지 2년이 지나면 학사모를 쓴 채 졸업식을 한다. 오전 10시부터 12시까지는 정규과목 수업이 이어지고, 점심식사 후 오후 1시부터 2시까지 문화교실이 열린다. 문화교실은 100주년기념관과 선교관 등에서 자신이 좋아하는 취미활동을 하는 시간이다. 컴퓨터, 음악, 사물놀이, 포크댄스, 생활영어, 마사지, 댄스스포츠, 한글, 한국무용, 종이접기, 서예, 수지침 등 과목도 다양하다. 문화교실 지도교사들은 모두 그 방면의 전문가들이다. 특강 시간에는 안동대학, 안동과학대학, 가톨릭상지대학 등 인근 대학 교수들과 보건소장, 경찰서장, 지역구 국회의원 등 지역 유지들이 초대되어 열띤 강의를 진행한다. 점심식사 시간에는 권사들이 나서서 주일 점심시간에 교인들이 먹는 음식보다 훨씬 더 푸짐하고 맛있고 정성스럽게 식사를 준비한다. 어른들이 드실 음식이기 때문이다.

이 정도면 경로대학 학비가 상당히 비쌀 것 같지만 학비래야 1년에 35,000원이 전부다.

'봄철에 피는 꽃과 같이 안동교회 경로대학. 사랑과 선교로 모두 모여 즐겁게 춤추며 노래하세. 고독하고 두려울 때 사랑의 주님을 바라보자. 기뻐하고 기뻐하자. 웃음꽃 피우는 경로대학.'

경로대학 교가다. 이 교가의 노랫말을 지은 주인공은 경로대학 교사인 김후자 권사다.

"저는 음악을 가르치는데, 어르신들이 노래를 너무 좋아하세요. 남녀 어르신들 서로 짝을 이뤄 포크댄스를 추다 보면 이분들이 질투가 참 심하고 그래요. 지금까지 경로대학을 통해 이루어진 커플이 두 커플이에요. 뭐 정식으로 결혼을 하는 건 아니고, 그냥 서로 불편할 때 가서 돕고 위로하며 사는 거지요. 저는 노년에 이런 자연스러운 만남도 좋다고 생각해요. 아무튼 포크댄스를 하다 보면 남자 분들이 적으니까 여자 어르신들이 먼저 남자들 손을 잡으려고 경쟁이 치열해요. 꼭 어린아이 같아요. 여름방학인데도 한국무용반은 방학하지 말자고 해서 매주 모였어요.

경로대학에서 교사의 지도에 따라 장구를 배우고 있는 할머니들.
덩실덩실 어깨춤을 춰 가며 장구를 치는 솜씨가 보통이 아니었다.

열정이 대단하죠. 젊은 사람들 못지않아요."

집에서는 어른이지만 경로대학에 나오면 학생일 뿐이다. 학생은 어디에서도 학생 티가 난다. 수업 시간에 앞에서 교사들이 열심히 이야기를 하는데도 뒷좌석에서는 할머니들이 모여 안부를 묻고, 인사를 하고, 휴대전화를 걸고, 소곤소곤 이야기를 나눴다.

"남원 광한루로 소풍을 갔는데, 다른 데서도 많이 오셨더라고요. 모이기로 한 시간이 지나도 한 분이 안 오시기에 방송을 했지만 귀가 안 들리시는 분이라서 한 시간 정도를 찾아 헤맸죠. 이분은 이분대로 사람이 많으니까 고생을 많이 하셨어요. 어르신들 모시고 어딜 가면 이런 문제가 참 어렵습니다. 또 어떤 분은 칠순을 맞으셨기에 인사말을 하시라고 했더니 '하나님 은혜와 부처님 도우심으로 이렇게 잘살게 되었다'라고 하신 분도 계시고, 개강 예배 때 담임목사님께서 설교하러 오시면 그 앞에서 두 손을 모아 합장하시는 분도 있어요."

권오탁 장로는 경로대학에서 겪는 애로사항을 이렇게 이야기했다. 하지만 노년에 여러 가지 어려움을 겪는 어르신들이 종교를 떠나 자유롭게 교회에 나와 즐거운 시간을 보내고, 자식들에게서 다 받지 못했던 위로와 안식을 얻을 수만 있다면 이보다 더 보람 있고 기쁜 일이 어디 있겠냐며 호탕하게 웃었다.

경로대학 학감을 지낸 김완수 장로는 공경하면 할수록 공경의 마음이 샘솟는다고 했다.

"100주년기념관 건립 이후 경로대학은 2층 사랑샘에서 열립니다. 이곳이 1천석 규모입니다. 평생교육 차원에서 운영하다 보니 졸업하고 나서도 계속 오시는 분이 많습니다. 몇 년 전에 통계를 내보니까 교인은 20~30퍼센트도 안 되더군요. 거의 불신자거나 다른 종교 아니면 무교예요. 하지만 이슬비에 옷 젖는다고 모일 때마다 찬양하고 경건의 시간을 갖고 하니까 자연스럽게 잘 어울립니다. 지역 사회의 반응도 참 좋고요. 특히 자녀분들이 아주 좋아합니다. 외지에 나가 있는 자녀들이 자기들 부모님이 예수를 안 믿으니까 경로대학에 입학시켜서 예수 믿게 해달라고 부탁하는 경우도 있습니다. 교사들이 16명인데, 자기 부모 대하듯 정성을 다해 섬기는 모습을 보면 정말 감동적입니다. 어떤 분은 딸보다 낫다고도 하세요. 저도 이분들에게 예수의 향기를 풍길 수 있도록 해달라고 늘 기도하고 있습니다."

경로대학과는 별도로 선교관 1층에는 기독노인정이 마련되어 있다. 입구에 걸려 있는 현판에는 '사단법인 대한노인회 안동교회 기독교경로당'이라고 적혀 있다. 1979년 안동에서 가장 먼저 노인회를 시작하면서 교회에 만들어진 경로당임에도 불구하고 대한노인회 안동시 지회로 인정받은 것이다. 이곳은 매일 문을 여는 할아버지들만의 공간이다. 할머니들은 따로 마련된 별실에서 모인다.

할아버지들이 여기 모여 뭘 하시는 걸까 궁금해서 문을 살며

기독노인정에서 푹신푹신한 소파에 앉아 장기와 바둑에 몰두하고 있는 할아버지들.
한여름 무더위에도 이곳은 아주 시원했다.

시 열어 보았다. 주로 바둑을 두고 계셨다. 에어컨과 컴퓨터도 있었고, 커다란 텔레비전에 음식을 끓여 먹을 수 있는 주방 시설도 갖춰져 있었다. 소파도 푹신푹신하고 편안해 보였다.

하지만 놀기만 하는 건 아니다. 벽에 걸린 액자에는 '우리들의 기도 — 나라와 위정자들을 위하여, 한국 교회를 위하여, 민족 복음화를 위하여, 청소년 선도를 위하여'라고 쓰여 있었다. 이 노인정은 안동교회 어르신들의 복지 향상을 위해 마련해 놓은 공간이다. 김광현 상원로목사도 워낙 바둑을 좋아하셨던 분이라 여기 자주 와서 바둑을 두셨다고 한다. 교회에서 경로대학을 운영하는 건 봤어도 노인정까지 만들어 놓은 건 처음 보는 일이었다. 충효의 고장에 있는 교회답게 안동교회는 어른들을 모시고 섬기는 일에도 이토록 열심이었다.

2017년 7월 26일 수요일, 아침부터 무더운 날씨가 이어지는데도 10시가 지나자 100주년기념관을 향해 지팡이를 짚은 할머니들이 잰걸음으로 모여들었다. 어디를 가는지 따라가 봤더니 지하에 있는 한 방으로 들어갔다. 밖에는 '한글교실'이라는 안내판이 붙어 있었다.

"퐁당퐁당 돌을 던지자. 누나 몰래 돌을 던지자."

초등학생들이 부르는 동요를 할머니들이 율동에 맞춰 힘차게 따라 부르고 있었다.

"자, 7과 펴세요. 42쪽입니다. 오늘 수업은 '싱글벙글'입니다. 받침이 들어가는 낱말 공부를 하는 겁니다."

할머니들은 교과서와 공책을 펴고 손에 연필을 꼭 쥔 채 돋보기안경 너머로 칠판을 응시했다. 조금 어려운 수업이 시작된 때문인지 긴장한 기색이 역력했다. 이때 정적을 깨고 교실 문이 열렸다. 지각을 한 할머니 손에는 묵직한 종이 상자 하나가 들려 있었다.

"오늘 종강이라 책거리할라꼬 떡 해왔심더!"

순간 파안대소가 터지며 여기저기서 박수가 이어졌다.

"아, 한 학기 공부 마쳤으니 떡 묵어야제!"

다시 수업이 이어졌다. 한글교실 교사인 권은숙 권사가 칠판에 '바, 가, 차' 등 받침 없는 글자를 써 놓은 뒤 여러 가지 받침을 붙여 읽어 보도록 했다. 할머니들은 "방, 강, 창" 등으로 신기하다는 듯 열심히 따라 읽었다. 공책에 부지런히 받아쓰는 할머니도 있었다. 같은 시간 4층 희락 방에서도 임은주 권사의 지도로 다른 한글교실 수업이 진행되었다. 초급반과 중급반으로 나눠 수업이 이루어지는 것이다. 어려운 시절에 태어나 평생 글을 모른 채 살아가던 할머니들에게 한글교실은 제2의 인생을 살게 해주는 개안開眼의 과정이었다.

2011년 11월 20일 문을 연 안동노인종합복지센터는 그동안 안동교회에서 해오던 노인들을 위한 여러 사역을 총집결시키는 차원에서 만든 것이다. 급격히 증가하는 노인 인구에 맞춰 지역 노인들에 대한 복지 활성화를 이루고, 네트워크를 구성해 체계적이면서도 종합적인 서비스를 제공하려는 의도에서다. 주요 사업으로는 경로잔치, 경로대학, 보훈가족 초청 위로회, 사랑의 쌀 나누기, 조손가정 사랑의 열매 나누기, 노인복지단체 방문봉사, 침수 독거 무의탁 노인 가정 도배 및 장판 사업, 독거 및 무의탁 노인 반찬 배달, 교회와 봉사 포럼 개최, 노인 자살 예방 교육 사업, 요구르트 배달을 통한 독거노인 돌봄 사업 등이 있지만 가장 중요한 사업은 안동시와 협력해 진행하는 노인들에게 일자리를 제

교과서와 공책을 펴고 손에 연필을 꼭 쥔 채 돋보기안경 너머로 칠판을 응시하며
공부에 여념이 없는 할머니들. 한글교실의 향학열은 무더운 바깥 날씨보다 더 뜨거웠다.

공해 드리는 사업이다.

안동노인종합복지센터에서 이 일을 맡아 하고 있는 최성애 권사의 이야기를 들어봤다.

"노인 일자리 사업은 2014년에 안동시로부터 안동문화관광도우미사업과 재래시장활성화사업 두 건을 위탁받아 진행해 왔어요. 한 사업 당 65명씩 합쳐서 130명이었죠. 2017년에는 이 두 사업을 통합해서 154명으로 인원이 조금 늘었어요. 시에서 일자리를 원하는 노인들의 신청을 받아 약 두 배수의 명단을 우리에게

공책에 열심히 한글을 받아쓰는 할머니. 처음에는 그 글자가 그 글자 같이 똑같아 보이지만
한글교실을 졸업할 때쯤이면 누구나 자유롭게 우리글을 읽고 쓸 수 있게 된다.

넘겨줘요. 그러면 저희들이 서류 심사 후 면접을 봐서 정말 경제적으로 어렵고, 일자리가 꼭 필요한 분들을 선별해 일하시도록 해드리죠. 점수가 동일할 때는 연세 많으신 순서대로 일자리를 드려요. 리어카 끌고 다니면서 폐지 주워서 생활하시는 노인들이 일을 하게 해달라는데, 우리가 안 뽑아주면 어떻게 하겠어요? 선정이 되면 전통시장이나 관광지 등에서 도우미로 일하게 되죠. 환경 정화 작업이나 관광 안내 또는 청소 등의 일을 하시는 거예요. 간혹 외국어를 할 줄 아는 분들 계시면 터미널 같은 데 배치해서 일하시도록 해드리죠. 하루 3시간씩 한 달에 10번 일하시면 20만 원 정도 월급을 드려요. 올해는 조금 올라서 22만 원이 됐어요. 저는 오전에 현장을 돌며 잘하고 계신지 점검하고, 오후에는 서류 정리하면서 새로 오신 분들 면접도 보고, 교육도 하고 그래요. 혹서기 때는 더우니까 실내 교육을 해요. 그렇게 어렵게 번 돈을 조금씩 모아서 장학금으로 기부하는 분도 계세요. 시와 협력해서 하는 일인 데다 돈이 오가는 사업이다 보니 모든 일을 정확히 서류로 만들어 보고하고 보관해야 합니다. 감사도 철저히 받고요."

말만 들어도 보통 일이 아니라는 생각이 들었다. 지역 주민들을 위해 시청이나 구청에서 해야 할 일을 안동교회가 하고 있는 셈이었다. 지역 사회를 섬기는 안동교회의 이런 사역들이 인정을 받아 2013년에는 보건복지부 장관으로부터 노인복지증진 표창장을 받기도 했다.

안동교회가 지역 사회를 위해 한 일 중에 또 한 가지 특이한 건 안동중앙신용협동조합을 만든 일이다. 안동교회 정문 길 건너편에 있는 기독교회관 1, 2층에는 안동 지역의 든든한 금융기관인 안동중앙신용협동조합이 들어서 있다.

1965년 12월 2일 창립총회를 가지고 34명의 가입자와 4,260원의 출자금을 밑천으로 시작한 조합은 현재 조합원 5,498명에 자산 규모 614억 원이 넘는 금융기관으로 성장하였다. 당시 안동 YMCA 총무로 있던 윤종대 성도가 열성적으로 앞장서서 성사된 이 조합은 처음에는 안동교회 교인들만을 대상으로 하다가 나중에는 일반인들에게까지 확대되었다.

'1인은 만인을 위하여, 만인은 1인을 위하여'라는 표어처럼 안동중앙신용협동조합은 대출도 쉽고, 믿을 수 있어 문턱 높은 은행과 달리 안동 시민들에게 큰 도움을 주고 있다.

안동교회에서는 이인홍 장로, 김학준 장로, 이주헌 장로, 구교익 장로, 정창근 장로, 김수근 장로, 이정일 장로, 임만조 장로, 장영부 장로, 이희학 장로, 류기하 장로 등이 이사와 이사장으로 조합 일에 꾸준히 참여해 왔다.

이처럼 안동교회는 늘 교회 문을 열고 지역 사회와 함께해 왔으며, 지역민들의 안식처로서 그 자리를 제공해 왔다. 이런 안동교회를 바라보는 지역민들의 시선이 종교 여부나 신앙의 유무를 떠나 편안하고 따뜻하리라는 것은 보지 않아도 알 수 있는 일이다.

나의 진정한 이웃은
누구인가?

지난 2006년 추석 하루 전날인 10월 5일 오전 10시 30분, 와룡면 라소리 산 172번지에 위치한 안동교회 교인 묘지에서는 예년과 같이 합동추모예식이 거행됐다. 강렬한 햇볕이 내리쬐고 있었지만 각지에서 모인 유족들과 교인들은 야트막한 산 언덕바지에 있는 기념비와 납골묘 앞에 모여 예배를 드렸다.

유림의 고장 안동에서 명절에 조상들께 제사를 드리는 일은 죽어도 빠뜨릴 수 없는 오랜 전통 양식이었다. 그것은 삶이자 신앙과도 같은 것이었다. 하지만 이제 그 후손들이 예수를 믿게 되면서 제사 대신 찬송을 부르고 기도를 하며 예배를 드린다고 하는 사실이 여느 추모예식과는 또 다른 감회를 가져다주었다.

다 함께 고인들을 위한 묵상기도를 드리는 사이 김성한 장로

추석 합동추모예식 후 김광현 상원로목사 부부 묘소와 김기수 원로목사 묘소를 참배하는 김승학 목사 부부. 할아버지 목사, 아버지 목사, 아들 목사 3대의 대화는 지금도 이어진다.

의 은은한 색소폰 연주가 이어졌다. 찬송가 545장 '하늘 가는 밝은 길이'였다. 마음속으로 찬송을 따라 불렀다.

하늘 가는 밝은 길이 내 앞에 있으니 슬픈 일을 많이 보고 늘 고생하여도 하늘 영광 밝음이 어둔 그늘 헤치니 예수 공로 의지하여 항상 빛을 보도다.

김승학 목사의 설교가 따가운 가을 햇살을 갈랐다.
"흙에서 온 인간은 흙으로 돌아갈 수밖에 없는 유한한 존재입니다. 그러나 성경은 예수 그리스도의 재림 그리고 죽은 자의 부

안동교회 이야기

활과 영생을 증거하고 있으며, 이것은 부정할 수 없는 사실입니다. 특히 이곳에 묻혀 있는 그리스도 안에서 죽은 믿음의 선배들은 하나님의 은혜로 선택받아 구원을 받은 분들이며, 예수님께서 다시 이 땅에 오실 때까지 축복의 땅인 이곳에서 잠을 잘 것입니다. 그뿐만 아니라 이곳에서 잠자고 있는 분들은 예수님께서 재림하실 때 모두 일어나 주님을 기쁨으로 맞이할 것을 성경은 약속하고 있습니다.

이것이 성경이 약속하고 있는 '마지막 날의 비밀'입니다. 따라서 살아 있는 믿음의 후손들은 주님의 재림을 준비하는 자로 살아야 합니다. 더욱 흔들리지 않는 믿음을 가지고 항상 주의 일에 힘쓰는 자들이 되어야 할 것입니다. 특별히 오늘 이 자리에 묻혀 있는 믿음의 선배들이 생전에 보여준 아름다운 믿음의 삶을 한 가지라도 기억하여 그렇게 살아가는 믿음의 후손들이 되기를 소원합니다."

예배 후 사람들은 가족 묘지를 찾아 꽃을 드리고 찬송을 부르며 기도를 하고는 둘러앉아 준비해 온 음식을 나누면서 이야기꽃을 피웠다. 화장을 한 고인들은 납골묘에 안장을 하고, 매장을 한 고인들은 산기슭을 따라 차례로 묘지가 만들어져 있었다. 교회에서 이렇게 교인들의 희망대로 묘지를 만들어 관리해 주면 교인들로서는 마음 한편이 든든하지 않을까 생각했다. 객지에 나가 살다 보면 조상 묘를 자주 찾는 일도 쉬운 일은 아닐 테니 말이다. 이런 세심한 마음 씀씀이 하나하나가 안동교회 사람들을 한 가족으로 만드는 것 같았다.

안동교회 예배당 맨 앞줄은 장애인석이다. 장애인들이 앉기 좋게 좌석 공간도 다른 좌석보다 넓다. 비록 한두 사람의 장애인이 있을지라도 이들을 배려하고자 하는 섬세한 마음을 읽을 수 있다. 예전에는 교육관 1층 복도 끝에 장애인 화장실이 있었다. 지금은 100주년기념관에 있는 화장실마다 장애인실이 마련되어 있다. 장애인이 교회에 왔다가 화장실을 가게 되었을 때 일반 화장실에서 당하게 될 불편을 겪지 않아도 되게끔 미리 조치한 것이다.

자그마한 일이라도 이처럼 마음이 담긴 정성과 배려들이 하나둘 모아져 이웃 사랑으로 실천되는 교회가 바로 안동교회다.

"우리 교회가 이 지역 사회의 규모나 교회 형편에 비해 외부로 지출되는 선교와 구제비 규모가 상당히 많은 편입니다. 안동 인근 지역의 농촌 교회와 미자립 교회에 매달 보내는 후원금과 고아원, 양로원 등 각종 사회복지시설에 보내는 지원금 등이 연간 교회 예산의 20퍼센트가 넘습니다. 농촌 교회와 미자립 교회 후원금이 4,000만 원 가량 되고, 사회기관과 협조해서 사회복지시설에 보내는 지원금이 7,000만 원 정도 되며, 국내외로 보내는 선교헌금이 1억 5,000만 원 정도 됩니다. 이걸 다 합치면 연간 2억 6,000만 원쯤 되지요.

우리 교회 연간 예산이 12억 원이 조금 못 됩니다. 변변한 공장이나 생산시설 하나 없는 안동에서 교인들이 정말 최선을 다

해 질 녘 교인 묘지 전경. 교인 묘지는 개인의 삶과 교회의 역사를 반추해 보고, 시간과
공간을 초월해 우리 모두 그리스도 안에서 한 형제요 이웃임을 깨닫게 해주는 현장이다.

해 헌금을 하시는 겁니다. 이건 순전히 교회 예산에서 사용되는 부분만 그렇다는 얘기고 남선교회, 여전도회나 장학위원회 등에서는 교회 예산과는 별도로 각종 선교, 구제 사업들을 하고 있으니까 그걸 다 합치면 규모는 더 커지겠지요. 우리도 넉넉한 건 아니지만 안동 지역 어머니 교회로서 다른 교회들은 우리보다 더 어렵기 때문에 허리띠를 졸라매더라도 열심히 이웃 사랑을 실천하는 교회가 되려고 합니다."

2006년 당시 이야기다. 그때 나는 김승학 목사의 설명을 들으면서 몹시 부끄러웠다. 내가 다니던 교회에서 매달 고작 50,000원씩 드리는 선교 구제 헌금마저도 밀리기 일쑤였기 때문이다.

100주년기념관 입구에는 두 개의 색다른 상패가 붙어 있다. 하나는 보건복지부 안동시 사회복지협의회가 안동교회를 모범 자원봉사단체인 '안동시 좋은 이웃들'로 선정한 데 따른 상패이며, 하나는 기독교윤리실천운동 사회복지위원회에서 2015년에 안동교회를 '참 좋은 교회'로 선정하면서 수여한 상패다. 기독교윤리실천운동은 복음에 합당한 윤리적 삶을 살아가는 정직한 그리스도인과 신뢰받는 교회가 되도록 섬기며, 정의롭고 평화로운 사회를 만드는 것을 사명으로 1987년에 조직된 대표적인 기독교 시민운동단체다. 일거수일투족을 세밀히 들여다볼 수 있는 지역 사회와 가장 깨끗하고 공신력 있는 기독교 단체로부터 좋은 이웃, 좋은 교회로 선정되었다는 것은 그만큼 안동교회의 변함없는 이웃 사랑이 세상으로부터 인정받았다는 것을 의미한다.

예배당 앞에 우뚝 선 두 그루의 기다란 소나무 사이로 높푸른 하늘을 올려다보았다. 시원한 바람이 불어왔다. 땀을 식혀 주는 이 바람처럼 안동교회는 늘 같은 자리에서 안동 사람들의 그늘과 쉼터가 되어 왔다는 생각이 들었다.

예수님은 "내 이웃이 누구입니까?"라는 율법사의 질문에 우리의 이웃은 제사장도 아니요, 레위인도 아니며, 강도 만나 죽게 된 사람에게 자기가 가진 기름과 포도주를 상처에 붓고 주막으로 데려가 돌봐 준 사마리아인이라고 알려 주었다. 지위가 높고 사회적으로 명망 있는 제사장이나 레위인은 고난당한 사람을 보고 그냥 지나갔지만 유대인들이 사람 취급도 하지 않던 천한 사마리아인은 자신이 가진 모든 것을 털어 이웃의 고난을 살펴 주었다.

이 비유에서 중요한 것은 예수님께서 우리의 진정한 이웃이 누구인가를 알려 주신 데 있는 게 아니라 "가서 너도 이와 같이 하라"고 말씀하셨다는 데 있다. 좋은 이웃을 만나게 해달라고 기도하기보다 내가 먼저 좋은 이웃이 되게 해달라고 기도해야 한다. 좋은 이웃을 찾기보다 좋은 이웃이 되려고 노력해야 한다.

진정한 이웃 사랑은 내가 먼저 좋은 이웃이 되기 위해 애쓰고 실천하는 데서부터 시작된다. 우리가 지금까지 보아 온 안동교회처럼.

안동을
예수 마을로 만들어 가는
사람들

안동을 예수 마을로 만들기 위해 땅을 밟는 안동교회 사람들. 예수 마을 만들기 운동은 안동을 행복한 도시로 만들기 위한 운동이다. 희망의 도시로 만들기 위한 운동이다. 살고 싶은 도시로 만들기 위한 운동이다. 천사도 동경하는 도시로 만들기 위한 운동이다. 죄가 없는 거룩한 땅으로 만들기 위한 운동이다. 하나님께서 기뻐하실 땅으로 만들기 위한 운동이다. 무관심한 현대인 사이에 사랑을 회복하기 위한 운동이다. 이 운동은 안동이 복음화되고 거룩한 도시가 되어 'Sin Free Zone'으로 선포되는 그날까지 계속될 것이다.

오늘도 우리는
기도하며 땅을 밟습니다

오전인데도 등골을 타고 땀이 주르륵 흘러내릴 정도로 땡볕이 강렬했다. 그 뜨거운 태양 아래 자그마한 양산을 받쳐 든 중년 여인 한 명이 조용히 아스팔트 위를 걸어가고 있었다. 발걸음이 너무 느려서 그런지 왠지 무거워 보였다. 한 걸음 한 걸음 내딛는 발자국마다 하얀 양말과 분홍색 양산 그리고 붉게 이글거리는 태양이 어우러져 눈이 부셨다.

조금 있으니 그 뒤를 또 다른 여인 한 사람이 비슷한 속도로 따라가고 있었다. 양산 대신 커다란 모자로 햇볕을 가리고 있었지만 손에 쥔 손수건으로 연신 땀을 훔치고 있었다. 이번에는 조금 떨어진 곳에서 종이로 하늘을 가린 채 어떤 할아버지 한 분이 같은 모양새로 두 여자가 지나간 길을 따라 걸어갔다. 일행인 듯 아닌 듯 다들 아무런 말이 없었다.

안동은 유림의 고장임과 동시에 무속의 고장이다. 시내에 들어서면 사주, 관상, 작명 전문이라고 쓰인 수많은 점집과 굿을 해주는 무당집 간판이 즐비하다. 이런 점과 굿은 전통문화 혹은 민속이라는 이름으로 날이 갈수록 더욱 장려되고 있다. 안동시에서는 매년 국제탈춤페스티벌을 개최해서 하회별신굿을 전 세계에 널리 알리는 일에 매진 중이다. 이뿐만 아니라 안동시는 세계탈문화연맹과 힘을 모아 태국 남부 로레이 지방의 전통 가면극인 피타콘 탈춤과 함께 하회별신굿을 유네스코 인류무형유산에 공동 등재하는 일을 추진하고 있다.

안동 복음화를 위해서는 먼저 이 지역의 영적인 분위기가 바뀌어야 한다는 점을 수도 없이 강조해 온 김승학 목사가 드디어 2006년 여름 이와 같은 미신문화와의 영적 전쟁을 선포하고 나섰다. 이것이 바로 '안동 복음화를 위한 대각성운동'이다. 이를 위해 매일 세 번씩 교인들이 교회에 모여 기도를 하고, 차례로 줄을 지어 땅을 밟으면서 안동교회 주변에 있는 점집과 무당집들을 돌고 있는 것이다. 이 행렬은 바로 그 '땅 밟기' 행렬이었다.

김승학 목사는 '땅을 밟으며 기도하고 있습니다'라는 글을 통해 전 교인들에게 이 운동의 취지와 목표에 대해 다음과 같이 설명했다.

안동교회 이야기

4개월 전 어느 날 두툼한 봉투 하나가 목양실 제 책상 위에 놓여 있었습니다. 그 안에는 안동시 지도와 묵직한 바인더가 들어 있었습니다. 봉투를 뜯어 바인더를 펼쳐보는 순간 깜짝 놀라지 않을 수 없었습니다. 거리와 골목을 누비며 당집과 점집의 간판을 사진으로 찍어 현상한 많은 사진들이 바인더를 무겁게 만들었던 것입니다. 더욱이 안동시를 9개 권역으로 나누어 이러한 어둠의 세력들의 위치까지 표기해 놓았습니다. 200여 개에 달하는 엄청난 어둠의 세력들을 보며 저는 전율했습니다. 특히 우리 교회가 속한 구역에 가장 많은 점집과 당집이 분포해 있음을 알고는 부끄럽기까지 하였습니다.

'아니 우리를 얼마나 우습게 봤으면 우리 교회가 속한 구역에 가장 많은 어둠의 세력들이 있는 걸까? 우리 교회를 얕잡아 본 게 틀림없어.'

그런데 그 순간 하나님께서는 내 생각과는 다른 음성을 들려 주셨습니다. 지역의 영적 리더십을 가지고 있는 우리 교회가 이들의 공격에 무너진다면 이 땅에서의 영적 전쟁은 보다 쉽게 끝날 수 있기 때문에 더 많은 세력들이 우리 교회를 포위하고 있는 것이라는 깨달음을 주셨습니다. 이러한 깨달음을 주신 하나님께 감사를 드렸습니다. 우리 교회 주변에 있는 어둠의 세력들이 무너진다면 이 땅에서의 영적 전쟁은 보다 쉽게 끝날 수도 있을 것이라는 생각이 들었기 때문입니다.

저는 주일 설교를 통해 이러한 안동의 영적 현실과 분위기를 성도들에게 알리고, 주일 오전예배, 주일 찬양예배, 수요 기도회 등 모든 공 예배와 구역 모임 시에 지역의 변화를 위해 뜨겁게 기도해 주실 것을 주문했습니다. 악한 영들을 몰아내고 지역을 변화시키기 위해 우리 교회가 중보 기도를 시작하게 된 배경은 이렇습니다.

그러고 나서 얼마 후 저는 한 집사님으로부터 《지역을 바꾸는 기도》라는 제목의 책을 선물 받았습니다. 미국의 어느 지역을 둘러싸고 있는 어둠의 세력을 물리치기 위해 짧지 않은 기간 동안 인내하면서 성도들과 지역 사회 교회가 합심하여 기도한 내용을 기록한 책이었습니다. 이 책의 원서 제목은 《정복을 위한 헌신Commitment to Conquer》입니다. 밥 베킷이라는 미국 목사님이 쓴 책입니다. 저자인 밥 베킷 목사님은 영적 전쟁을 위한 네트워크, 중보 기도와 화해를 위한 연합 모임의 지도자입니다. 캘리포니아 주 헤밋에 있는 장막교회 담임목사님입니다.

그는 교역자와 중보 기도자를 위한 순회 훈련 사역과 풀러 신학대학원에서 영적 주제와 교회 성장에 대한 강의도 하고 있는 목회자입니다. 이 책의 중심 내용은 이렇습니다.

저자는 질문합니다. 이 질문은 우리 모두의 질문이기도 합니다. 교회가 힘을 합해 기도할 때 지역 사회가 정말 변화될 수 있을까? 중보 기도를 통하여 도시를 지배하는 영적인 분위기가 바뀔 수 있을까? 그리스도인이 기도할 때 주변에 있는 학교들이 변화되어 마약 문제나 갖가지 폭력 사건들이 근절될 수 있을까?

결론은 물론 그렇게 될 수 있다는 것입니다. 내가 속한 도시를 책임지겠다는 각오만 있으면, 우리는 주변에서 일어나는 일들에 민감해지고, 거룩한 부담감으로 기도하게 될 것이며, 마침내 하나님의 나라가 지역 사회 안에 강력하게 임하는 것을 목격할 수 있다는 것입니다. 무려 5년이 넘게 지역의 변화를 위해 기도했지만 뚜렷한 변화를 경험하지 못하게 되자 밥 목사님은 구체적이고 실제적인 기도의 부족을 깨닫게 되었습니다. 그 후 인내하며 포기하지 않고 구체적이고 적극적으로 기도하여 결국 헤밋이라는 지역이 변화되었다는 것입니다.

지난 두 달 동안 우리 교회는 어둠의 세력이 물러가고 주님의 영이 충만하기를 위해 기도했습니다. 그러던 어느 날 밥 목사님처럼 보다 구체적이고 적극적인 중보 기도의 필요성을 느끼기 시작했습니다. 그래서 교회 주변의 땅을 밟으며 기도할 계획을 세우게 되었습니다. '땅 밟기 중보기도운동'을 통한 영적 전쟁이 시작된 것입니다. 오전, 오후, 저녁 반을 편성하여 오전, 오후 반은 몇 개 구역으로, 저녁 반은 장로님, 권사님, 안수집사님 등 항존직으로 조를 나눠 지난 7월 31일부터 이 일을 시작했습니다. 살인적인 무더위에도 불구하고 적지 않은 분들이 안동을 거룩한 땅으로 만들기 위해 교회 기도실에 모여 기도하고 '땅 밟기 중보기도운동'에 동참하고 있기에 저는 분명 행복한 목사입니다.

비록 걸음의 폭은 작고 사람들의 눈에는 힘이 없어 보일지 모르지만 쉬지 않고 걸으며 간절한 마음으로 드리는 이 땅을 위한 중보 기도는 엄청난 변화를 몰고 올 능력의 걸음임을 저는 확신합니다. 저는 오늘도 새벽 기도회를 마치고 땅을 밟으며 기도했습니다.

"여리고성의 함락을 기억하면서 땅을 밟으며 기도하는 모든 분들과 이 땅에 살고 있는 사람들이 하나님의 살아계심을 확인하게 하옵소서!"

다음 날 오전 10시 10분 전. 나는 땅 밟기 행렬을 따라가 보기로 했다. 예배당 1층 오른쪽에 있는 기도실로 사람들이 모여들었다. 기도실 입구에는 '안동 복음화를 위한 대각성운동 모임 장소'라고 적혀 있었다. 기도를 마친 사람들은 조용히 교회 앞마당으로 나갔다.

한 사람씩 교회 문을 나섰다. 약 100미터 정도 간격을 두고 앞 사람을 따라 계속해서 길을 나섰다. 땅을 밟는 요령은 발걸음을 좀 천천히 하면서 정해진 길을 따라 걷되 아는 사람을 만나더라도 절대 말을 해서는 안 되며, 속으로 간절히 기도를 하면서 걷는 거였다. 또한 지역 주민들에게 거부감을 주지 않도록 주의를 기울이며 걸어야 했다.

'○○보살', '○○철학관', '○○사'…… 간판이 보이기 시작했다. 정말 웬 무당집이 이렇게 많은지 가히 그 위세를 실감할 수 있었다. 점집들을 지나 주택가로 빠져 나와 시장 쪽으로 걸어가자 이번에는 각종 술집들이 등장했다. '○○○○ 나이트', '○○주점', '○○○ 클럽'…… 이쪽도 대단했다.

계단을 따라 길을 내려가 베전4길이라고 쓰인 작은 골목에 들어서자 가슴이 턱 막혀 왔다. 그야말로 무당들의 아지트였다. 긴 대나무 끝에 붉은 깃발을 매단 무당집과 점집들 천지였다. 골목 분위기부터 음습하고 침침했다. 다니는 사람들도 없었다. 이곳은 6·25전쟁 전부터 유명한 점집 촌이었다고 한다.

안동교회 이야기

점집과 무당집이 즐비한 골목길을 양산 쓴 채 기도하며 걸어가는 여자 성도들.
오른쪽 담벼락에 매달린 연등들이 골목의 분위기를 잘 드러내고 있다.

앞서가던 교인이 한 점집을 막 지나쳐 가자 대문을 열고 어떤 아주머니가 나오더니 길에 소금을 뿌려댔다. 무당인 듯 보였는데, 뛰어나와 소금을 뿌려대며 경계하는 것으로 봐서 어떤 영적인 신호 같은 걸 느낀 듯했다. 두근두근…… 가슴이 뛰었다.

골목을 막 빠져나올 무렵 길 가던 낯선 할머니가 우리를 보고 이렇게 말했다.

"마귀들이 맥 못 춰요. 수고하이소!"

안동교회 교인인 것 같았다. 우리를 격려하고 응원을 보내는 거였다.

다시 교회로 모인 교인들은 기도실에서 한참 더 기도한 뒤 집으로 돌아갔다. 이런 땅 밟기는 하루 세 번씩 이어졌다.

2017년 여름, 나는 그때 그 골목길을 다시 걸었다. 그동안 무당집과 점집들이 얼마나 없어졌을까 궁금했다. 붉은 깃발이 하나둘 보이기 시작했다.

'소중한 소리를 담아 전해드립니다. 선녀 보살.'

'지리산 용승영동자. 신수, 사주, 신점, 택일, 병점, 궁합.'

여러 산에서 내려온 보살과 작두 탄다는 장군 이름이 눈에 띄었다.

하지만 숫자가 많이 줄었다는 것을 확연히 알 수 있었다. 기세가 상당히 꺾인 듯 평온했다. 어디선가 강아지 짖어대는 소리만 요란했다.

예수 마을 만들기 운동은 안동을 행복한 도시로 만들기 위한 운동이다. 희망의 도시로 만들기 위한 운동이다. 살고 싶어 하는 도시로 만들기 위한 운동이다. 천사도 동경하는 도시로 만들기 위한 운동이다. 죄가 없는 거룩한 땅으로 만들기 위한 운동이다. 하나님께서 기뻐하실 땅으로 만들기 위한 운동이다. 무관심한 현대인 사이에 사랑을 회복하기 위한 운동이다. 이 운동은 안동이 복음화되고 거룩한 도시가 되어 'Sin Free Zone'으로 선포되는 그날까지 계속될 것이다.

일 년 내내
기도 소리가 끊이지 않는 교회

안동교회는 기도하는 교회다. 일 년 내내 기도 소리가 끊이지 않는다. 예배당 1층에 있는 품음터 기도실은 누구나 언제든지 와서 기도할 수 있도록 24시간 열려 있다. 주로 연세 지긋한 권사나 여자 집사들이 오랫동안 기도하는 조용한 공간이다. 주일이면 기도 좀 하는 할머니들은 여기에 다 모인다. 기도실 바닥은 마루다. 도시 교회는 예배당을 포함해서 거의 모든 공간에 의자가 놓여 있다. 바닥에 무릎을 꿇고 앉을 수 있는 곳이 거의 없다. 물론 의자에 앉아서도 얼마든지 기도할 수 있지만 그래도 기도는 바닥에 엎드려 무릎을 꿇고 해야 비로소 기도하는 맛이 난다.

100주년기념관 지하에는 '징검다리'라는 이름의 중보기도실이 있다. 이곳은 4주 동안 중보기도학교에서 교육을 받은 징검다리 중보기도대원들이 시간을 정해 놓고 자신의 기도 시간에 맞춰 들어와 중보 기도를 드리다 가는 장소다. 징검다리 중보기도대는 조를 나눠 각 조의 조장과 총무가 교인들이 제출한 기도 카드를 취합해 각자 기도할 제목을 정해준다. 조와 별도로 소그룹도 만들어 특정 기도 제목을 놓고 집중적으로 기도하기도 한다. 매월 둘째 주 금요일 저녁에는 징검다리 중보기도대원들 전체가 모여 중보 기도의 밤을 갖는다.

오다가다 가끔씩 품음터 기도실과 징검다리 중보기도실에 들러 가만 문을 열어 보았다. 창문 쪽을 향해 두 팔을 올리고 기도하는 교인도 있었고, 기둥 뒤에서 머리를 땅에 묻고 흐느끼며 기도하는 교인도 있었으며, 미동도 하지 않고 앉아 침묵으로 기도하는 교인도 있었다. 이들의 한결같은 기도가 있었기에 오늘의 안동교회가 있게 된 것이리라.

안동 복음화를 위한 대각성운동을 시작한 이후 안동교회 교인들은 다음과 같은 기도 제목을 놓고 쉬지 않고 기도하고 있었다.

1. 주님께서 이 지역의 주인이 되소서.

2. 많은 사람들이 주님께 돌아오게 하소서.

3. 이곳의 주민들이 참평안과 복음의 능력을 알게 하소서.

4. 이 지역의 사람들이 그리스도의 복을 받고 복의 통로가 되게 하소서.

5. 이 지역이 찬양과 기도 소리가 끊이지 않는 거룩한 땅이 되게 하소서.

6. 부흥의 불길과 회복의 역사가 이 지역에 나타나게 하소서.

7. 이 지역의 악한 영들이 예수의 권세로 결박되게 하소서.

8. 이곳의 유흥업소들이 사라지게 하소서.

9. 이 지역의 그리스도인들이 범사에 잘되고 강건하여 좋은 소문이 나게 하소서.

10. 저희의 발걸음이 기도와 헌신, 능력의 발걸음이 되게 하소서.

대각성운동이 막 시작되었을 무렵 김승학 목사가 새벽에 땅을 밟으며 드렸던 기도의 간증은 온 교인들에게 잔잔한 감동을 불러일으켰다.

오늘도 새벽 기도회를 마치고 기도하며 땅을 밟기 위해 친교실을 나와 교회 주차장을 지나갑니다. 예수 마을로 만들기 위한 소원을 주님께 아뢰기 위해서입니다. 웬일인지 교육관에 쓰인 'SOLI DEO GLORIA!(오직 하나님께 영광을)'가 오늘 따라 눈에 확 들어왔습니다. 그 순간 저는 우리 교회에 주님의 영광이 가득하기를 기도하지 않을 수 없었습니다. 동서가구를 지나 화성동으로 오르면서 많은 기도 제목들이 머릿속에 떠오르기 시작합니다. 화성동 길을 오르며 교회를 왼쪽 편에 두고 아직 설계 중이지만 곧 완성될 100주년기념관을 믿음의 눈으로 바라보면서 앞으로 펼쳐 가실 하나님의 역사에 감사했습니다. 완만하게 경사진 길을 걸으며 교회 주변의 주민들을 위해 기도했습니다. 우리 교회 주변의 복음화율이 안동시에서, 아니 우리나라 시 중에서 가장 높은 날이 속히 임하기를, 그리고 교회 주변의 좁은 도

예전에 교육관에 있던 중보기도실에서 누군가 간절히 기도하고 있는 모습.
현재 100주년기념관 지하로 옮겨진 징검다리 중보기도실에서는 일 년 내내 기도 소리가
끊이지 않는다.

로에서 교통사고로 인명 피해가 발생하지 않도록 기도했습니다.

건물 2층에 자리 잡은 신장장애인협회 사무실과 시각장애인들을 위한 영혼의 안식처인 예수사랑교회를 위해 기도했습니다. 소외받고 고통당하는 모든 사람들이 오늘도 하나님의 사랑과 위로로 새로운 힘을 얻기를 기도했습니다. 화성동과 법상동에 거주하는 성도들의 집이 눈에 들어오기 시작합니다. 이들의 가정과 자녀들과 직장과 생업을 위해 기도했습니다. 그리고 우리 교회 온 성도들의 가정을 위해 기도했습니다. 오늘은 그 어떤 날보다 하나님의 풍성한 은혜에 더 큰 감사와 감격이 있기를…….

드디어 공중 권세 잡은 자인 어둠의 세력에 조종 받는 첫 번째 대상이 오른쪽에 나타났습니다. 오늘 따라 긴장이 됩니다. 그러나 평소보다 더욱 힘을 주어 기도했습니다. 무너지도록. 그리고 영혼이 주님께로 돌아오도록. 저는 다짐했습니다. 이들이 주님께 돌아오는 날까지 우리의 기도는 계속되어야 한다고. 벌써 금명로에 다다랐습니다. 여기저기서 빠른 속도로 차들이 질주합니다. 이른 아침이기에 자동차의 통행과 사람들의 왕래가 뜸해서 그런지 더 속력이 빠른 것 같습니다. 운전자의 안전 운행과 보행자들의 안전을 위해 기도했습니다.

등교하기에 이른 시각인데도 불구하고 뜨문뜨문 등교하는 학생들이 눈에 들어옵니다. 문제지를 읽으며 등교하는 고등학생도 있었습니다. 교회 뒤쪽에 있는 안동여고, 경안여중, 그리고 안동여중을 위해 기도했습니다. 선생님들과 학생들을 위해 기도했습니다. 특히 입시지옥에 시달리는 학생들의 영혼과 건강과 지혜와 미래를 위해 간절한 마음으로 기도했습니다.

한 권사님이 정성껏 가꾸는 텃밭이 눈에 들어왔습니다. 당연히 기도했습니다. 교회 집사님이 운영하는 미장원도 눈에 들어옵니다. 미장원뿐 아니라 생업 현장에서 땀을 흘릴 많은 성도들이 주님의 은혜 가운데 복되고 유쾌한 날이 되도록 기도했습니다. 또 다시 어둠의 세력들이 모여 있는 곳을 지나갑니다. 한 집이 아니라 무려 세 집이 거의 붙어 있습니다. 주님의 강력한 능력으로 우리가 놀랄 역사가 나타나도록 기도했습니다. 오른쪽으로 성소병원이 보입니다. 100년 가까이 의료 선교를 통해 큰 사역을 감당한 병원이 오늘도 하나님의 능력과 사랑으로 영과 육을 모두 치료하는 하나님의 병원이 될 수 있도록 기도했습니다.

교회 서쪽 쪽문으로 들어가는 골목을 바라보며 주의 몸 된 교회의 지평을 넓힐 수 있는 기회가 생긴다면 선용할 수 있도록 기도했습니다. 골목 끝에 있는 상원로목사님의 사택을 생각하며 서울의 한 병원에 입원하고 계신 상원로목사님과 사모님의 건강을 위한 기도가 저절로 나옵니다.

대로를 건너 신시장 쪽으로 들어섰습니다. 어느새 안동의 명물이 되어 버린 안동찜닭 골목이 있는 구시장 서문이 보입니다. 수년 전부터 안동의 실물 경기가 바닥을 걷고 있기에 늘 마음이 아팠습니다. 항상 기도를 드리지만 오늘은 더욱 간절한 마음으로 안동 경제 부흥과 활성화를 위해 기도했습니다. 상점마다 손님들이 넘쳐나길 기도했습니다. 상가 지역에 자리 잡고 있는 음주의 권세들, 골목골목을 어둡게 만드는 어둠의 세력들이 물러가고 이 땅이 거룩한 땅으로 하루 속히 변화되게 하소서. 지금보다 좀더 밝고 활기찬 소망의 땅으로 변화되게 하소서. 풍요로운 땅으로 변화시켜 주소서. 이른 아침임에도 이미 문을 연 상점들이 눈에 들어옵니다. 이른 아침부터 열심히 일하는 모든 분들에게 오늘도 흡족한 하나님의 은혜가 있기를 기도했습니다.

길을 건너 교회 정문에 도착했습니다. 교회 정문 맞은편에 있는 중앙신협과 수고하는 직원들을 위해 기도했습니다. 또한 안동시 기독교연합회가 이 땅을 하루속히 성시화하는 도구가 되도록 기도했습니다. 정문을 통해 교회 주차장으로 들어옵니다. 오늘도 교회의 머리되신 주 예수 그리스도께서 교회 대소 간의 일에 세밀한 부분까지 간섭하시길 기도했습니다. 교회에 속한 모든 성도들의 가정에 주님의 평강이 있기를 기도했습니다.

사택으로 올라가며 유난히 크게 들리는 여러 종류의 새 소리가 천사들의 찬송으로 들려옵니다. 오늘도 땅을 밟으며 기도한 제목들에 대한 천상의 응답으로 여겨졌습니다. 비록 땀이 등에 배었지만 이들의 찬양은 나의 영혼을 날아갈 듯 가볍고 시원하게 만들었습니다. 사택 뜰로 들어서며 우리 가정을 위해, 특히 현욱과 현석, 사랑하는 두 아들이 오늘도 주 안에서 성장하고 성숙해지는 하루가 되길 기도했습니다. 이 땅을 예수 마을로 만들기 위해 오늘도 저를 사용해 주신 뜨거운 감격이 어디에선가 제게 밀려오는 느낌이 들었습니다.

감사합니다. 하나님!

교회에서 정한 기도 제목과 김승학 목사가 땅을 밟으며 기도한 간증을 읽으면서 안동교회 사람들이 얼마나 안동을 사랑하고, 교회를 사랑하며, 사람들을 사랑하는지, 그리고 지역 복음화에 대한 뜨거운 열정을 가지고 있는지를 잘 알 수 있었다.

안동은 선교의 땀과 눈물이
뿌려진 고장이다

안동교회 정문을 나와 오른쪽 도로를 따라 직진하다가 안동 성소병원 지나 금곡 사거리에서 우회전하여 영주 방면으로 가다 보면 오른편에 예전에 안동서부교회가 사용하던 예배당이 나타 난다. 안동교회에서 분립한 안동서부교회 옛날 예배당은 크기만 조금 작을 뿐 겉모양은 안동교회와 아주 비슷한 석조 예배당이 다. 2006년 가을 안동서부교회가 옥명2길 46으로 새 예배당을 지어 이전한 후 지금 예배당은 다른 교회에서 사용하고 있다. 옛 날 안동서부교회 예배당 오른쪽 윗길을 따라 조금만 올라가면 경안고등학교가 보인다.

경안고등학교 정문 앞에서 왼쪽 숲 사이를 쳐다보면 오래된 비석과 무덤 세 개가 눈에 들어온다. 이 묘지는 20세기 초반 안

경안고등학교 정문 왼쪽에 있는 선교사와 자녀들 묘소. 오른쪽에 인노절 선교사,
가운데에 안대선 선교사의 딸 도로시, 왼쪽에 옥호열 선교사의 아들 윌리엄이 잠들어 있다.

동 지역에 복음을 전파하고 많은 인재를 길러낸 인노절 선교사
등이 묻혀 있는 곳이다.

　'여기 햇빛 따사로운 동산에 미국 북장로교 선교사 인노절과
안대선의 어린 딸, 그리고 옥호열의 어린 아들이 여기에 잠자고
있다. …… 우리는 이들의 숭고한 정신과 복음의 열정 그리고 희
생정신을 만대에 길이 기억하여야 할 것이다.'

　경안고등학교에서 세운 안내판에는 이런 글귀가 남겨져 있다.

안동교회 이야기

오른쪽이 인노절 선교사, 가운데가 안대선 선교사의 딸 도로시, 왼쪽이 옥호열 선교사의 아들 윌리엄William H. Voelkel의 묘소다. 옥호열(玉鎬烈, Harold R. Voelkel, 1898~1975) 선교사는 1929년부터 안동선교부에서 사역하던 중 1939년 태평양전쟁이 터지고 나서 일제에 의해 추방당했다. 해방 후 1946년 다시 돌아온 그는 폐쇄된 교회를 복구하는 일에 전념하다가 1948년 서울로 전근됐다. 이어 6·25전쟁이 일어나자 그는 미군 군목으로 자원해 홍남 철수 작전 때 북한 주민들을 구출하는 데 크게 기여했다. 1952년 거제도 포로수용소에서 석방된 반공 포로 200여 명을 신학교에 입학시켜 장학금을 주면서 목사로 배출해 '반공 포로의 아버지'로 불리기도 했다. 그의 아들 윌리엄은 그가 안동에서 일하던 1932년 3월에 태어나 이듬해 6월 이곳에 묻혔다. 태어난 지 얼마되지 않아 다시 흙으로 돌아간 것이다.

인노절 선교사의 비석에 새겨진 비문은 아직도 또렷했다.

He is not dead but sleepeth.

안동에 배위량 선교사가 처음으로 발을 들여놓은 이후 1899년 대구에 미국 북장로교 선교부가 설치되자 안동은 대구선교부에 소속된 선교지가 되었다. 이에 따라 1902년 3월 대구선교부 소속 안의와 선교사가 안동을 순행하며 본격적으로 복음을 전파

1909년 오월번 선교사(오른쪽 말 위)와 사우대 선교사(왼쪽 말 위)가 안동에 선교하러
다니는 장면. 왼쪽에 두루마기를 입은 사람이 훗날 안동교회 초대 목사가 된 김영옥 조사다.

하기에 이른다. 안의와 선교사가 시장에서 전도를 하며 복음을
전한 결과 국곡 사람 권수백과 풍산 사람 정봉모 등이 예수를 믿
음으로써 국곡과 풍산에 최초로 교회가 들어서게 되었다.

　대원군의 쇄국정책으로 나라 안팎의 사정에 무지했던 안동 사
람들은 선교사들을 통해 새로운 문물을 접하게 되면서 나라의
운명이 망망대해에서 태풍을 만난 돛단배 같은 신세라는 사실을
깨달았다. 이런 어수선한 민심 속에 기독교는 새로운 희망으로 떠
올랐다. 예안시장 공원으로 있던 김성복이 자기 마을인 방잠(지금

안동교회 이야기

목조 함석지붕 예배당을 배경으로 함께한 안동교회 지도자들. 앞줄 왼쪽부터 권찬영 선교사, 인노절 선교사, 김영옥 목사, 오월번 선교사가 자리했고, 뒷줄 오른쪽이 김병우 장로다.

의 와룡면 라소리)에서 집회를 개최했는데, 인근 안동, 영주, 봉화에서 까지 사람들이 모여들면서 신자들이 계속 늘어나게 되었다.

대구에서 안동까지의 거리는 120킬로미터로 걸어서 무려 사흘 길이나 되었다. 대구선교부에서 경북 북부 지역에 복음을 전하는 데는 한계가 있을 수밖에 없었다. 결국 미국 장로교 선교사 정기총회에서는 안동선교부를 신설하기로 결정한다. 그렇게 해서 1908년 사우대(史佑大, Chase C. Sawtell, 1881~1909) 목사가 안동 지역 주재 선교사로 부임하게 된다. 이어 1909년 원주 지역이 감리교 소속으로 분리되자 그 지역에 있던 오월번 선교사와 의사 별의추 등이 안동으로 옮겨오게 되었다. 이들은 구역을 나눠 시골에 있는 마을들을 하나씩 방문하면서 전도에 온 힘을 다 쏟아 부었다.

이즈음 안의와 목사에 의해 매서인 김병우가 대석동 초가에서 1909년 8월 8일 둘째 주일 처음 예배를 드림으로써 안동교회가 태동되었다. 안동교회 창립 예배에 모였던 사람들은 김병우, 강복영, 원화순, 원홍이, 권중락, 박끝인, 정선희, 김남홍 등 8명이었다. 남자가 4명, 여자가 4명으로 성비가 균형을 이룬 점도 특기할 만하다. 남존여비 사상이 어느 지역보다 강했던 안동에서 110년 전 남녀가 같은 비율로 외래 종교인 기독교를 받아들여 함께 예배를 드렸다는 건 예사롭지 않은 일임에 분명하다.

한편 1909년 전도여행을 떠났던 사우대 목사가 그만 장티푸스에 걸려 28세의 젊은 나이로 세상을 떠나게 되었다. 그는 한국과 한국인을 아무런 편견 없이 온전히 사랑한 믿음의 사람이었다. 안동 지역 최초의 선교사였던 그의 묘지는 현재 대구 계명대학교 동산의료원 은혜정원에 모셔져 있다.

사우대 목사와 함께 일했던 오월번 선교사 역시 이로부터 19년 뒤인 1928년 역시 장티푸스에 걸려 소천하게 됨으로써 주위 사람들을 안타깝게 만들었다. 장티푸스는 특별한 증세가 없는데도 고열이 4주간 정도 계속되고 전신이 쇠약해지는 질환으로 청장

안동교회 이야기

년 연령대의 사람들이 걸리기 쉬운 병이다. 당시만 해도 워낙 위생 관념이 약했고, 열악한 환경으로 인해 전염병이 많았기 때문에 머나먼 이국땅에서 선교사들이 많은 고통을 겪어야만 했다.

사우대 목사의 후임으로 권찬영 선교사가 임명되었다. 그는 1911년 사우대 목사 부인의 여동생과 결혼하여 1952년 은퇴할 때까지 40여 년 동안 안동에 머물며 선교활동을 벌여 사람들로부터 '미스터 안동'이라 불릴 정도로 많은 사랑과 존경을 받았다. 한국말을 유창하게 잘하고, 한문을 해석할 줄 알았으며, 우리 문화를 잘 이해하고 어울렸다고 한다. 안동교회 초창기에 초대 목사부터 5대 목사에 이르기까지 담임목사들과 협력하여 교회 체제를 정비하고 기틀을 다지는 데 많은 공헌을 했다. 그의 부인인 권애라 선교사는 피아노 특기자로 안동교회 성가대에서 반주자로 봉사했으며, 어린이들에게 노래를 가르치는 일에도 열심이었다고 한다.

인노절 선교사는 1914년 안동으로 와서 김영옥 목사와 함께 동사목사로 근무하며 금곡동에 남녀성경학교를 설립했다. 당시 성경학교는 5학년제의 단기 성경학교였는데, 한 학년이 2학기씩, 한 학기는 1개월씩 편성되어 농번기를 피해 남자는 12월과 1월에 여자는 2월과 3월에 각각 개강했다. 교육기관이 많지 않았던 그때 성경학교는 새로운 교육을 접할 수 있는 장으로서 많은 인재를 배출하는 역할을 했다. 이 성경학교는 1948년 경안고등성

경학교로, 훗날 다시 경안신학원으로 발전을 거듭해 오늘날 경안
신학대학원대학교의 모체가 되었다.

불행하게도 인노절 선교사는 1922년 11월 22일 이질(변에 고름
같은 게 섞여 나오며 뒤가 잦은 증상을 보이는 법정 전염병)로 인해 짧은 생애
를 마치게 되었다. 이후에도 그의 부인은 계속 안동에 남아 학생
들에게 성경을 가르치다가 1925년 귀국하여 1953년에 남편을
따라 하늘나라로 떠났다.

20세기 초 우리나라는 일본에 주권을 빼앗긴 채 나아갈 바를
알지 못하고 우왕좌왕하던 동양의 작은 나라에 불과했다. 서양
사람들에게 우리나라는 거의 알려진 게 없는 미지의 섬과 같았
다. 아무도 관심을 두지 않던 이 작고 초라한 땅에 가족들을 데리
고 혹은 가족들을 남겨두고 배를 타고 건너온 노랑머리의 사람
들, 그들이 초기 선교사들이었다.

그들은 오로지 이 땅과 이 땅의 사람들에게 예수 그리스도의
복음을 전하기 위해 자신의 인생을 바친 사람들이다. 학교를 세
우고, 병원을 짓고, 교회를 건설했다. 사람들에게 성경을 가르치
고, 책을 나눠주고, 새로운 문화를 전달했다. 나라를 잃고 갈 바를
알지 못하던 백성들에게 그것은 생명과도 같은 한 줄기 희망이었
다. 이 땅에 복음이 들어오고, 교회가 세워져 우리가 자유롭게 예
수를 믿을 수 있게 된 것은 그들의 땀과 눈물이 있었기 때문이다.

미국에 그냥 남아 있었더라면 호강하며 살았을 그들이 배를

타고 우리나라에 건너와 복음을 전하는 동안 그들을 기다리고 있던 건 훈장도 상급도 아닌 장티푸스나 이질 같은 치명적인 질병들이었다. 그들은 낯선 땅에서 부모형제의 얼굴도 보지 못한 채 이런 후진적 전염병에 걸려 죽어갔다. 변변한 치료나 수술조차 제대로 해보지 못한 채······.

안동은 이렇듯 선교사들의 땀과 눈물이 뿌려진 고장이다. 하지만 그들의 헌신은 결코 헛되지 않다. 복음의 꽃은 믿는 자들의 땀과 눈물을 통해 자라며, 숭고한 땀과 눈물 속에 자라난 복음의 꽃은 언젠가 풍성한 부흥의 열매를 맺게 되어 있다. 이것이 보혈의 능력이다. 안동이 반드시 복음화되고, 거룩한 예수 마을이 되어야만 하는 이유가 바로 여기에 있다. 그날이 올 때까지 이들은 죽은 게 아니다. 안동 땅에 잠시 잠들어 있을 뿐이다.

3·1운동 때 만세 부르다 순교한
열혈 청년 조춘백

경기도 용인시 처인구 양지면 추계리 금박산 자락에는 한국기독교순교자기념관이 자리하고 있다. 1984년 이 땅에 개신교 복음이 전파된 지 100년을 기념하기 위해 초교파적으로 만들어진 한국기독교100주년기념사업협의회에 의해 1989년 11월 18일 개관한 곳이다. 이곳에는 구한말과 일제강점기 그리고 6·25전쟁을 거치는 동안 목숨 바쳐 교회와 신앙을 사수한 순교자 550여 명의 명단과 존영 250여 개가 모셔져 있으며, 유족들로부터 기증받은 순교자들의 유품 등이 전시되어 있다. 지난 30여 년 동안 100만 명이 넘는 사람들이 이곳을 찾아 굳은 절개로 예수 그리스도가 걸어간 길을 따라간 선조들의 위대한 신앙을 기렸다.

한국기독교순교자기념관에 걸려 있는 순교자들의 존영 가운데 3·1운동과 직접 관련된 인물은 단 한 명뿐이다. 3·1운동에 참여했거나 그 일로 투옥되어 고초를 겪은 사람은 많지만 그로 인해 순교에까지 이르러 한국기독교순교자기념관에 존영이 걸려 있는 인물은 한 사람밖에 되지 않는다는 말이다. 그분이 바로 안동교회 조춘백 성도다. 3층 전시실에 있는 존영들은 순교한 시대순으로 배열되어 있기 때문에 조춘백 성도의 존영은 맨 앞에서 다섯 번째 위치에 걸려 있다. 존영은 초상화가 아니라 사진이다. 그의 아버지와 아들 사진을 합성해 만든 거라 좀 투박하다. 한국기독교순교자기념관에 있는 그에 대한 설명은 극히 간단하다.

조춘백은 1893년 9월 30일 경북 안동에서 출생했으며, 선교사들이 전한 복음을 받아 1909년 안동교회에 출석하며 교회를 섬기고 봉사하였다. 1910년 일제의 국권침탈에 저항하며 1919년 안동의 독립만세 운동에 가담하였다가 왜경에 체포되어 5년간 수차례 수감되어 심한 고문을 당하였다. 1924년 2월 23일 고문의 후유증으로 순교하였다.

이것이 전부다. 이밖에 어떤 기록이나 자료도 남아 있는 것이 없다. 더구나 그는 주기철 목사나 손양원 목사처럼 많은 사람들에게 알려져 있는 인물도 아니고 목사나 장로 등 교계 지도자도 아닌 갓 서른 살을 넘긴 평신도 청년이었기에 대부분 그에 대해 아는 사람이 없다. 그래서 그의 존영 아래 발길을 멈추고 관심을

한국기독교순교자기념관 3층 전시실에 걸려 있는 안동교회 조춘백 성도의 존영(상단 오른쪽).
다소 투박하지만 아버지와 아들 사진을 합성해 어렵사리 만든 유일한 존영이다.

기울이는 방문객은 거의 없는 실정이다.

2016년 6월 16일 정오, 안동교회 석조 예배당과 100주년기념
관 사이에 있는 잔디 마당에서는 안동교회 교인들과 지역 교계 지
도자들 그리고 조춘백 성도의 후손들이 모여 '순교자 조춘백 기
념비' 제막식을 거행했다. 하나님의 부르심을 받은 지 무려 92년
만에 모교회로부터 순교자로 인정받게 된 것이다. 이 일이 이렇
게 늦어진 데는 나름의 사연이 있다. 해방 이후 교단이 분열되면

안동교회 이야기

안동교회 석조 예배당과 100주년기념관 사이에
있는 잔디 마당에 세워진 '순교자 조춘백 기념비'
하나님의 부르심을 받은 지 92년 만에
모교회로부터 순교자로 인정받게 되었다.

서 조춘백 성도의 후손들이 다른 교단에 소속된 데다 조춘백 성
도가 워낙 오래전에 일찍 돌아가신 관계로 그에 관한 자료들이
미비했기에 벌어진 일이었다. 그나마 그에 관해 증언해 줄 수 있
는 몇 안 되는 생존자들마저도 세월이 흐르면서 지금은 다들 돌
아가신 상태다. 역사는 기록으로 말할 뿐이라는 걸 다시 한 번 절
실히 깨닫게 된다.

기념비 왼쪽에는 그가 안동교회에서 학습 받았던 날짜가 1920년 5월 9일이라는 사실이 적혀 있고, 오른쪽에는 그의 출생일과 순교일, 본관과 출신지 등이 새겨져 있으며, 뒤쪽에는 그의 일생과 순교 행적이 빼곡히 기록되어 있다. 오석 위에 쓰인 흰 글자들이 선명했다.

조춘백 성도에 관해 좀 더 자세히 알아보기 위해 그의 후손들을 만나 보기로 했다.

"할아버지께서 돌아가실 무렵, 그 전인지 후인지는 정확치 않지만 아무튼 3~4일 간격으로 아버지가 태어나셨다고 합니다. 아버지가 할아버지의 유일한 후손이었죠. 하지만 태어나자마자 할아버지가 순교하셨으니 아버지는 할아버지 얼굴도 보지 못한 채 증조할아버지 손에서 자라나셨어요. 그러니까 당연히 아버지는 할아버지에 대한 기억이 전혀 없으셨죠. 다만 증조할아버지께서 어렸을 때부터 아버지한테 할아버지 이야기를 들려주신 걸 가지고 할아버지가 순교하셨다는 걸 알게 된 거예요. 아마 할아버지 돌아가신 뒤로 할머니는 다른 데 재가하신 게 아닐까 싶어요. 아버지는 나중에 대구장로신학교를 2회로 졸업하고 목회를 하셨어요. 아버지는 4남 2녀를 두셨는데, 제가 넷째입니다. 큰형님 역시 경기도에서 목회를 합니다. 사실 저희들도 할아버지에 관해 아는 게 없기 때문에 다 같이 모여도 별로 나올 게 없어요. 그나마 아버지께서 살아 계실 때 이리저리 다니면서 할아버지에 관한 자료를 모아서 한국기독교순교자기념관에 사진이라도 걸어두게 된 겁니다. 그 사진은 증조할아버지 사진하고 아버지 사진을 합성한 거예요. 할아버지는 사진이 없었으니까요. 윗대와 아랫대를 합한 거니까 대략 비슷하겠죠. 독립운동가로 인정받기 위해 아버지께서 보훈처 등에도 열심히 다니신 것 같은데, 워낙 증거 자료가 없다 보니 안 된 것 같아요. 유일하게 할아버지가 일제에 검속당한 기록 하나가 발견되었다는 이야기를 들은 적 있어요. 안동교회 학습 교인 명단에서 할아버지 함자를 발견한 것도 불과 3년 전 일입니다. 아버지 돌아가시기 전에 할아버지에 관해 더 많이 들어뒀으면 좋았겠지만…… 안타깝게도 이 이상은 알 수가 없습니다.”

조춘백 성도의 손자인 조현선 목사는 내 궁금증을 속 시원히 풀어주지 못하는 데 대해 답답한 듯했지만 묻고 또 물어도 뾰족한 대답을 들을 수 없는 나 또한 자꾸만 조갈이 났다. 그는 안동시 와룡면 도곡길에 있는 도곡교회에서 2008년부터 아버지 조재묵 전도사의 뒤를 이어 심심산천 오지 마을의 목회 현장을 꿋꿋하게 지키고 있는 중이다.

로뎀나무 카페에서 안동교회 장영부 장로를 만났다. 그는 조춘백 성도의 외종질이다.

“외삼촌께서 학습만 받고 세례는 받지 못한 상태에서 돌아가셨어요.《안동독립운동사》에 보면 이 어른에 대한 기록이 간단하

조춘백 성도의 외종질인 안동교회 장영부 장로(왼쪽)와 손자인 도곡교회 조현선 목사(오른쪽).
조현선 목사는 아버지 조재묵 전도사의 뒤를 이어 오지 마을 목회 현장을 지키고 있다.

게 나옵니다. 그 외에는 다 들어서 아는 이야기죠. 이분이 1909년 안동교회가 시작될 때 예배에 참석하셨어요. 열여섯 살 때였죠. 교회를 다니면서 목사님 설교를 들으니 아버지 어머니도 교회에 모시고 나와 함께 천국에 가야 한다고 하니까 집에 가서 아버지 어머니도 교회에 가셔야 한다, 예수 믿어야 한다고 떼를 쓴 겁니다. 옛날 어른들이 교회가 뭔지 예수가 뭔지 어떻게 알겠어요? 당연히 못 간다 하셨겠죠. 그때부터 밥을 안 먹었다고 그래요. 아들

안동교회 이야기

이 굶어죽게 생겼으니 하는 수 없이 부모님이 외삼촌을 따라 교회에 나오시게 됐어요. 그렇게 해서 나중에 외할아버지 외할머니가 안동교회에서 세례까지 받았어요. 저는 어려서 잘 모르지만 형님들 말씀에 의하면 옛날 외가를 가면 외할아버지께서 밥 차려 놓고 식사 기도를 하는데, 어찌나 기도를 오래하는지 배가 고파 참느라 혼났다고 합니다. 3·1운동 당시 안동교회 어른들이 만세를 부른다니까 외삼촌이 맨 앞에 선 거예요. 피가 끓을 때라 젊은 혈기로 물불을 안 가린 거죠. 일제 순사들이 총칼 들이대면서 막는데도 찔러라 죽여라, 아무튼 대단했던 모양이에요. 그러다 체포되었는데, 왜놈들이 칼로 찌르고 몽둥이로 때리고 심하게 구타와 고문을 가했어요. 만신창이가 되어 집에 돌아오셔서 한동안 앓다가 세상을 떠나시고 말았죠. 우리가 20~30년 전에만 이런 데 신경을 썼더라도 외삼촌에 대한 자료를 더 모을 수 있었을 텐데, 그때는 통 관심이 없었으니……."

조춘백은 안동면 이천리 138번지에서 아버지 조성흡과 어머니 권봉이의 셋째아들로 태어났다. 열 살 전후로 누나와 함께 40여 리 떨어진 와룡면 라소리에 있는 방잠교회를 다녔다. 어떤 연유로 교회를 다니게 된 것인지는 알려지지 않았다. 그러다가 1909년 안동에 법상교회(현 안동교회)가 세워지자 이 교회에 출석해 학습을 받는다. 그의 전도로 온 가족이 예수를 믿게 되었다. 조춘백 성도의 여동생인 조차금 권사는 생전에 이런 증언을 남긴 바 있다.

"오빠는 마치 미친 사람처럼 전도하고 다녔어요. 심지어 일본 사람에게도 전도를 하다가 발길에 차이곤 했죠. 한두 번이 아니었다니까요."

듬직한 체구의 청년 조춘백은 강한 자에게 담대하고 약한 자에게 너그러운 기질을 갖고 있었으며, 한학을 공부하면서 국운이 기울어져 가는 것에 안타까운 마음을 품고 있던 차에 1919년 3월 1일 시작된 독립만세운동의 영향을 받아 안동교회에서 김병우 장로, 김익현 장로, 이인홍 장로 등이 안동 장날인 3월 18일에 만세 시위를 벌일 것을 계획하자 이에 적극 동참하게 되었다. 이때 그는 자신이 상속받은 대지 204평의 매매대금을 권점필에게 건네주며 3·1운동 거사 자금으로 충당해 달라고 부탁했다고 한다. 그는 사리사욕보다 나라와 민족을 위한 일에 더 적극적인 인물이었다. 마침내 3월 18일 안동 장날 삼산동에 모인 300여 명은 대한독립만세를 외치며 태극기를 흔들면서 시위에 나섰다. 5일 뒤인 3월 23일 밤에는 시위 군중이 3,000여 명 이상으로 늘어났다. 이들은 횃불을 밝히며 대한독립만세를 외쳤다.

이때 여러 사람들이 왜경들의 총칼에 희생되었으며, 조춘백 성도는 목성동 서문다리에서 심하게 구타를 당한 끝에 체포되었다. 이후 안동경찰서를 거쳐 안동지청에 6개월이나 미결수 신분으로 수감되어 있는 동안 형언할 수 없이 잔혹한 고문을 당하게 된다. 이윽고 사경에 이른 그는 간신히 풀려나 집에서 치료를 이어갔으나 회복되기는 어려웠다. 그럼에도 불구하고 그는 전국 각지를 돌아다니며 후진들에게 자주독립정신을 고취하다가 고문 후유증인 장독이 재발함으로써 끝내 대한독립의 꿈을 이루지 못한 채 하나님의 부르심을 받았다.

조춘백 성도의 외아들인 조재묵은 1957년 대구장로신학교를 졸업하고 경북 선산의 장천리교회, 성주의 중리교회, 안동의 원천교회, 영주의 갈분교회, 경기도 파주의 백성리교회, 안동의 도곡교회 등에서 목회하다가 2007년 4월 24일 하나님의 품에 안겼다.

2019년은 3·1운동이 일어난 지 100주년이 되는 해다. 일제에 의해 불법적으로 중단되었던 대한제국의 법통은 3·1운동에 힘입어 그해 4월 11일 중국 상해에 건립된 대한민국임시정부로 이어졌으며, 해방 이후 1948년 8월 15일 되찾은 조국 땅에서 비로소 대한민국으로 정식 수립되었다. 한국 현대사에서 3·1운동의 중요성은 아무리 강조해도 지나치지 않다. 3·1운동은 온 백성들이 스스로 들고 일어나 평화적 방법으로 자주와 독립을 외친 최초의 민족적 의거였다. 500년 전 독일 땅에서 마르틴 루터가 외쳤던 "질문하라! 저항하라! 소통하라!"는 프로테스탄티즘의 근본정신이 100년 전 민족의 고난 앞에서 기꺼이 십자가를 지고자 했던 신앙의 조상들에 의해 한반도에서 찬연하게 구현되었던 것이 바로 3·1운동이다.

그럼에도 불구하고 한국 교회는 3·1운동의 정신과 신앙을 연구하고 계승하는 일에 너무도 소홀했다. 한국기독교순교자기념관에 전시된 존영 중에 3·1운동과 직접 관련된 순교자가 오직 조춘백 성도뿐이라는 사실이 이를 여실히 증명한다. 3·1운동 때 조국을 위해 기꺼이 목숨을 바친 사람을 정부에서는 순국자로 예우하듯 교회에서도 이들의 죽음을 신학적, 역사적 맥락에서 철저히 검증하여 순교자로 예우해야 마땅할 것이다. 이중 상당수는 예수를 믿었기 때문에, 예수 그리스도의 심장으로, 조국의 독립을 위해 죽음을 불사한 사람들이다. 이들에게 예수를 믿는 것과 나라를 사랑하는 것은 구분될 수 없는 동일한 가치였던 까닭이다.

안동교회에서는 역사위원회를 중심으로 소속 교단은 물론 한국 교회 전체가 조춘백 성도와 역시 3·1운동 당시 예비검속으로 고문을 당한 끝에 순직한 이중희 장로 등을 순교자로 추서하기 위해 자료를 모으고 고증을 거치는 등 다방면으로 노력하고 있는 중이다.

안동교회 이야기

안동 독립운동의
한 축을 담당하다

매화 향기 홀로 아득하던, 2018년 3월 마지막 토요일에 이육사문학관을 찾았다. 안동 시내에서 동북쪽 외곽으로 차를 타고 한 시간가량 가다 보면 도산서원과 퇴계종택을 지나 도산면 백운로 525 지점에 아담하면서 세련된 모습의 이육사문학관이 나타난다. 시인의 탄생 100주년이 되던 2004년에 완공된 곳이다. 길 아래쪽에는 널찍한 주차장이 마련되어 있고, 길을 건너면 단아한 돌담 안쪽으로 양식 건물인 전시관과 생활관이 들어서 있으며, 왼쪽 산자락 아래에는 한옥 생가가 복원되어 있다. 방문객이 처음 맞닥뜨리는 것은 돌담 아래 조각된 그의 동상이다. 가지런히 빗어 넘긴 머리에 동그란 안경을 낀 채 넥타이를 맨 정장 차림으로 앉아 책을 읽는 그의 눈길은 길 건너 자신이 태어난 고향 마을에 고정되어 있다. 동상 뒤편 커다란 바위에는 만주를 배경으로 썼던 그의 시 '절정絶頂' 전문이 새겨져 있다.

매운 계절의 채쭉에 갈겨
마츰내 북방으로 휩쓸려오다

하늘도 그만 지쳐 끝난 고원高原
서리 빨 칼날 진 그 우에서다

어데다 무릎을 꿇어야 하나?
한발 재겨 디딜 곳조차 없다

이러매 눈 감아 생각해 볼밖에
겨울은 강철로 된 무지갠가 보다

그는 1904년 4월 4일 안동군 도산면 원천리 881번지에서 퇴계 이황의 13대손인 이가호 선생의 6형제 중 차남으로 태어났다. 친가와 외가 모두 일제에 항거한 엄숙하고 애국적인 가풍 속에 성장한 그는 할아버지에게 한학을 배우다가 1920년 보문의숙에 입학하고, 이어 대구 교남학교에서 수학하며 신학문을 접했다. 민족의 운명 앞에 정면으로 마주한 그는 1925년 독립운동 단체인 의열단에 가입한 것을 시작으로 일본과 중국에서 치열한 항일투쟁을 벌여 나간다. 1926년 북경사관학교에 입학한 그는 이듬해 가을 잠시 귀국했으나 장진홍의 조선은행 대구지점 폭파사건에 연좌되어 3년형을 받고 투옥되었다. 이때 그의 수인囚人 번호가 264번이어서 호를 육사陸史로 택했다고 전한다. 그의 본명은 이원록李源綠이다.

1929년 출옥한 그는 중국으로 건너가 더욱 맹렬히 독립투쟁을 전개했다. 이후 1933년 9월 귀국해 언론기관에 종사하며 육사라는 이름으로 시를 발표하면서 한시와 시조, 논문, 평론, 번역, 시나리오 등 다방면에 걸쳐 재능을 나타냈다. 하지만 그는 시보다는 조국 광복을 위한 투쟁을 지향했다. 그는 짧은 생애를 통해 열일곱 번이나 투옥되는 고초를 겪었다. 1941년 폐병 때문에 잠시 요양하다가 1943년 6월 다시 피검되어 차디찬 북경의 감방에 수감 중이던 그는 1944년 1월 16일 오전 5시, 끝내 광복을 보지 못한 채 옥사하고 말았다.

막내 동생 원창이 부고를 접하고 북경으로 달려갔지만 그의 유해는 북경주재 일본 영사관에 의해 한줌의 재로 변해 있었다. 원창은 미아리 공동묘지에 형의 유해를 안장했으나 1960년 봄 지금의 이육사문학관 뒤편 고향 마을이 내려다보이는 산자락으로 이장되었다.

일제강점기를 다룬 영화나 드라마 등을 보면 시나 소설을 쓰는 문인들은 대개 유약한 지식인의 전형으로 그려진다. 암울한 조국의 현실에 괴로워하면서도 이에 저항하기보다는 술이나 마약에 의지해 삶을 탕진하거나 친일파로 변절해 구차한 목숨을 연명하면서 끝내 자기변명으로 일관하는 그런 인물이 대부분이다. 실제로도 그랬다. 많은 문인들이 친일 행적을 일삼으며 그렇지 않아도 고단한 삶을 이어가던 백성들을 모욕과 도탄의 길로 인도했다.

하지만 삶과 문학이 일맥상통하며 초지일관했던 문인이 있었으니 그가 바로 이육사 시인이다. 그의 시는 많은 사람들에게 애송되지만 그는 시인이기에 앞서 독립투사였으며, 민족의 고난을 기꺼이 짊어진 행동하는 지식인이었다. 그의 문학은 삶 그 자체였지 혀나 펜으로 완성되는 게 아니었다. 갈수록 그가 더욱 커 보이는 건 이런 연유에서다.

이육사 시인은 유일한 혈육으로 딸 하나를 남겼다. 이육사문학관에 가면 만날 수 있는 그녀는 안동교회 이옥비 집사다. 1941년에 태어난 이옥비 집사는 너무 어렸을 때라 아버지에 대한 기억이 거의 없다. 시인은 눈에 넣어도 아프지 않을 딸의 이름을 '옥비'라고 지었다.

"제가 백일 되던 날 아버지께서 직접 지어 주신 이름이라고 그래요. '비옥할 옥沃' 자에 '아닐 비非' 자에요. 이렇게 참혹한 시대에 태어났는데 어찌 비옥하게 살기를 바라겠느냐, 소박하게 살면

시인의 탄생 100주년이 되던 2004년에 완공된 이육사문학관.
입구 돌담 아래 조각된 그의 동상 뒤편에는 만주를 배경으로 썼던 시 '절정(絶頂)' 전문이
커다란 바위에 새겨져 있다.

이육사 시인의 유일한 혈육인 안동교회 이옥비 집사. '소박하게 살면서 욕심 부리지 말라'는
뜻으로 아버지가 백일 때 지어 준 이름이다. 이육사문학관에 가면 그녀를 만날 수 있다.

서 욕심 부리지 말라는 뜻을 담았다는 게 아버지 말씀이셨다고 하더군요."

과연 육사다웠다. 자식 이름에도 입신양명이나 부귀영화가 아닌 항일투쟁의 의미를 담았으니 말이다. 복원된 한옥 생가에서 이옥비 집사가 끓여준 목련차를 마셨다. 봄처럼 은은했다. 생가 이름은 육우당六友堂이다. 우애가 남달랐던 육사의 여섯 형제를 기리는 뜻이다.

"아버지께서 기독교 신앙을 갖고 계셨는지 그렇지 않은지는 알 수 없어요. 일본과 중국을 오가며 독립운동하시는 동안 필요에 의해 외국인 선교사들을 만났을 수는 있겠죠. 어렸을 때 아버지 유품 중에 중국어로 된 성경책과 찬송가가 있었어요. 언젠가 없어져 지금은 갖고 있지 않아요. 아마 외국인 선교사로부터 선물 받았던 게 아닐까 생각해요. 이원영 목사님이 팔촌이어서 한 마을에 사셨죠. 퇴계 14대손으로 같은 항렬이니까 만나셨을 거예요. 그분이 한참 형님뻘이시죠. '광야'라는 시는 천지창조와 약간 연관이 있을 수도 있다고 봅니다."

1886년 안동군 도산면 원촌리에서 출생한 이원영 목사 역시 퇴계의 14대손이었으므로 종교 여부를 떠나 두 사람 사이에 교분이 있었으리라 짐작된다. 이원영 목사 또한 육사의 할아버지가 세웠던 신식학교 보문의숙寶文義塾에서 1909년부터 2년 동안 공부한 적이 있었다. 이원영 목사도 일제강점기 때 독립운동과 신사참배 반대로 다섯 차례나 검거되어 옥살이를 했으니 가문이나 기질 등으로 보아 두 사람은 서로 의기투합했을 가능성이 많다.

"저는 서울 종로구 명륜동에서 태어나 대구에서 학교를 다녔어요. 제가 고2 때 아버지 유해를 미아리에서 고향으로 옮겨왔죠. 아버지 영향 때문인지 대학에서 국문학을 전공했지만 일본어도 배웠어요. 어머니는 절에 다니셨으니까 저를 교회에 못 나가게 하셨고, 시어머니는 가톨릭 신자라 성당에 다니셨습니다. 1984년에 어머니 돌아가신 뒤부터 교회를 나가게 되었어요. 돌아가시기 전에 저보고 교회 다니라고 하시더라고요. 그때쯤 둘째 아들이 많이 아파서 남편 허락받고 같이 교회에 나가기 시작했죠. 1999년 남편이 갑작스레 세상을 떠난 뒤 일본에 가서 몇 년 살았어요. 2006년 다시 귀국했는데, 안동 시장님이 이육사문학관이 개관했으니 여기 내려와 있어 달라고 계속 전화를 하셔서 2007년에 결국 내려오게 됐어요. 처음에는 통역 일을 하다가 지금은 상임이사로 자리를 지키고 있죠. 손님들이 끊임없이 오시니까 제가 여기를 비울 수가 없거든요. 그래서 주일 아침 7시 30분에 예배를 드리는 안동교회에 다니게 된 거예요. 안동교회가 어떤 교회인지도 모르고 간 건데, 정말 제대로 찾아간 거죠. 하나님께서 인도해 주신 거라고 생각해요. 제가 스물여덟 살 때부터 꽃꽂이를 했기 때문에 안동교회 평생교육센터에서 매주 월요일 꽃꽂이를 가르칩니다. 문학관이 월요일에 휴관하니까 그날만 시간이 돼요. 예배당 꽃꽂이 장식은 한 달에 한 번 정도 합니다."

퇴계 14대손인 이육사 시인과 이원영 목사의 만남, 그리고 많은 시간이 흐른 뒤 시인의 무남독녀인 이옥비 집사와 안동교회의 만남 모두 결코 우연만이 아니라는 생각이 들었다.

경상북도독립운동기념관 관장을 겸하고 있는 안동대 사학과 김희곤 교수는 자신의 저서인《안동 사람들의 항일투쟁》에서 안동 독립운동사의 성격과 위상을 여덟 가지로 요약했다. 안동은 한국 독립운동의 발상지이며, 전국에서 가장 많은 독립유공자를 배출했고, 전국에서 가장 많은 자정自靖 순국자를 배출했을 뿐 아니라 51년에 걸친 한국 독립운동사의 거의 모든 영역을 빈틈없이 메우고 있는 곳이며, 한국 독립운동사에서 분야별로 대표적 인물을 들면 안동 사람들이 대부분 영역에서 확인된다는 것이다. 그리고 지역과 시기를 가리지 않고 각종 항일투쟁에 적극적으로 참여했음은 물론, 독특하게도 퇴계 학맥이라는 씨줄과 통혼을 통한 혼반이라는 날줄로 촘촘히 얽힌 그물과 같은 연결망을 갖고 있었으며, 안동 사람들이 펼친 독립운동은 지식인이자 지배층이 역사적 책무를 지고 나간 전형적인 모범, 즉 노블레스 오블리주(noblesse oblige, 사회 고위층 인사에게 요구되는 높은 수준의 도덕적 의무)를 실천에 옮긴 대표적인 경우라고 했다. 이육사 시인과 이원영 목사를 보더라도 그의 분석은 정확하게 들어맞는다. 정부로부터 인정받은 독립운동가의 수는 대개 시·군 단위로 30여 명 수준인데 비해 안동은 2007년 현재 310명의 독립유공자를 배출했다. 확인되지 않은 미포상 독립운동가가 700여 명에 달하므로 이를 합치면 무려 1,000명이 넘는다.

"안동은 유림들이 항일투쟁에 앞장선 고장입니다. 이곳에 독립운동기념관이 들어선 것도 이 마을의 현장성 때문이에요. 임하면 천전리 바로 뒤에 가산서당可山書堂이 있었고, 1907년에는 협동학교協東學校가 만들어집니다. 경북 북부 지역 최초의 근대식 중등교육기관이었죠. 거기 몸담았던 교사나 학생들이 독립운동에 앞장섰습니다. 백하 김대락을 비롯해 '만주벌 호랑이'로 불린 김동삼, 김대락의 아들로 해방 직후 김구와 김일성이 만난 남북연석회의 임시의장을 맡았던 김형식도 이 마을 출신 독립운동가입니다. 이 마을에서 만주로 망명해 독립투쟁에 나선 이들이 150여 명에 이릅니다. 이분들이 만주 항일투쟁사에 지대한 영향을 끼쳤죠. 안동교회를 비롯한 기독교인들이 3·1운동 당시 18일과 23일에 있었던 만세시위 때 큰 역할을 하셨습니다. 그 내용이 안동을 다룬 전시실 한 부분에 꾸며져 있습니다."

경상북도독립운동기념관 학예연구부장으로 일하고 있는 안동교회 강윤정 집사는 이미 발굴된 역사 자료 외에 알려지지 않은 독립운동가들의 사료를 발굴하는 일에 매진하고 있다.

김희곤 교수는 저서를 통해 안동 지역 3·1운동의 성격을 다음과 같이 정리했다.

안동교회 이야기

시위 주도세력에는 이들 유림뿐 아니라, 기독교도들의 적극적인 참여 사실도 눈여겨볼 만하다. 안동에 1908년 선교부가 설치되고 1909년 8월에 안동교회가 창립되었으니, 3·1운동 당시에는 선교 10년을 기록하던 시기였다. 안동 지역의 만세시위 14회 가운데 6회는 기독교도들이 주도세력으로 활약한 것으로 보인다. 예안 시위에 기독교도가 선두에서 만세를 불렀다는 사실이나, 안동면 시위에서도 김영옥을 비롯한 안동교회 지도자들이 앞장섰다는 사실, 또 임동 시위에서도 한 무리의 기독교도의 참여, 그리고 길안 시위의 주도인물에도 오대교회 교인들의 참가와, 풍산면 시위 주도세력도 30여명의 기독교도들이었다는 사실에서 확인할 수 있다. 3·1운동 때 관서 지방과 서울에서 기독교인이 주동으로 참여한 것은 익히 알고 있으나, 위정척사적 저항정신이 드높았던 안동에서도 시위 계획 단계부터 기독교도들이 참여하였음은 이채롭다 볼 수 있겠다. 하지만 이는 유학의 권능이 한풀 꺾인 과도기에 기독교가 점차 터를 잡아가기 시작한 당연한 결과였다.

안동의 3·1운동에서 주도적 역할을 한 것은 기독교인들이었고, 특히 안동읍내 유일한 교회였던 안동교회 교인들이 선도적 역할을 감당했다. 동경 유학생으로 2·8독립선언에 참여했던 강대극이 안동군청 서기 김원진, 안동교회 김영옥 목사, 이중희 장로와 접촉했고, 세브란스연합의학전문학교 재학생이었던 아들 김재명으로부터 서울의 소식을 전해 들은 김병우 장로를 비롯한 교회 지도자 및 청년들이 안동교회에서 비밀리에 거사를 모의

좌. 세브란스연합의학전문학교 학생이던 아들 김재명으로부터 서울 소식을 전해듣고
안동교회에서 거사를 모의한 후 만세운동을 전개함으로써 2년형을 선고받은 김병우 장로.
우. 장날인 3월 18일 정오 안동교회 교인 30여 명과 함께 삼산동 곡물전 앞에서 태극기를
흔들며 '대한독립만세'를 외친 김익현 조사. 일경에 체포되어 1년 동안 수형 생활을 했다.

했으며, 교회 여성 지도자인 김정숙, 김병규, 이권애 등은 계명학
교 여학생 30여 명을 동원해 독립선언서를 인쇄하고, 국기를 제
작하여 3월 18일 안동장날에 결연히 봉기하여 독립만세를 부르
니 장꾼들도 합세해 대규모 만세시위로 확산된 것이다. 이 일로
경찰에 체포된 안동교회 교인들은 김병우 2년, 김익현과 김명인
1년, 김재성, 김계한, 이인홍, 황인규, 권점필은 6개월씩 각각 복역
했다. 그런데 거사 전에 검속된 김영옥 목사와 이중희 장로, 그리

안동교회 이야기

고 안동지청에 미결수로 6개월 동안 수감되어 고문을 당했던 조춘백 성도는 재판 기록 등이 발견되지 않았다.

이들뿐 아니라 안동교회 3대 담임이었던 정재순 목사도 대구에서 만세운동을 벌이다 체포되어 2년형을 선고받았고, 4대 담임을 역임한 박상동 목사 역시 대구 계성학교 재학 시절 3·1운동에 참여해 6개월 동안 옥고를 치렀다. 이후 박상동 목사는 1928년 조선예수교연합회로부터 일본 전도목사로 파송되어 오사카 지방에서 포교활동과 인권운동을 하던 중 조선의 독립운동을 자행했다는 죄목으로 4년형을 선고받고 수형생활을 하다 광복을 맞이했다. 아울러 5대 담임인 임학수 목사는 임시정부 초대 국무령을 지낸 이상용 선생의 동생 이상동 장로를 통해 비밀리에 상해 임시정부로 독립운동 자금을 보낸 것으로 알려지고 있다. 안동교회 지도자들 대부분이 민족의 고난에 동참하며 독립운동에 적극 개입했던 것이다.

저전리 삼베 밭에 불어 닥친
성령의 바람

안동은 삼베로 유명하다. 안동 삼베로 만든 안동포는 임금님께 바치던 진상품이었다. 그 명성은 지금도 여전해서 안동포는 안동 지역 특산물 1호이면서 고유한 무형문화재로 지정되어 있다. 옛날만큼은 아니지만 일반인들의 수요도 만만치 않다. 윤달이 있는 해는 안동포로 수의를 하려는 사람들의 주문이 예년보다 훨씬 많다고 한다.

안동은 예로부터 기후가 좋아 대마가 잘 자랐다. 안동포는 대마의 속껍질에 천연 염료인 치자 열매로 염색해서 만들기 때문에 발이 곱고 색깔이 좋으며 촉감이 부드럽다. 품질을 유지하기 위해 온갖 정성을 다 들이는 까닭에 아직도 모든 과정이 손으로 이루어진다.

2006년 당시 서후면 저전리에는 안동포를 짜는 공장들이 많이 들어서 있었다. '저전苧田'이란 '모시밭'을 뜻한다. 모든 게 손으로 이루어지는 작업의 특성상 안동포 공장에는 많은 인력이 필요했다. 하지만 한국인들의 인건비는 너무 비싸기 때문에 쓸 수가 없어 중국인 노동자들이 이를 대신하고 있었다.

그즈음 저전리 삼베 공장에 돈을 벌기 위해 찾아온 중국인 노동자들에게 매주일 복음을 전하는 사람들이 있었다. 안동교회 사람들이었다.

어느 주일 오후 12시 30분 쯤 예배를 드린 몇몇 교인들이 예배당 앞마당으로 모여들었다. 서둘러 차에 탄 이들 중 한 자매가 휴대전화기를 통해 중국어로 뭐라고 한참을 이야기했다. 차는 조금 가다가 멈춰 섰다. 그러더니 다른 자매가 부리나케 차에서 내렸다. 좀 전에 전화한 것은 삼베 공장에 우리가 출발하니 준비하라고 알려둔 것이라고 했다.

내렸던 자매가 까만 비닐 봉투 하나를 들고 재빨리 타자 차는 다시 출발했다. 김밥이었다. 차를 타고 가면서 시간을 절약하기 위해 차 안에서 김밥으로 점심식사를 하는 중이었다. 김밥은 그렇다 치고 차가 흔들려 국물은 마시기 몹시 어려웠다.

중국어로 유창하게 통화하던 자매는 한국대학생선교회CCC 오은주 간사였다. 대학생 때 중국으로 2년 동안 선교여행을 다녀오면서 중국어를 익혔다고 했다. 중국어 실력이 대단했다. 김밥

저전리 삼베 공장 안에 생겨난 작은 교회. 어깨가 맞닿을 정도로 비좁은 공간이지만
찬양하고 말씀을 배우면서 이들은 안동 땅에서 생애 처음으로 예수를 만나게 되었다

을 실어 나르던 자매는 김화을 집사였다. 성소병원 간호사로 일하다가 외국에 나가 선교 활동을 벌였던 이런 방면 사역의 전문가였다. 이 모임의 팀장 역할을 하고 있었다.

"언제부터 이 일을 하시게 된 건가요?"

"2005년 11월 20일 주일 아침에 은퇴한 여자 교역자들이 모여 생활하는 경안성노원 김복순 전도사님으로부터 급한 전화가 걸려 왔어요. 저전리에 중국인 노동자들이 와서 일하고 있으니 빨리 와서 전도하라는 거였죠. 경안성노원이 저전리에 있기 때문에 마을 소식을 듣고 바로 알려준 거예요. 그래서 그날부터 시작한 게 지금까지 오게 된 겁니다."

"모두 몇 명 정도 되나요?"

"지금 중국 한족 11명이 와 있습니다. 지난번에도 11명이 왔었는데, 모두 하나님을 영접하고 안동교회에 와서 세례를 받은 후 돌아갔어요. 중국에 돌아가서도 신앙생활 잘하고 있답니다. 가서도 저희들하고 자주 연락을 하거든요."

김밥을 먹으며 대화를 나누는 사이 자동차는 저전리에 들어서서 조그만 다리 하나를 건너고 있었다. 왼쪽에 함석 슬레이트 지붕에 컨테이너 박스로 만들어진 나지막한 집 한 채가 보였다. 겉보기에는 보통 집 같았는데, 안동포 만드는 공장이라고 했다.

대문으로 들어서자 공장 안에서 중국인 자매들이 하나둘 모습을 드러냈다. 환하게 웃고 있었지만 막 잠에서 깬 얼굴들이었다. 모처럼 쉬는 날 편안한 낮잠을 깨운 것이었다. 건물 안으로 들어서자 안동포를 짜는 베틀 기계와 삼베가 **빽빽하게** 놓여 있었다. 그 옛날 우리네 어머니들이 길쌈하시던 모습이 떠올랐다. 서둘러 이불을 개던 자매들이 겸연쩍게 웃었다.

공장 앞마당에 돗자리를 깔고 둥글게 둘러앉았다. 김화을 집사가 기타를 치며 찬양을 인도했다. 다들 박수를 치면서 노래를 불렀다.

예수 사랑하심은 거룩하신 말일세. 우리들은 약하나 예수 권세 많도다.
날 사랑하심 날 사랑하심 날 사랑하심 성경에 써 있네.

물론 이 찬양을 우리말로 부른 게 아니라 전부 중국말로 불렀다. 중국인 자매들은 중국어로 번역된 찬양과 성경, 주기도문, 사도신경, 십계명 등이 들어 있는 유인물 하나씩을 가지고 있었다. 이것도 사전에 다 만들어 나눠준 것이었다. 내가 알아들을 수 있는 말은 "아멘"과 "예수"뿐이었다.

중국어로 사도신경을 암송한 뒤 한 중국인 자매가 기도를 했다. 나중에 들으니 가장 신앙이 좋은 자매라고 했다. 중국어로 성경을 읽은 다음 이희학 장로가 설교를 하고, 오은주 자매가 통역을 했다. 열심히 듣는 자매도 있었고, 딴 짓을 하는 자매도 있었다.

설교가 끝나고 기도를 하자고 하니까 다들 무릎을 꿇고 두 손을 모아 땅에 댄 채 엎드렸다. 기도하는 모습이 순수하고 경건했다.

오은주 자매가 준비한 그림 도구들을 이용해서 열심히 성경을 가르쳤다. 중국말로 하니 무슨 말인지 알아들을 수는 없었지만 모두 호기심을 가지고 귀를 기울였다.

성경 공부하는 동안 중국인 자매들이 가지고 있던 유인물을 펼쳐 보니 기도하는 요령, 여러 가지 기도문, 중국과 부모형제를 위한 기도 등이 상세히 중국어로 적혀 있었다.

예배와 성경 공부가 끝나자 서로 안부를 묻고 인사를 나누었다. 그 사이에 지금까지 별로 말이 없던 한국대학생선교회 안동지구 책임간사인 조은국 집사가 공장 안 숙소 벽면을 향해 가지고 온 영사기를 설치했다. 다들 안으로 들어와 좁은 공간을 꽉 매우고 옹기종기 포개 앉자 영화가 시작되었다. 〈십자가〉라는 영화였다. 중국 선교의 역사와 복음 전파의 과정이 생생하게 담긴 다큐멘터리였다. 이어 〈피의 씨앗〉이라는 영화가 상영되었다. 중국 지하 교회 교인들이 만들었다는 기록 영화였다.

영화를 보는 표정과 반응들이 너무나 진지했다. 죽음의 위험을 무릅쓰고, 차디찬 감방에 수십 년 동안 갇혀 가며, 온갖 박해와 고난 속에서도 끝까지 예수 그리스도를 믿고 있는 중국 지하 교회 교인들의 감동적인 간증을 영상으로 보면서 중국인 자매들은 하나둘 울먹이기 시작했다. 이런 영화를 처음 보는 나도 대단히 충격적이었다.

이 자매들은 다음 주에 중국으로 돌아간다고 했다. 그래서 평소에는 다과의 시간을 갖곤 했는데, 오늘은 시간이 없어 영화를 보고 나서 바로 결단의 시간을 갖고 마친다고 했다. 중국으로 돌아가기 전에 빨리 그들의 마음속에 신앙을 불어 넣으려는 마음에서였다.

김화을 집사와 스태프는 영화를 보여 주기 전 많은 고민을 했다고 한다. 이제 막 기독교를 알게 된 사람들에게 이런 영화를 보여 줌으로써 자칫하면 '아, 예수를 믿는 게 저렇게 어려운 일이구나. 이런 고통을 당해야만 예수를 믿을 수 있구나' 하는 생각을 가지면 어쩌나 하는 염려 때문이었다. 하지만 영화를 본 중국인 자매들의 반응은 정반대였다.

"이렇게 고귀한 삶이 있는 줄 예전엔 미처 몰랐습니다. 너무 감동적입니다."

"지금까지 나만 위해 살았는데, 저도 정말 저렇게 가치 있는 삶을 살고 싶습니다."

중국인 자매들의 이런 반응을 보며 스태프는 '역시 이 일은 우리가 하는 게 아니라 하나님께서 하시는 일이구나' 하는 것을 다시 한 번 깨달았다고 한다.

저전리 삼베 공장의 현장 상황은 매주일 변한다고 했다. 사람이 오가는 건 물론이고, 숙소가 이리저리 바뀌기도 하고, 작업 공간을 늘리기도 하고, 마당이 없어지기도 해서 매번 그때마다 상황에 맞게 대처해 예배를 드리고 모임을 갖는다는 것이다. 그래서 이들은 매 주일마다 늘 새로운 선교 현장을 찾아 출발하는 기분이라고 했다.

"이 자매들이 대개 3개월에서 6개월 정도 비자를 받아 오신 분들이에요. 거의 다 결혼을 해서 중국에 남편과 아이들이 있죠. 이야기를 해보면 참 순수하고 때가 묻지 않았어요. 이들이 중국에 가서도 신앙생활 잘할 수 있도록 갈 때 중국어로 된 성경책과 노트, 볼펜을 선물합니다. 노트에 틈나는 대로 성경을 쓰라는 숙제를 내주지요. 중간에 성경을 열심히 쓰고 있는지 중국에 있는 삼베 공장 사장님과 통화를 하거나 편지를 보내 확인을 합니다. 잘한 자매에게는 여기서 선물을 사서 상으로 보냅니다."

돌아오는 차 안에서 김화을 집사는 이렇게 이야기했다. 사후 관리까지 철저하게 하고 있었던 것이다. 이 모든 과정은 다 교인들의 자발적인 참여로 진행되고 있었으며, 비용 또한 자비를 통해 충당되고 있었다. 소리 없이, 알아서, 조용히. 이것이 안동교회 교인들의 봉사 원칙이었다.

이 일에 참여하고 있는 교인들은 중국어를 좀 더 잘하기 위해 다들 중국어학원을 다닌다고 한다. 웬만한 중국어는 자유롭게 말하고 듣는 정도라니 정말 대단했다.

다음 주일 오후 찬양예배 시간. 중국으로 돌아가는 자매들을 위한 환송예배가 열렸다. 11명의 자매들이 안동교회 사람들과 함께 차를 타고 와 나란히 자리에 앉았다. 자동차를 처음 타보는 자매도 있어서 멀미를 할 것 같은 자매들은 승용차를 타고 왔고, 괜찮을 것 같은 자매들은 미니버스를 타고 왔다고 했다. 미리 알고 여러 대의 자동차를 보낸 것이다.

예배 중간에 이들이 나가 특별찬양을 했다. 열심히 준비했다고 하는데, 많은 사람들 앞에서 노래를 하려니 쑥스러웠는지 목소리가 작았다. 하지만 박수 소리는 뜨거웠다.

11명의 자매들에게 중국어 성경책 한 권씩이 주어졌다. 김승학 목사가 한 명 한 명에게 선물을 건네며 눈을 맞췄다. 열정적인 축복 기도가 이어졌다.

"주여, 순교의 피가 뿌려진 안동 땅에 저들을 보내 주셔서 감사합니다. 100년 전 이 땅에 복음을 전하기 위해 선교사들이 배를 타고 건너왔기 때문에 오늘날 우리들이 예수를 믿고 구원을 받게 된 것처럼, 이제 우리가 이 땅을 찾아온 저들에게 복음을 전함으로써 저들이 돌아가 저들의 가정과 직장과 지역을 복음으로 변화시키게 하옵소서. 우리가 배를 타고 중국으로 가지는 못하더라도 제 발로 찾아온 저들에게 복음을 전하고 전도하여 변화시키는 일에 더 많은 열심을 내게 해주시옵소서. 성령의 거룩한 불길이 안동 땅을 변화시키고 나아가 중국 대륙까지 변화시킬 수 있도록 더욱 거센 바람으로 불어오게 하옵소서!"

저전리 삼베 밭에 불어 닥친 잔잔한 성령의 바람은 결코 작은 바람이 아니었다. 안동을 통해서 이웃과 조국과 세계를 품고 변화시키고자 하는 거대한 바람이었다.

이후 권사로 피선된 김화을 집사가 뜻하지 않게 일찍 하나님의 부르심을 받게 되었다. 게다가 저전리로 일하러 오는 중국인 노동자들이 급감하면서 중국인을 상대로 한 선교는 중단되고 말았다. 하지만 어디에 있는 누구든 복음을 필요로 하는 곳에 찾아가 영혼 구원의 사명을 감당하고자 하는 안동교회 교인들의 열정은 결코 식지 않았다. 저전리에서 소리 없이 타오르던 성령의 바람은 세계 곳곳으로 퍼져 나가며 50가정 100명의 주 파송 선교사 비전으로 더욱 활활 타오르고 있는 중이다.

SOLI
DEO
GLORIA!

예전에 안동교회에는 아름답고 고풍스런 예배당 외에도 안동 사람들에게 잘 알려진 또 하나의 특별한 건물이 있었다. 석조 예배당 옆에 우뚝 서 있던 교육관 건물이다. 건물 자체는 그냥 평범한 사각형 빌딩이었지만 그 건물이 특별했던 이유는 교육관 꼭대기 바깥쪽 벽면에 커다랗게 음각으로 새겨진 검정색 글씨 때문이었다.

SOLI DEO GLORIA

아무리 눈이 침침한 어르신들도 다 읽을 수 있을 만큼 큰 글씨로 쓰인 이 말은 '오직 하나님께 영광을'이란 뜻이다.

안동교회 이야기

이 세상의 모든 권세와 영광은 다 하나님의 주권 아래 있으며, 하나님의 주권을 인정하고 세상에 참여하여 이 세상을 변화시키는 것이 크리스천의 올바른 신앙관이며 책임이라고 하는 칼뱅의 신학 사상이 담긴 고백이다. 이와 동시에 이 고백은 지난 100년 동안 안동교회를 지켜 온 믿음의 선배들이 간직했던 신앙 고백이면서 앞으로 100년 동안 안동교회가 바라보고 지향해야 할 신앙의 좌표이기도 했다.

교육관이 지어진 것은 1971년이었다. 1968년부터 교회 창립 60주년 기념사업으로 교육관 건축을 논의하기 시작해서 설계를 하고, 예산을 세우고, 헌금을 모아 한 층 한 층 건물을 올려 만2년 만에 2층 건물로 완공했다. 이후 1983년과 1986년에 두 차례에 걸쳐 새로 공사를 진행해서 3층 건물로 증축한 것이다.

지금으로부터 약 50여 년 전 전통과 예절을 목숨처럼 여기는 이 보수적인 도시 한복판에 우리말도 아닌 외국말로 이런 글씨를 온 안동 사람들이 다 볼 수 있게 건물 외벽에 써 붙였다는 것은 결코 예삿일이 아니었다. 안동교회 목회자들이나 어른들이 얼마나 배짱이 두둑했고, 신앙관이 바위처럼 견고했는지를 잘 보여주는 증거라고 할 수 있다.

1980년에는 안동교회를 상징하는 마크를 만들었다. 전 교인들에게 공모를 했지만 뚜렷한 결론을 내릴 수 없어 교역자들이 새로 디자인한 마크를 사용하기로 했다. 동그란 바깥의 원은 하

예전 교육관 건물 꼭대기에 커다랗게 쓰여 있던 'SOLI DEO GLORIA'. 안동 지역에
울려 퍼지던 이 외침처럼 안동교회는 '오직 하나님께 영광을' 드리기 위해 세워진 교회다.

나님이 창조하신 우주를 상징하며, 안쪽의 타원형은 우리가 살고 있는 지구를 의미한다. 원 안의 건물은 안동교회 예배당이고, '선교, 교육, 봉사'라고 적힌 글씨는 교회의 목적과 사명을 나타낸다. 숫자 '1909'는 교회 설립년도이며, 건물 안의 새 모양은 성령께서 내재해 계시는 교회를 표현한 것이다.

당회에서는 이 마크 아랫줄에 '오직 하나님께 영광을'이라는 글귀를 집어넣었다. 이 표어는 안동교회 모든 교인들의 신앙 고백이면서 크리스천으로서의 생활 목표였기 때문이다. 지금도 안동교회 교인들 집을 방문해 보면 대문에 전부 이 마크가 붙어 있다. 이 세상의 주인은 내가 아니라 하나님이며, 이 세상은 내 멋대로 사는 게 아니라 오직 하나님의 영광을 위해 사는 것이라고 하는 이 위대한 신앙 고백. 안동교회 사람들은 매일 집을 드나들고, 교회를 오가면서 이 고백을 마음속에 되새기고 있다.

음악의 아버지라고 불리는 기독교 음악의 거장 바흐는 자신이 작곡한 모든 작품의 맨 앞이나 끝 부분에 반드시 'Soli Deo Gloria'라는 말을 써 넣었다고 한다. 자신의 재능을 하나님의 은혜로 여기고, 자신의 작품을 통해 받게 될 모든 찬사와 영광을 자신이 아닌 하나님께 돌리고자 한 그의 고귀한 신앙심을 엿볼 수 있는 대목이다.

2009년 안동교회가 창립 100주년을 맞으며 교육관을 철거하고 100주년기념관을 건축한 이후 안동교회를 상징하는 글귀인

'SOLI DEO GLORIA'는 100주년기념관 정면에 더 커다랗게 새겨졌다. 게다가 예전 교육관 건물은 예배당을 바라보고 약간 비스듬히 자리하고 있었는데, 새로 지은 100주년기념관은 안동 시내를 바라보며 똑바로 자리해 있어 글자가 더 선명하게 잘 보인다. 세월이 흐르며 환경은 변했지만 안동교회가 지향하는 신앙 고백과 좌표는 여전히 지속되고 있음을 웅변해주는 장면이다.

이 위대한 고백과 선언이 새겨진 100주년기념관 아래서는 오늘도 수많은 시민들이 분주히 오가고, 사람을 만나기 위해 교회를 드나들며, 중고등부 학생들은 농구대에서 웃옷을 벗어던지고 공을 쫓아 땀을 흘린다.

"우리 교회는 지난 역사와 전통에 대한 자부심과 함께 이런 좋은 경험과 토양을 바탕으로 이제 미래를 향해 힘차게 나가야 합니다. 저는 그 다리 역할을 하는 사람입니다. 앞의 100년과 뒤의 100년을 연결하는 작업, 이게 제 역할입니다. 교인들도 이런 사고를 가져야 합니다. 앞으로 100년은 이 지역 사회 전체를 예수 마을로 만들어가는 역사입니다. 이런 사명을 감당하는 데 게을러서는 안 됩니다. 우리가 게을러지면 안동 전체 교회가 게을러집니다.

SOLI DEO GLORIA! 오직 하나님께 영광을! 이게 안동교회의 책임감이며 비전입니다. 미래는 언제든 열려 있지만 준비하는 자에게만 그 역할이 맡겨지는 겁니다. 우리는 우리의 미래를 준비해야 합니다. 그 누구의 영광도 아닌 오직 하나님의 영광을 위해 안동을 예수 마을로 만들어 가는 이 사명에 우리 모두가 순교의 피를 흘릴 각오를 해야만 합니다."

김승학 목사는 늘 웃는다. 누굴 만나든 항상 웃으면서 먼저 인사한다. 목소리도 조용하고 부드럽다. 참 온화한 목회자다. 그러나 영적 전쟁, 성령의 역사, 예수 마을 이야기만 나오면 목소리가 커지고, 말 속에서 쇳소리가 들리며, 눈에서는 빛이 난다.

오늘도 김승학 목사의 확신에 찬 목소리를 들으며 나는 안동교회의 미래가 어렴풋이 머릿속에 그려졌다. 마치 이다니엘 군의 그림처럼…….

미래의 어느 주일 아침, 안동 사람들이 모두 가게 문을 닫고, 하던 일을 멈추고, 서로 손을 잡고 교회로 향한다. 안동교회 앞마당은 커다란 광장으로 변해 있다. 도로에는 차들도 다니지 않는다. 모든 사람들이 광장에 둘러앉아 예배를 드린다. 교회 주변에는 점집도 당집도 전부 없어졌고, 굿판이나 탈춤도 보이지 않는다. 하늘을 향해 두 손을 높이 치켜든 사람들의 기쁨에 가득 찬 찬양만이 오랫동안 울려 퍼질 뿐이다.

"SOLI DEO GLORIA! SOLI DEO GLORIA!"

110년의 전통을 넘어
다시
청년이 된 교회

안동교회 예배당 1층 기도실 바깥벽에는 '복음으로 지구촌을 정복하는 그리스도의 증인들'이라고 쓰인 대형 세계지도가 붙어 있다. 이 지도의 중심은 대한민국이고, 대한민국의 중심은 안동이며, 안동의 중심은 안동교회. 미국에서 평양으로, 그리고 평양에서 안동으로 옮겨진 복음의 불길은 이제 안동에서 다시 세계를 향해 활활 타오르는 중이다. 이 희망의 중심은 청년들이다. 여름철 땡볕 아래 김수만 장로의 선교 유적지를 따라 도보 행진을 하고 있는 이 젊은이들의 힘차고 환한 표정 속에서 우리는 안동교회의 다가올 100년을 읽는다.

기독교 청년운동이
맨 처음 시작된 곳

2014년 5월 20일 안동교회에서는 또 한 번의 기념비 제막식이 있었다. 대한예수교장로회 총회에서 안동교회가 기독청년면려회 발상지임을 공인하면서 한국기독교사적 제17호로 지정한 것을 기념하는 비석 제막식이 열린 것이다. 기념 동판이 새겨진 비석은 석조 예배당과 100주년기념관 사이에 있는 잔디 위에 세워졌다. 오른쪽에는 한국기독교사적 제12호 김수만 장로 복음전도 기념지 비석이 이미 세워져 있었다. 나란히 자리한 두 기념비를 바라보는 안동교회 사람들의 눈시울이 붉어졌다. 복음을 들고 세상으로 나가 전도하는 교회와 봉사하는 교회를 상징하는 이 장면은 안동교회가 얼마나 젊고 역동적인 교회인지를 잘 보여 준다.

3·1운동이 일제의 폭압으로 무자비하게 진압되면서 청년들은 힘을 기르고 이를 한데 모아야 한다고 자각하기에 이르렀다. 서울 등지에서 활발하게 움직이고 있는 YMCA 같은 조직이 필요하다는 사실을 깨달은 것이다. 이에 1920년 4월 8일 안동교회에서 안동기독청년회 발기회가 모이게 되었고, 그해 9월 28일 안동기독청년회 창립총회가 안동교회에서 열렸다. 당시 안동선교부에 주재하던 안대선 선교사는 청년운동을 이끌 새로운 동력으로 기독청년면려회를 떠올렸고, 이에 관한 책자를 홍콩에서 입수해 안동기독청년회에 도입하게 되었다. 기독청년면려회는 미국 포틀랜드 시 윌리스톤 회중교회 목사인 클락 박사가 1881년 2월 2일 창설한 초교파적 청년회로 장로교 내의 대표적인 기독청년회로 발전하고 있었다.

안대선 선교사의 노력으로 1921년 1월 하순 안동교회의 뜻있는 청년 몇 사람이 모여 면려회 발기회를 가진 뒤 1월 23일 안동교회 기독청년면려회 창립총회를 개최해 임원과 위원을 선정했으며, 2월 5일 안동교회 당회에 면려청년회 조직 허락을 청원하여 당회가 이를 허락하게 된다. 이것이 한국 기독청년면려회의 시작이었다. 안동교회 청년들은 '그리스도와 교회를 위하여'라는 면려운동의 지표에 깊이 공감하여 적극적으로 이 운동에 참여하게 되었고, 초대 회장에 권중윤을 만장일치로 선출했다. 이후 안대선 선교사와 권중윤은 면려회 조직을 확산시키기 위해

일제에 의해 해체됐다가 해방 후 재건된 대한예수교장로회 기독청년 전국연합은 1954년 4월 22일 한국 청년면려운동의 산실인 안동교회에서 제5차 전국대회 겸 총회를 개최했다.

경북 지역 각 교회를 순방하면서 조직 구축을 권장했다. 그 결과 4개월여 만에 10여 개 교회에서 면려회 조직이 갖춰지게 되었다.

이에 힘입은 경북노회에서는 1921년 6월 15일 제10회 경북노회 때 교회마다 면려청년회를 조직하도록 결의함으로써 큰 힘을 실어 주었다. 그 뒤 안동을 중심으로 한 경북 지역 면려청년회에 대한 소문이 전국으로 확산되면서 1921년 9월 10일 평양 장대현 교회에서 개최된 제10회 조선예수교장로회 총회가 전남노회의

2014년 5월 20일 대한예수교장로회 총회에서는
안동교회가 기독청년면려회 발상지임을 공인하면서
한국기독교사적 제17호로 지정해 이를 기념하는
동판이 새겨진 비석을 세웠다.

헌의를 받아 전국 교회 안에 있는 청년 조직을 면려청년회로 통
일시키기로 결정한다. 안대선 선교사와 권중윤은 이에 크게 고무
되어 서울, 전주, 광주, 김천 등을 순회하며 강습회를 열면서 독려
함으로써 면려청년회가 전국적으로 급속히 확산되는 결과를 낳
았다. 이윽고 1924년 12월 2일부터 5일까지 서울 정동 피어선성
경학원에서 기독청년면려회 조선연합회 창립총회 및 제1회 전선

안동교회 이야기

양화진외국인선교사묘원 F묘역에 조성된 안대선 선교사 부인 안의리 선교사의 묘소.
1917년부터 1922년까지 안동에서 헌신한 그녀는 '절대 화내지 않는 부인'으로 알려졌었다.

대회全鮮大會가 개최되어 회장에 박현식, 부회장에 김창덕, 총무
에 안대선, 부총무에 권중윤이 선출되었다.

그러나 누구보다 열심히 이 일에 앞장섰던 권중윤은 지방 순회
를 다니며 쌓인 과로로 병을 얻어 끝내 회복되지 못하고 1927년
1월 30일 28세의 나이로 하나님의 부르심을 받기에 이른다. 동지
를 잃은 슬픔에도 불구하고 면려회 운동에 박차를 가하던 안대
선 선교사는 1936년 독일 베를린에서 개최된 기독청년면려회 세

계대회에 한국 대표로 참가하기도 했다.

이후 기독청년면려회는 발전을 거듭해 1934년 전국에서 1,067개 교회가 면려회를 조직하게 되었고, 26개 지방연합회가 완비되었다. 3·1운동이 가시적 성과 없이 실패로 끝났다는 실의와 좌절 속에 빠져 있던 청년들은 비로소 전국 조직을 갖추고 기지개를 켜기 시작한 기독청년면려회를 통해 새로운 희망을 발견하면서 힘을 모아 사회로 나아갔다. 하지만 청년들의 이와 같은 운동이 일제로부터 경계의 대상이 되지 않을 수 없었다. 결국 날로 조직이 확대되던 기독청년면려회는 1938년 9월 19일 일제에 의해 강제로 해체되는 비운을 겪고 말았다. 그러나 해방을 맞아 다시금 청년운동의 필요성이 대두됨으로써 1949년 10월 새문안 교회에서 대한예수교장로회 기독청년 전국연합 총회가 열리게 되었고, 1954년 4월 22일 제5차 전국대회 겸 총회가 한국 청년면려운동의 산실인 경북 안동교회에서 개최되었다.

그 뒤로 1958년 5월 29일에는 서울 영락교회에서 제9차 전국대회 겸 총회가 개최되었으며, 기독청년면려회를 발전적으로 분할해 고등 C.E, 청년 C.E, 장년 C.E로 나눠지게 되었다. 이어 장년 C.E는 평신도회를 거쳐 남전도회에서 남선교회로 명칭이 바뀌었고, 청년 C.E는 대한예수교장로회 청년연합회로, 고등 C.E는 고등부로 변화하면서 오늘에 이르게 되었다. 이렇게 세월이 흐르는 사이 다양한 모습으로 발전한 기독청년면려회는 한국 교

안동교회 이야기

회 평신도운동에 지대한 공헌을 해왔다. 한국 장로교회 역사 가운데 왕성한 평신도 사역은 오늘의 한국 교회를 있게 했고, 그 기초가 바로 기독청년면려회임은 누구도 부인할 수 없는 사실이다.

이처럼 안동교회는 일제강점기, 해방 정국, 6·25전쟁, 군사독재 시절 등을 거치는 동안 각 시대마다 늘 젊은이들이 모여드는 청년운동의 구심점 역할을 해왔다. 지도자와 평신도, 기성세대와 젊은 세대가 끝없이 소통하면서 민족과 시대의 과제를 해결하기 위해 머리를 맞댔기 때문이다. 110년의 역사를 가지고 있는 전통 있는 교회라고 해서 지나간 과거만을 붙들고 있는 교회가 아니다. 여전히 안동교회는 젊고 패기 넘치는 활력 있는 교회를 지향한다.

몇 년 전 안동교회에서는 주일 예배에 참석하는 교인들을 대상으로 연령별 분포를 조사한 적이 있다. 아무런 예고 없이 진행된 이날의 조사 결과를 놓고 교인들은 깜짝 놀라지 않을 수 없었다. 당연히 나이 많은 사람들이 대세를 이루고 있을 거라는 예상과 달리 젊은 세대 교인들의 수가 압도적으로 많았기 때문이다. 안동교회 교인들의 연령대별 분포는 20대가 5퍼센트, 30대가 19퍼센트, 40대가 25퍼센트, 50대가 21퍼센트, 60대가 10퍼센트, 70대가 14퍼센트, 80대가 5퍼센트, 90대가 1퍼센트였다. 50대 이하가 70퍼센트, 60대 이상이 30퍼센트였던 것이다. 안동교회가 시내 중심부에 있는 교회라 해도 안동 자체가 지방 중소

도시임을 감안하면 이런 교인들의 연령 분포는 상당히 이례적인 경우라고 하지 않을 수 없다.

그런데 여기에는 10대가 빠져 있었다. 장년 예배에 참석한 교인들만을 대상으로 했기 때문이다. 어린아이들부터 유치원, 초등학생, 중고등학생을 다 합치면 50대 이하 교인들과 60대 이상 교인들의 비율은 8대 2 수준을 넘어설 것이다. 이는 안동교회가 결코 정체된 교회, 기성세대 중심의 교회가 아니라 움직이는 교회, 다음 세대 중심의 교회임을 나타내 주는 하나의 지표라고 할 수 있다. 기독청년면려회의 정신과 기운이 아직도 살아 있는 것이다.

주중에 쉴 새 없이 진행되는 교회 각종 프로그램과 봉사 활동에도 청년들과 젊은 집사들의 활약은 단연 눈에 띈다. 안동성좌원에서 사무국장으로 일하면서 안동평생교육센터 실장으로 봉사하고 있는 김광수 집사는 직장과 교회 일로 밤낮이 따로 없는 사람 중 하나다.

"어느 날 전화 한 통을 받았어요. 실력 있는 바리스타신데, 안동평생교육센터에 관한 소문을 들었다면서 제게 강좌를 개설해 주실 수 있냐고 물으시더라고요. 감사한 일이었지만 저희 운영 방침이 있기 때문에 강사료도 드리지 못하는 상황 등을 상세히 말씀드렸습니다. 그랬더니 잘 알고 있다면서 그런 건 상관없으니 강의만 하게 해달라고 하시더군요. 그래서 커피학개론 강좌가 개설되었습니다. 그분에게 한 학기 강의를 듣고 나서 바리스타 자격증을 딴 사람이 다섯 명이나 됩니다. 이렇게 자원하는 분들이 나타나니까 운영이 되는 겁니다. 우리는 그저 기도하면서 주어진 역할에 충실할 뿐이죠. 강사들이나 봉사자들 가운데 직장생활로 바쁜 데도 불구하고 시간을 쪼개서 정말 열정적으로 일하시는 젊은 교인들이 많아요. 하늘씨앗어린이도서관, 경로대학, 안동평생교육센터, 무지개 어학강좌, 안동노인종합복지센터 등을 통해 주 중에도 교회 안에서 뭔가가 계속해서 움직여지고 꿈틀거리는 광경을 보고 있으면 우리 교회가 진짜 젊은 교회, 살아 있는 교회구나, 하는 생각을 갖게 됩니다."

2018년 봄 학기가 시작된 어느 주말 오후, 100주년기념관을 찾았다. 3층 푸른초장예배실에서는 여름성경학교 때 발표할 율동 연습이 한창이었다. 지도교사는 권향숙 집사였다.

"여름성경학교 율동 연습을 왜 벌써 하십니까?"

"우리 교단에서 이번 여름성경학교 때 전국 교회 어린이들에게 새로 가르쳐줄 찬양과 율동을 영상으로 촬영하는 중이에요. 창작곡 13곡 중에 7곡을 우리 꿈나무교회 어린이들이 맡아서 하게 되었어요. 전국 대회 우승을 3년씩이나 했기 때문에 뽑힌 거예요. 벌써 4년째죠. 여름성경학교가 시작되면 전국 교회 어린이들이 이 영상을 보면서 새로운 찬양과 율동을 배우게 돼요. 교회에서 많은 지원을 해주고 있고, 아이들도 참 즐거워해요. 찬양과 율동이 미리 알려지면 안 되기 때문에 엄청난 보안을 유지하고 있어요. 새 나가면 큰일 나요."

서울의 내로라하는 교회를 제치고 전국 대회에서 3년이나 연속해서 우승한 팀이라 생각하고 다시 보니 역시 아이들의 동작이 유연하고 리듬을 타는 감각이 남달라 보였다.

바로 옆에 있는 현악부 연습실인 비파실에서도 나지막이 아름다운 음악 소리가 들려왔다. 살며시 문을 열어 보니 둥글게 의자를 놓고 앉아 플루트 연습이 한창이었다. 안동평생교육센터 플루트 반 수업 중이었다. 강사인 장애영 집사는 한 사람 한 사람에게 다가가 소리를 들어 보고 친절하게 연주법을 가르쳐 주고 있었다. 한쪽은 배운 지 조금 지난 중급 수준인 듯했고, 다른 한쪽은 이제 막 배우려는 초급 수준의 수강생들인 듯했다. 보면대에 놓인 19세기 체코슬로바키아의 작곡가 아달베르 기로베츠의 '독일 춤곡' 악보가 눈에 들어왔다.

"저는 고향이 포항인데, 결혼하면서 안동교회에 나오게 되었어요. 남편이 안동 사람이거든요. 대학 다니다 만났어요. 안동대학 음악과에서 저는 플루트를 전공하고, 남편은 성악을 전공했죠. 제 남편이 2부 예배 호산나찬양대 지휘자 조재일 집사예요. 플루트 반은 2016년부터 시작했어요. 그전부터 목사님께서 해보라고 하셨지만 시간 없다는 핑계로 미루어 왔죠. 그러다 더 이상 안 되겠다는 생각이 들더라고요. 이게 내가 주님께 받은 달란트

주말 오후 안동평생교육센터 플루트 반 수업이 진행 중이다. 강사인 장애영 집사는 주님께
받은 달란트로 하나님의 지경을 확장시켜야 한다는 생각에서 봉사하게 되었다고 했다.

인데, 나만을 위해 사용해서 되겠나, 다른 사람들을 위해 베풀어야 한다는 깨달음이 왔어요. 그래서 시작했죠. 원래는 무조건 선착순으로 접수하지만 저는 교회 사무실에 이야기해서 되도록 교인이 아닌 비신자 위주로 수강생을 선발했어요. 평소 전도를 잘 못하니 이 일을 통해 하나님의 지경을 확장시켜야 한다고 생각했죠. 플루트를 가르치면서 자연스럽게 교회에 익숙해지고 신앙이 스며들도록 하고 있어요. 2016년에 오신 분 중에서 작년에 우리 교회 등록한 분이 계세요. 너무 감사하죠. 봉사를 할수록 은혜가 넘치고 하길 잘했다는 생각이 들어요."

장애영 집사의 대답이 플루트 소리처럼 거침없고 청아했다.

"그럼 앞으로도 계속하실 건가요?"

"물론이죠. 악기 연주가 단시간 내에 성과를 내기 어렵기 때문에 저는 특별한 사정이 없는 한 2년 동안 4학기에 거쳐 계속해서 가르치려고 해요. 그러고 나서 결원이 생기면 또 보충하고요. 졸업하신 분들 중에 의지가 있는 분들을 모아 꾸준히 연습해서 어느 정도 수준이 되면 함께 병원이나 요양 시설 등을 찾아가 재능 기부로 연주를 할 계획도 가지고 있어요. 배우고 끝나는 게 아니라 삶 속에서 봉사로 연결되도록 말이죠. 우리 교회는 봉사하고 교육하는 시스템이 참 잘 되어 있어요. 봉사하려는 마음, 배우려는 자세만 되어 있으면 봉사할 곳과 배울 것이 너무 많은 교회죠. 제 둘째아이가 초등학교 5학년인데, 친구 엄마들이 안동교회

안동교회 이야기

가 너무 좋다며 자기 아이들을 데리고 온대요. 꿈나무교회에 보내거나 하늘씨앗어린이도서관학교에 가서 책을 읽도록 하는 거죠. 이렇게 젊은 엄마들이 아이들 때문에 교회 왔다가 자연스럽게 분위기에 친숙해지면서 본인들도 교회에 나오게 되는 경우가 많아요."

　나름대로 안동교회에 대해 꽤 많이 알고 있다고 생각했는데, 올 때마다 새로운 이야깃거리가 있고, 감동받을 장면이 눈에 띄는 것은 그만큼 안동교회가 변화무쌍하기 때문이라는 생각이 들었다. 나이는 숫자에 불과하다는 말은 사람에게만 해당되는 게 아닌 것 같았다.

교회학교는
학교가 아니라 교회다

주일 아침 안동교회 100주년기념관 풍경은 재미있다. 생동감이 넘치면서도 다들 바쁘게 움직인다. 하지만 얼굴엔 언제나 웃음이 가득하다. 제일 먼저 도착하는 사람들은 교사들이다. 토요일 밤중까지 애써 만든 주보를 가지고 예배실 입구에서 아이들을 맞는다. 초등학교 아이들이 모인 꿈나무교회 주보는 어린이들 손 안에 쏙 들어갈 정도로 앙증맞다.

바쁜 걸음으로 아이를 안고 들어오는 아빠 엄마들은 새싹교회가 있는 지하 1층으로 향하는 중이다. 새싹교회는 갓난아기부터 24개월까지 어린이들이 소속된 영아부와 25개월부터 다섯살까지 어린이들이 모인 유아부, 그리고 6~7세 어린이들이 속한 유치부로 나뉜다. 주로 3부와 4부 예배를 드리는 젊은 부부들을

안동교회 이야기

위해 탁아소 역할을 하는 곳이다.

영아예배실인 새순터는 그야말로 놀이터다. 어린이들을 위한 화장실과 수유실이 따로 있고, 각종 놀이 시설과 주방 시설, 장난감들이 골고루 갖춰져 있다. 그 안에서 교사나 부모가 함께 예배를 드릴 수 있도록 커다란 텔레비전이 벽에 걸려 있고, 이를 통해 매 예배 실황이 중계된다. 이곳에서는 아이 부모가 아닌 사람의 출입이 철저히 통제된다. 혹시나 부모와 아이가 바뀔지도 모르는 사고를 예방하기 위한 것이다. 교사들은 아이를 맡거나 돌려줄 때 부모와 아이의 얼굴을 정확하게 확인하고 번호표와 이름표를 대조하는 절차를 거친다. 그래서 부모들은 안심하고 아이를 맡긴 채 편안한 마음으로 예배를 드릴 수 있다.

부모들이 언제라도 자유롭게 안을 들여다볼 수 있도록 벽면에는 커다란 유리벽을 만들어두었다. 아이들은 아기용 침대에 누워 잠을 자기도 하고 보행기나 미끄럼을 타기도 한다. 바닥과 벽에 쿠션 장치가 되어 있어 부딪치거나 넘어져도 다칠 염려가 없다. 교사들은 젊은 할머니들이나 간호 자격을 가진 경험 많은 여자 집사들이 대부분이라 아이 돌보는 데는 프로급이다. 한 아이가 울면 너도 나도 따라 울기 때문에 예배실 안이 눈물바다가 되곤 한다.

유아예배실인 새빛터는 조금 더 자란 아이들이라 훨씬 체계적이다. 앞에서 교사가 여러 가지 놀이나 학습을 진행하면 아이들

새싹교회 영아부에서 아기를 돌보고 있는 어머니 교사. 엄마와 떨어져서도 울지 않고
초롱초롱한 눈으로 뭔가를 쳐다보는 듯한 아이 표정이 너무 귀엽다.

은 자기 아빠 엄마와 함께 이를 따라한다. 아이들이 다치지 않게 매트를 깔아 놓은 마루는 온돌이 깔려 있어 한겨울에 앉아 있어도 따뜻하다. 천장에 에어컨 시설이 되어 있어 여름에도 땀 흘릴 일이 없다. 매트 위에는 한글, 영어, 숫자 등이 적혀 있어 학습에도 도움이 된다. 예쁜 앞치마를 두르고 이름표를 단 젊은 교사들이 아이들을 돌보느라 여념이 없다. 컴퓨터와 연결된 대형 스크린을 통해 영화를 보여 주기도 하고, 동화 구연이나 인형극도 한다. 각종 놀이기구와 장난감들이 뒤쪽 선반에 가득했다.

출입문 옆에 출석부가 걸려 있었다. 3세 노랑반, 4세 보라반, 4세 분홍반, 5세 파랑반, 5세 초록반, 5세 주황반, 그리고 새 친구 빨강반 출석부였다. 5세 아이들이 가장 많은 듯했다. 앞에서 프로그램이 진행되는 사이 뒤에서 다른 교사들은 간식을 준비하느라 분주했다.

유치부 교실인 예빛터는 놀이와 학습이 적절히 융합된 공간이다. 아이들도 제법 나이가 들었다고 다들 얌전히 앉아 담당 목사가 인도하는 예배와 성경 공부에 집중했다. 바닥에 매트가 깔려 있고, 앞쪽에 대형 벽걸이 텔레비전이 달려 있는 건 유아예배실과 동일하지만 교실 규모는 훨씬 더 크다. 예배가 끝나자 화면에서는 아이들이 좋아하는 애니메이션이 상영됐다. 아이들의 집중력이 대단했다. 벽면에는 고래, 풍선 등 아이들의 기분을 좋게 만드는 다양하고 예쁜 그림들이 장식되어 있었다. 교실 바깥쪽에

교사들의 지도 아래 놀이에 몰입하고 있는 유아부 아이들. 예쁜 앞치마를 두르고
이름표를 단 젊은 교사들이 혈기왕성한 '미운 다섯 살' 아이들을 돌보느라 여념이 없다.

자리하고 있는 대형 냉장고가 눈길을 끌었다. 아이들이 한창 정
신없이 뛰어놀 때라 그런지 젊은 남자 교사들도 보였다.

　새싹교회는 일찍이 안동유치원을 설립했던 교회답게 교육 시
스템이 잘 갖춰져 있었다.

　"새싹교회는 주일 10시 30분하고 12시에 두 번 모입니다. 영아
부는 20~30명, 유아부는 45~55명, 유치부는 45~60명 정도 모
이죠. 교사는 영아부가 16명, 유아부가 22명, 유치부가 25명이에

　　　　　　　　　　　　　　　　　　　　　　　안동교회 이야기

유치부 프로그램은 놀이와 학습이 적절히 융합되어 있다. 제법 나이가 들었다고 얌전히 앉아 담당 목사가 인도하는 예배와 성경 공부에 집중하는 아이들 모습이 기특했다.

요. 아이들이 어리니까 돌보는 손길이 많아야 됩니다. 인구 감소가 심각하고 교회마다 아이들이 줄어든다고 하는데, 우리 교회는 조금 독특한 게 출산율이 조금씩 오르고 있어요. 교인들이 자녀를 두세 명씩 낳기 시작한 거죠. 자녀를 더 낳고 함께 사는 것을 좋아하시더라고요. 정서적으로 다른 지역에 비해 안동 분들이 자녀 낳는 것에 대한 두려움이 적은 것 같아요. 안동으로 이사오신 분들이 교육적인 부분에 있어서 안동교회가 전통 있고 체계적이기 때문에 등록하고 정착하시는 분이 많습니다. 아이 때문에 왔다가 교사로 봉사하시는 분들도 있고요. 보통 자녀가 부모랑 같은 공간에 있는 걸 싫어하는데, 우리 교회 아이들은 부모와 함께하는 걸 좋아해요. 집에서도 부모님들이 자녀들에게 성경을 읽고 암송하도록 신앙교육을 잘 시키세요. 교육적인 분위기가 든든하게 형성되어 있는 것이죠. 새싹교회는 안동유치원과 협력하면서 서로 돕고 보완하는 관계에 있습니다. 참 감사한 일이에요."

신동영 목사는 젊은 여성 목회자다. 아이들을 바라보는 눈길 속에 사랑이 뚝뚝 묻어났다.

"전에는 절에 다녔었는데, 큰아이 초등학교 다닐 때 친구 엄마가 전도해서 안동교회에 나오게 되었어요. 교회에 출석한 지 9년째고, 유아부 교사로 봉사한 지 7년째예요. 봉사하면서 아이들을 안아주고 눈을 맞춰주고 하니까 너무 좋아하더라고요. 사실 내 아이에게도 해주지 못한 것을 아이들에게 해주면서 많이 깨닫고 배우기도 해요. 예수 안 믿는 부모님이 아이들 데리고 새싹교회에 왔다가 말씀 듣고 감동을 받아 교회에 나오시는 분도 계세요."

유아부 교사로 봉사하는 남정림 집사는 엄마의 마음 그대로 아이들을 보듬는 교사였다. 엄마를 따라 유치부에 다니는 일곱 살 난 아들 태민이가 따라와 옆에 조용히 앉아 있었다.

안동교회 이야기

"태민이는 매일 성경책 읽어요?"

"네."

"얼마나 읽어요?"

"하루에 한 장 읽을 때도 있고, 두 장 읽을 때도 있고, 세 장 네 장 읽을 때도 있어요."

3층 푸른초장예배실로 올라갔다. 꿈나무교회는 초등학생들이 모인 교회로 매 주일 오전 10시 30분과 12시에 두 번 예배를 드린다. 강단 위 강대상을 중심으로 좌우에 두 개의 스크린이 설치되어 있었고, 좌석에는 기다란 장의자가 아닌 등받이가 있는 푹신푹신한 개인용 의자들이 놓여 있었다. 예배드릴 때는 의자에 앉아 있다가 찬양과 율동 혹은 특별 활동을 할 때는 의자를 접어 매트가 깔린 마루에서 프로그램을 진행했다. 중앙에는 "100-1=0"이라는 수식이 적혀 있었다. 한 사람의 소중함과 공동체의 연대의식을 강조하는 공식 같았다.

앞에서 열심히 율동하면서 찬양을 인도하던 6학년 안원영 어린이를 만나봤다.

"부모님이 안동교회에 다니셔서 저는 태어나면서부터 안동교회에 나오게 되었어요. 예배드리면서 목사님이 전해주시는 하나님 말씀을 듣고 이해하고 나서 학교에 가면 친구들도 많이 사귈 수 있고 친해질 수 있어서 좋아요. 학교 가면 교회 친구들도 많이 만나요. 어와나 프로그램에서도 성경을 외우고 QT를 해요. 저 역

푹신한 매트 위에 앉아 찬양과 율동을 따라하는 꿈나무교회 어린이들. 교단이 주최하는
전국 대회에서 3연패를 한 팀들이 이끄는 찬양과 율동은 유연하고 매끄럽기 그지없다.

시 매일 성경을 읽고 외우고 있습니다."

교단에서 주최하는 전국 대회에서 찬양과 율동으로 3연패를
했다는 팀의 일원이 바로 안원영 군이었다. 어와나(Awana)는 '부
끄러울 것이 없는 인정된 일꾼'이라는 뜻으로 영어 성경 디모데
후서 2장 15절 말씀에서 첫 글자를 따온 명칭이다. 1950년대 초
알트 로하임이 어린이 사역에 대한 열정으로 시작한 세계적인 청
소년 선교기관으로서 어린이와 청소년들을 복음으로 구원하고

안동교회 이야기

훈련하기 위해 효과적으로 성경을 암송하는 프로그램 등을 운영 중이다.

"꿈나무교회에 출석하는 어린이들은 현재 180명 내외예요. 선생님들은 45명가량 되죠. 다양한 방식으로 신앙교육을 하고 있습니다. 저희는 수요일 저녁에도 제자훈련을 해요. 아마 전국적으로 수요일에 어린이 예배가 드려지는 교회는 별로 없을 겁니다. 매번 20명 이상 모이죠. 거기서 교리 교육, 기도와 묵상, 성경통독 훈련 등을 합니다. 주일 오후 2시부터 4시까지는 자유롭게 뛰어놀 수 있는 프로그램이나 문화 활동 등을 하고, 토요일에는 합창단 연습이나 주말 학교 개념의 교육이 이루어집니다. 전체적으로 다양한 교육이 이루어지지만 중요한 것은 말씀 중심이라는 겁니다. 저희 교회 새 가족들은 교회학교를 보면 다들 놀랍니다. 굉장히 활성화되어 있으니까요. 역사적으로 탄탄하게 다져온 전통이라고 봅니다."

꿈나무교회를 담당하는 임창무 목사는 안동교회에서는 서울 어느 교회 못지않게 앞서가는 교육이 이루어지고 있다는 점을 강조했다.

"제 아이들이 셋인데, 교사로 봉사하면서 아이 키우는 방법을 알아가게 됐습니다. 꿈나무교회 아이들을 대할 때 제 자식을 대하는 마음으로 다가갑니다. 선생님들이 정말 열심이세요. 다들 오랫동안 자리를 지키고 계시죠. 선생님은 여자 선생님이 많지만 아이들은 남자 아이들이 더 많아요. 남자아이들은 친구들 따라서 많이 나오는데, 여자아이들은 한두 명씩 개별적으로 나오는 것 같더군요. 교사로서 가장 보람 있을 때는 아이들이 제게 자기 마음을 내보였을 때입니다. 그만큼 저를 믿는다는 거니까요. 힘들 때는 아이들이 짓궂어서 통제가 잘 안 될 때고요. 남자아이들은 놀고 싶은 것을 주체하지 못할 때가 있어요."

7년째 교사로 섬기고 있는 임병태 집사와 임창무 목사는 서로를 쳐다보며 파안대소했다.

예전에는 중학생과 고등학생이 비전터교회로 함께 모였지만 얼마 전부터 중학생은 새순교회로 고등학생은 비전터교회로 분리되었다. 그래서 새순교회는 오전 10시에, 비전터교회는 오전 11시 30분에 1층에 있는 계단식 강당 영곡아트홀에서 각각 예배를 드린다.

새순교회와 비전터교회를 담당하고 있는 유승혁 목사와 새순교회 총무 교사인 우현자 집사 그리고 중학교 3학년인 황주은 학생을 함께 만나 차를 마시며 이야기를 나누었다.

"새순교회는 재적 인원이 120명에 출석 인원이 평균 75명 정도 됩니다. 중고등학생들은 타지로 나가지 않고 거의 대부분 안동에서 학교를 다닙니다. 학교도 많고요. 그러니까 학생들은 많은 편이지만 입시에 시달려야 하고 주일에도 학원에 가야 하는 등 교회에 나오기 쉽지 않은 환경들이 만들어지는 게 문제입니다. 제가 경안중학교 교목으로 있습니다. 학교에서의 신앙교육도 마찬가지로 어려움이 많아요. 그래서 교육의 목표를 부흥에 두기보다는 철저한 신앙교육으로 제대로 된 기독 학생을 육성하는 데 초점을 맞추고 있습니다."

"저도 8년째 교사로 봉사하고 있는데…… 요즘 아이들이 예배에 집중하기가 쉽지 않아요. 최근에는 중학생들만 따로 예배를 드리니까 이전보다는 집중력이 좋아진 것 같아요. 안동교회 학생들이 대도시 교회 학생들보다는 단합이 잘됩니다. 언니 오빠들 말도 잘 듣고요."

"예전에 중고등부가 다 같이 모일 때는 고등부 언니 오빠들이 잘 이끌어주고 그랬는데, 지금은 중등부만 모이니까 그런 게 없어져서 편하긴 하지만 조금 아쉽기도 하고 그래요. 저희가 어리긴 해도 우리 교회에 대한 자부심이 있기 때문에 다들 열심히 하려고 해요."

"주중에 중고등학생들이 따로 프로그램을 갖기에는 무리가 있습니다. 그래서 한 달에 한 번 토요일에 새벽 기도회를 하고 있어요. 여름과 겨울에 열리는 수련회 때 집중적으로 신앙 훈련을 시키고 있죠. 철저하게 예배와 말씀 중심 교육을 실천하고 있습니다. 이번 겨울방학 때는 새순교회와 비전터교회 학생들을 데리고 대만으로 비전 트립을 다녀올 예정입니다."

비전 트립vision trip이란 선교와 봉사의 꿈을 실현하려는 의도를 가지고 행해지는 선교지 방문 여행을 가리킨다. 다른 말로는 단기 선교short period mission라 부르기도 한다.

비전터교회 예배가 드려지는 영곡아트홀을 찾았다. 인도자를 따라 자리에서 일어나 찬양하는 건 후배들이 드리는 예배 모습과 동일했지만 좀 컸다고 동작이 꽤나 뻣뻣했다. 극장식 홀답게 영상 한 편을 보고 나서 예배가 시작되었다. 설교 후 유승혁 목사가 스크린에 나타난 명단을 보며 한 사람 한 사람 이름을 불렀다. 셀별 잃은 양 명단과 고3 수험생 명단이었다. 수험생만 50명에 달했다. 이들이 다시 교회에 돌아올 수 있도록, 앞으로 담대함을 가지고 꿈을 꾸는 사람으로 살아갈 수 있도록 해달라고 다 같이 한목소리로 기도를 드렸다.

100주년기념관 4층과 지하 1층에는 은혜, 충성, 자비, 인내, 온유, 믿음 등 각각 이름이 붙은 여러 개의 작은 강의실이 마련되어 있다. 방마다 의자와 탁자, 칠판, 캐비닛 등이 고루 갖춰져 있어 소그룹 모임에는 안성맞춤이다. 꿈나무교회, 새순교회, 비전터교회 예배 후에 진행되는 분반 공부와 셀 모임은 각자 자신들에게 배정된 이 강의실 안에서 이루어진다. 각 방문 앞에는 교회별로 반과 셀 이름, 모임 시간, 담임교사 이름 등이 빼곡하게 적혀 있다.

각 교회학교 명칭이 이렇게 '학교'에서 '교회'로 바뀐 건 김승학 목사가 부임한 이후였다.

꿈나무교회 교사들과 어린이들은 뭘 해도 대충 하는 법이 없다. 다함께 힘을 모아 최선을
다하되 결과에 승복하고 감사하는 것. 이것이 꿈나무교회의 저력이자 성장 배경이다.

"2004년부터 연구를 시작해서 2005년에 교회학교를 새싹교회, 꿈나무교회, 비전터교회, 하늘청년교회로 바꿨습니다. 저는 예배가 가장 중요하다고 생각합니다. 물론 분반 공부도 중요하지만 통계를 내보면 학생들이 제일 싫어하는 게 분반 공부였어요. 변화를 줘야죠. 예배를 통해 주님을 만나는 감격을 경험하게 해야 합니다. 아이들이 안동교회에서 예배를 드리는 시간만이라도 성령의 감동을 받아야 한다고 생각합니다. 그래서 확 바꿨어요."

김승학 목사의 교육철학은 확고했다. 안동의 지역적 특성이나 분위기, 안동교회의 오랜 전통과 역사를 고려했을 때 어린이들이나 학생, 청년들에게 뭔가 새로운 비전과 도전을 주고 분위기를 바꿔 주지 않으면 교회 전체가 활력과 성장 동력을 잃게 될지도 모른다는 생각을 했을 수도 있다. 이제는 젊고 에너지가 넘치는 교회 문화가 만들어질 때였다.

"우리 교회가 한국 교회에 새로운 교회학교 모델을 제시할 수 있다고 생각합니다. 실험적인 거죠. 분위기가 점점 무르익는 것 같아요. 가능성을 봤습니다. 교회에서 아이들이 떠나간다, 안동에 학교가 없어진다, 인구가 자꾸 줄어든다, 걱정을 많이 하시는데, 저는 걱정하지 않습니다. 지금 안동 복음화율이 10퍼센트밖에 되지 않아요. 인구가 감소하는 걸 생각하지 말고 복음화율을 20퍼센트, 30퍼센트 계속 올려 나가면 되는 겁니다."

오랜 전통을 배경으로 하되 새로운 변화를 시도해서 교회 전체에 활기를 불어넣고 영적 에너지가 충만한 교회를 만들기 위한 김승학 목사의 목회 방침이 가장 먼저 실행된 곳은 교회학교였다. 교회학교의 체제와 환경이 이렇게 바뀌자 분위기도 달라졌다. 교회학교가 하향세를 멈추고 상승세를 타기 시작한 것이다. 그때부터 지금까지 목회자의 교육철학을 현장에서 묵묵히 뒷받침하고 있는 교사들의 헌신적인 노력 또한 대단했다. 100주년기념관이 건립된 이후에는 교육 환경까지 몰라보게 개선되면서 다음 세대 교회를 위한 행진은 더욱 빨라졌다. 이런 목회자나 교사들과 함께 커 나가는 안동교회 아이들은 참 행복한 아이들이다.

서원에서 성경 공부를
종가에서 찬양을

안동교회에서 시작된 기독청년면려회에서 내세운 정신은 다음과 같았다.

1. 매일 기도하고 성경을 읽을 것.
2. 매주 기도회를 열며, 반드시 기도회에 참석할 것.
3. 기도회에서 회원을 호명하고 각 회원이 그리스도에 대한 선서를 잘 지키고 있는지를 검토할 것.
4. 교회원으로서의 의무를 다하기에 힘쓸 것.
5. 모든 교인과 친목을 도모할 것.

이런 전통은 그 후로도 계속 이어져 1967년에는 청년회 회보

〈발자취〉를 발간하면서 지역 사회와 민족의 선봉에 서서 책임과 의무를 다하는 청년들이 되기를 다짐했다. 1968년에는 안동교회 청년회가를 만들어 모임 때마다 불렀다고 한다. 이춘길 작곡, 김철 작사의 청년회가 노랫말은 당시 청년들의 들끓는 열정을 잘 보여 주고 있다.

"주의 발자취 따라가며 힘차게 봉사하는 젊은이 젊은이 우리들은 십자군 믿음 소망 사랑을 마음속에 지니고 진리 탐구하는 우리들은 안동교회 청년회."

1977년 여름에는 서울 영락교회 청년봉사단이 안동 지역으로 봉사 활동을 내려옴에 따라 안동교회에서는 이들에게 식사 대접을 함과 동시에 이들을 도와 함께 봉사 활동에 임했다. 이것이 계기가 되어 그 이듬해부터는 안동교회 청년회에서 매년 여름철이면 인근 지역으로 선교, 의료 봉사 활동을 떠나 활발한 청년 운동을 전개했다.

그때 청년부 담당 간사로 일했던 권정국 장로는 그 시절을 이렇게 회상했다.

"우리 교회 청년회는 예전에도 활발했지만 1960년대 들어 CCC 운동이 활기를 띠면서 전도 활동을 아주 왕성하게 했어요. 청년들이 교회 앞마당에 연못도 파고, 동산도 만들고, 아무튼 모여서 뭐든 할 수 있게끔 교회에서 많은 지원을 해주셨죠. 1970년대에는 농촌 봉사 활동을 많이 했지요. 상원로목사님 은퇴하시던 해 여름에는 농촌 봉사 활동 다녀오는 청년들 먹이신다고 상원로목사님께서 직접 염소 한 마리를 잡아서 교회 앞마당에 준비를 해두신 적도 있어요. 상원로목사님은 청년운동에 대단한 애정을 가지고 계셨던 분이에요."

이런 청년운동의 전통은 2000년대에 이르러 세계 선교에 대한 비전으로 이어지고 있다. 2006년에도 안동교회 청년들은 파키스탄, 베트남, 필리핀 등으로 단기선교를 다녀왔다.

"우리 교회 청년들은 의리가 있어요. 큰일을 당했을 때나 좋지 않은 일이 있을 때 잘 뭉칩니다. 교회에 처음 나오면 왠지 모르게 어색하고 낯선 느낌 같은 걸 갖게 되잖아요? 그런데 안동교회는 그런 게 없어요. 다른 지역에서 새 가족이 와도 텃세를 부리지 않습니다. 안동대, 안동과학대, 상지대 등에서 학생들이 많이 오는데, 누가 와도 거부감이 없어요. 그냥 자연스럽게 어울립니다. 그러니까 새로 온 친구도 적응을 잘합니다."

그즈음 하늘청년교회를 담당하고 있는 최준식 전도사는 안동교회 청년들의 특징을 이렇게 표현했다. 최준식 전도사 역시 안동 사람이라서 그런지 보는 눈이 예리했다.

하늘청년교회는 1, 2, 3부로 나뉘어져 있다. 25세 이하는 1부에, 25세 이상은 2부에, 결혼한 청년들은 3부에 속한다. 예배는 주일 오후 1시 30분 5부 예배로 전체가 함께 드리고, 2부 공동체 모임에서는 청년 1, 2, 3부가 나눠서 모이며, 3부 모임 때는 소그

두 손을 모아 찬양하는 비전터교회 학생들.
안경 너머로 이들이 꿈꾸는 아름다운 세상은 과연 어떤 세상일까?

룹으로 모인다. 모임 시간이 좀 길지만 참여율은 꽤 높은 편이다.

"여러분 정말 청년답게 뜨겁게 사랑하는 게 뭐예요? 남들이 다하는 그런 사랑 말고 말이죠. 정말 사랑하는 사람 때문에 밤 새워 편지도 써 보고 그러고 싶지 않으세요? 학교도 청년답게 회사도 직장답게 그렇게 다니고 싶지 않으세요? 교회 나올 때도 어쩔수 없이 나와 앉아 있지 말고, 찬양할 때도 좀 뜨겁게 찬양하고 그렇게 청년답게 해야 하지 않겠어요? 여러분의 방법대로, 여러

영곡아트홀에서 예배드리고 있는 하늘청년교회 젊은이들. 하늘청년교회는 모이는 교회가 아니라 나가는 교회, 고여 있는 교회가 아니라 흩어지는 교회를 지향한다.

분의 표현대로 매달려야 하지 않겠어요? 그렇게 좀 살아 봅시다.”

하늘청년교회 예배에 참석하기 위해 영곡아트홀 문을 조심스레 열고 들어가던 나는 쩌렁쩌렁한 권훈 목사의 설교에 순간 움찔했다. 좌석을 메운 청년들의 표정은 자유스러웠지만 설교를 듣는 분위기는 엄숙했다. 예배 공간을 감싸고 있는 기운은 깊은 공감과 소통이었다.

“안동 지역의 20대들은 약간 패배감에 젖어 있는 경우가 많습니다. 서울 등 대도시로 나가지 못하고 지방에 머물러 산다는 것이죠. 그러다 보니 청년 모임이 20대 초반보다는 20대 후반이나 30대 직장인들 중심이 되었습니다. 저는 청년들에게 우리가 안동에 산다는 것은 패배가 아니라 새로운 기회라는 것을 강조합니다. 나를 향한 하나님의 섭리를 발견하자는 것이죠. 그래서 청년 조직을 이원화했습니다. 임원은 행정적인 일을 맡고, 섬김과 양육은 '마을'이라는 공동체의 리더가 맡는 겁니다. 현재 마을은 나리마을, 종호마을, 은경마을, 새가족마을 네 개가 있습니다. 마을마다 양육 간사와 사역 간사가 있죠. 이와 같은 조직이 참 잘 조화를 이루고, 처음 나온 청년들도 빨리 적응하도록 도와줍니다. 저는 2016년 1월부터 '하나님 나라 이야기'라는 주제로 설교하고 있습니다. 예수 믿고 구원받는 게 다가 아니라 그리스도인, 특히 청년 그리스도인으로서 산다는 게 무엇인가를 함께 고민하려는 겁니다. 우리 각자의 삶 속에서 하나님 자녀답게 살자는 것이죠. 안동교회 청년들은 나름대로 오랜 교회의 역사와 전통에 걸맞게 거룩한 부담감을 갖고 있습니다. 그래서 선한 영향력을 끼치려고 노력합니다. 보훈지청과 협력해 국가를 위해 헌신하다 홀로 된 어르신들을 12개 소그룹으로 나눠 주일 예배 후 찾아가 청소도 하고 반찬도 해드립니다. 최근에는 보육원 아이들이 함께 QT할 선생님을 요청해서 이를 준비하고 있습니다. 한국 교회에 대한 청년들의 실망감이 만만치 않은 시대에 우리가 먼저

세상 속으로 들어가 약자와 소외층을 돌보는 교회가 되도록 앞
장서자고 다짐합니다. 복음이 사람을 변화시킨다는 기대를 가지
고 말이죠."

권훈 목사의 말에는 거침이 없었다. 그렇지만 오랜 고민과 기
도가 없이는 쉽게 할 수 없는 말들이었다. 옆에 앉아 이야기를 듣
고 있던 청년회장 신혜민 자매가 한마디 거들었다.

"우리 교회는 이 지역에서 워낙 많이 알려져 있어서 안동으로
오면서 주변에서 안동교회에 가라고 권해서 왔다는 분들이 많아
요. 안동에 큰 공장이나 기업이 없기 때문에 청년들이 유입될 공
간이 좁은 게 사실이죠. 그래서 작은 회사에 다니거나 교사나 공
무원 또는 전문직에 종사하는 청년들이 많아요. 대도시에 취업
이 되면 떠나게 되는 청년들도 많고요. 공무원 시험을 준비하는
청년들도 있어요. 청년 예배에 고정적으로 참여하는 인원이 늘
100명은 넘는 수준이지만 계속해서 가고 오고, 비워지고 채워지
는 구조라서 2~3년만 지나면 새로운 얼굴들이 더 많아져요. 하
지만 크리스마스이브에 고아나 편부 편모와 함께 사는 외로운 아
이들을 찾아가 일일 산타가 되어 선물을 전해주는 사랑의 열매
나눔 행사 등 여러 가지 일을 통해 이 지역 안에서 시민들과 함께
어울릴 수 있는 일을 지속하려고 애쓰고 있습니다."

주보를 보니 눈에 띄는 광고가 있었다. 취업이 된 청년들에 관
한 소식이었다.

○○○ 형제 경기도 ○○○○에 취업되어 떠납니다.

○○○ 형제 서울 동대문 ○○○○에 취업되어 떠납니다.

청년들이 교회에 머무는 순환 주기가 2년이라고 한다. 지방뿐만 아니라 서울도 마찬가지로 2년 정도 지나면 청년들 모임에서 절반 이상이 바뀐다는 것이다. 안동교회 청년들도 토박이가 30퍼센트, 교회 나온 지 1년에서 2년 정도 된 청년들이 30퍼센트, 1년 미만인 청년들이 30퍼센트 정도라고 했다. 따라서 교회에서는 청년들이 교회에 출석하는 평균 기간을 2년으로 보고, 이 기간 동안 보다 좋은 공간과 터전에서 하나님의 사람으로 세워지는 걸 교육 목표로 하고 있다. 그다음 어디를 가든 자기 자리를 찾아 나가도록 하는 게 사역의 중심이다. 이른바 모이는 교회가 아니라 나가는 교회, 고여 있는 교회가 아니라 흩어지는 교회, 안동교회 청년 모임은 그런 모임이었다.

문득 얼마 전에 만났던 경상북도문화콘텐츠진흥원 원장 김준한 집사와 나눈 대화가 생각났다. 그는 지긋한 나이임에도 어느 젊은이 못지않은 열정과 에너지를 가진 사람이었다.

"저는 안동의 철저하게 보수적인 집안에서 5남매 중 막내로 태어났습니다. 철들 때까지 부모님이 한 방에서 주무시거나 식사하시는 걸 본 적이 없었습니다. 여필종부, 남존여비, 칠거지악의 규율 속에서 자랐어요. 여자는 남자의 한 부속물 정도로 생각하는 문화였죠. 어머니는 쌀 한 톨 없어도 불평하지 못하고 종처럼 살셨습니다. 아버지에게 매질까지 당하면서 말이죠. 경안중학교 2학년 무렵 하도 배가 고파서 점심시간에 선교사님들 테니스 칠 때 볼보이하며 단단한 우유 한 덩어리씩을 얻어먹었어요. 테니스 끝나면 선교사님 부부끼리 키스를 하더라고요. 대단한 충격이었습니다. 그때 친구가 지금 안동성소병원에 있는 김무년 목사였죠. 그 친구 따라 안동교회 나와서 김광현 목사님을 처음 뵈었어요. 목사님 부부가 살아가는 모습을 보고 또 한 번 충격을 받았습니다. 부부가 서로 공경하고 사랑하는 광경을 난생 처음 본 거예요. 당시 교회에서 제 아내를 만났죠. 중학교 2학년 때 교회에서 만난 아내와 지금까지 49년째 살고 있습니다. 이후 안동고등학교를 졸업했지만 가난 때문에 바로 대학에 가지 못하고 부산에서 공무원 생활을 했습니다. 그러다 방송대학을 마치고 결혼한 다음 EBS에 들어가 30년 넘게 방송 콘텐츠를 만드는 일을 하게 됐습니다. 정규 대학을 나오지 않은 사람으로서 지금까지 제 삶의 모든 자양분은 교회로부터 나온 것이었습니다."

"드라마틱하군요. 그런데 경상북도문화콘텐츠진흥원은 어떤 일을 하는 곳인가요?"

"EBS 퇴직을 5일 남겨 놓고 한국콘텐츠진흥원 부원장 겸 전략기획본부장으로 지원했어요. 개방직이었거든요. 그 자리에 발탁이 돼서 2년 정도 일하다가 안동에 경상북도문화콘텐츠진흥원이 설립되어 초대 원장으로 내려오게 됐습니다. 고향에 와서 일하면서 안동교회를 다닐 수 있게 되어 정말 행복합니다. 경북문화콘텐츠진흥원은 이 지역의 전통 문화 자원을 산업화하는 작업을 하는 곳입니다. 23개 시군이 가진 지역 특화 콘텐츠를 정부, 관공서, 기업 등을 연결시켜 만화, 애니메이션, 캐릭터, 뮤지컬, 영화, 출판 등으로 개발하는 것이죠. 전국에 18개의 문화콘텐츠진흥원이 있습니다. 자원은 많지만 문화 산업화에 대한 인식이 부족하기 때문에 저희들이 이를 돕고 지원하는 겁니다. 지난 2011년 첫 선을 보인 애니메이션 '엄마 까투리'가 현재 부동의 1위입니다. 안동 일직교회에서 종지기로 사셨던 동화 작가 권정생 선생님의 이야기에 살을 붙여서 59편까지 만들었어요. 2017년에 제3회 대한민국 토이어워드 지역 콘텐츠 부문 특별상, 대한민국 콘텐츠대상 애니메이션 부문 대통령상 등을 수상했습니다. 영화와 뮤지컬로도 만들었죠. 안동에 문화 콘텐츠들이 무궁무진합니다."

"지방에 사는 청년들이 일자리 문제 등으로 어려움을 겪고 있는데, 해결책이 있을까요?"

"지역 사회에서 이들을 소화해야 한다고 생각합니다. 수도권과 지방의 문화와 교육 격차를 극복하는 게 관건이라고 봅니다. 경북문화콘텐츠진흥원은 전국 18개 문화콘텐츠진흥원 가운데 17번째로 만들어졌지만 경영 평가에서는 항상 선두를 유지해 왔습니다. 옛날에는 지필묵이 필요했으나 요즘은 엄지손가락 하나면 충

분합니다. 어렵다, 힘들다, 생각하면 할 수 있는 게 없지만 생각을
180도 바꾸면 모든 게 기회로 보입니다. 서울에 안 가도 됩니다.
안동에서도 일자리를 얼마든지 창출할 수 있습니다. 서울보다 일
류가 될 수 있습니다. 저희가 만든 실경 뮤지컬 '왕의 나라'는 이
지역 교회 성가대와 교회학교 출신들을 데리고 만든 겁니다. 성
가대 출신들은 다 악보를 볼 줄 알잖아요? 교회학교 출신들은 스
토리텔링에 익숙하고요. 이게 바로 자원입니다. 그 공연이 서울
국립극장 공연 때도 완판이 됐어요. 야외에서 하는 실경 뮤지컬
은 안동이 최고입니다. 저희가 시나리오나 캐릭터 공모전도 많이
해요. 무궁무진한 문화 자원을 발굴해서 새로운 것을 창조해 도
전하면 기회는 많습니다. 안동교회의 정신이 개방성과 포용성 아
닙니까? 닫힌 사고를 하지 말고 열린 사고를 해야 합니다."

　오랜 시간 안동교회 사람들을 만나면서 나는 청년부 이름이
왜 하늘청년교회인지 알 것 같았다. 발은 안동 땅에 그러나 꿈과
이상은 하늘 저 높이. 그리고 꿈과 이상을 좇아 하늘 높이 훨훨 날
아갔다가도 언젠가 때가 되면 다시 돌아올 영원한 청춘의 터전.

　안동교회 청년들의 이런 꿈과 비전이 풍성한 열매로 결실을
맺는다면 그 옛날 유학 경전을 읽던 서원에서 두런두런 성경책
읽는 소리가 들려오고, 전통과 관습에 매어 있던 수백 년 된 종
가에서 아름다운 찬양이 힘껏 울려 퍼질 날도 결코 멀지 않은
것 같다.

평양에서 안동으로

안동에서 세계로

1903년 원산에서 있었던 한 사경회에서 하리영(河鯉泳, Robert A. Hardie, 1865~1949) 선교사는 성령을 전적으로 의지하지 못한 자신의 죄를 고백하는 눈물의 회개 기도를 드린다. 백인우월주의에 빠져 자신이 교만하고 게으름으로써 선교 활동이 많은 열매를 거두지 못하고 있다는 뼈를 깎는 자기 성찰이었다. 이 회개는 많은 사람들을 감동시켰고 강원도, 서울, 개성 등으로 파급되며 급속한 부흥운동으로 이어졌다.

그러던 중 1907년 1월 6일부터 평양 장대현교회에서 열렸던 연합사경회를 통해 마침내 대부흥운동으로 절정을 맞기에 이른다. 14일 월요일 집회에서 설교와 통성기도를 마친 후 1,500여 명의 참석자 가운데 600여 명 정도가 남아 기도회를 하고 있었다.

길선주 장로가 먼저 회개의 기도를 드리며 자신의 죄를 낱낱이 고백했다. 순간 성령의 바람이 온 교회를 감쌌다. 저마다 한 사람씩 일어나 자기 죄를 회개하고 쓰러진 것이다. 이 기도회는 다음 날 오전 10시까지 계속되었다. 초대교회와 같은 놀라운 성령의 역사였다.

이 평양 대부흥운동의 거센 바람은 전국을 강타했다. 나라 안 곳곳에서 죄를 회개하는 사경회가 개최되었다. 이때부터 우리나라 기독교인들은 신앙에 입각한 새로운 윤리 의식을 갖게 되었다. 부흥운동 기간 중에 사람들이 고백한 죄를 보면 살인, 간음, 절도, 거짓말을 비롯해서 흡연, 축첩, 노비, 제사, 주술 같은 내용들이 있었다. 기독교가 들어오기 전에는 죄라고 여기지 않았던 것들을 죄로 고백한 것을 보면 주로 유교나 불교, 민간 신앙에 근거를 두고 내려온 오랜 생활 습관들이 비로소 비도덕적인 것으로 여겨지기 시작했다는 것이다.

평양 대부흥운동은 성경 말씀을 읽고, 외우고, 배우는 사경회를 통해 이루어졌다. 철저한 말씀 중심의 사경회는 부흥운동의 물결을 오랫동안 지속시키는 원동력이 되었다. 그리고 이런 전통은 새벽에 일찍 일어나 성경을 묵상하고 기도하는 새벽기도운동으로 이어져 한국 교회만이 가지고 있는 귀중한 신앙적 유산이 되었다.

평양 대부흥운동의 거센 물결은 안동에까지 밀어닥쳤다. 이로부터 2년 뒤 안동교회가 창립되었으며, 초대 김영옥 목사, 2대 이대영 목사, 3대 정재순 목사, 5대 임학수 목사, 7대 김광현 목사에 이르기까지 모두 평양 장로회신학교 출신 목회자들이 안동교회에 부임했다. 안동교회가 말씀 중심의 교회, 순종을 잘하는 교회, 기도 많이 하는 교회, 도덕적으로 깨끗한 교회로 자리매김하며 오랜 전통을 유지해 올 수 있었던 것은 이처럼 평양 대부흥운동을 통해 물려받은 소중한 신앙 유산을 역사적으로 잘 간직해 왔기 때문이다.

평양 대부흥운동의 촉매 역할을 했던 길선주 장로는 이후 목사가 되어 1928년 3월 4일부터 1주일 동안 안동교회에서 도사경회를 인도했다. 길 목사는 안동교회 교인들의 진지한 태도와 열정적인 모습에 감명을 받아 다시 오겠다고 약속했으며, 그해 5월 23일부터 1주일 동안 길 목사를 모시고 두 번째 도사경회를 가지게 되었다. 집회 때마다 청중에게 민족혼을 일깨우던 길 목사는 안동교회 도사경회 도중 일본 경찰에 체포되어 20여 일 동안 구류를 살게 되었고, 이에 온 교인들은 눈물로 기도 제단을 쌓았다. 길선주 목사는 경찰서에서 풀려난 후 고단한 몸도 돌보지 않고 남은 도사경회를 다 인도하고 나서 돌아갔다고 한다.

1934년 12월 17일 장로교 선교 50주년과 경안노회 창립 25주년을 기념하는 축하대회가 1,000여 명의 교인들이 참석한 가운데 안동교회 앞마당에서 열렸다. 시가행진을 하면서 찬송가를 부르고, 전도지를 배포한 이날 행사에서는 한국 교회가 낳은 신앙의 아버지이자 애국지사요 위대한 순교자인 주기철 목사가 내빈으로 참석해서 축사를 했다.

안동교회는 선조들로부터 물려받은 소중한 신앙 유산과 전통을 이웃 사람들과 지역에 더 많이 나누는 일에 깊은 관심을 가지고 앞장서 왔다. 지역 사회의 어머니 교회로서 분가식 교회 분립과 농촌 교회 개척, 미자립 교회 지원, 그리고 각종 교육, 의료, 봉사 사업과 활동에 발을 걷어붙이고 땀 흘리며 참여해 왔다. 신앙에 빚진 자의 거룩한 부담이었다.

그러다가 1980년대 들어서면서 서서히 세계 선교에 눈을 돌리게 된다. 이때 생겨난 것이 1불선교운동이다. 1981년 2월 22일 해외 선교사 파송을 목표로 1불선교후원회가 발족되었다. 이 운동은 교인들이 틈틈이 돈을 모아 매월 둘째 주일에 한 사람당 1달러씩 헌금을 함으로써 이를 가지고 해외 선교 사업에 사용한다는 것이었다.

이 사업은 장로회신학대학교에 유학을 와 있는 제3세계 외국인 목사나 신학생들에게 매달 일정한 생활비와 학비를 보조해서 이들이 학업을 무사히 마치고 본국으로 돌아가 예수 그리스도의 복음을 잘 전하도록 하는 방식으로 운영되었다. 뿐만 아니라 해외에서 선교 활동을 하는 선교사들에게도 일부나마 생활비나 활동비를 지원해서 도움을 주고자 했다.

안동교회 이야기

1937년 4월 6일 석조 예배당 준공 기념으로 안동교회 교인들이 모여 잔치를 벌이고
사진을 찍었다. 둘째 줄 맨 왼쪽 노신사 옆에는 남루한 차림의 거지도 보인다.
복음과 양식을 나누는 데는 남녀노소와 빈부귀천이 없음을 잘 보여 주고 있다.

앞으로 4년 후인 1985년은 흑암의 이 땅에 복음의 씨가 심어진 지 100주년이 되는 뜻깊은 해입니다. 외국의 선교사들이 복음을 위해 갖은 고난과 핍박을 받았고 신앙의 선조들이 피 흘리며 수고한 장엄한 100여 년의 선교 역사 이래 오늘 우리는 전체 국민의 20퍼센트 이상이나 되는 성도 수를 자랑하고 있습니다. 특히 안동교회는 복음의 빚진 자라는 의식을 가지고 경북 북부 지역에서 선교의 모체로서 역할을 해왔으나 이제 눈을 밖으로 돌려 우리도 해외에 복음을 수출해야 할 때라고 생각되어 해외 선교를 위해 1불($)선교후원회를 조직하여 외국에 복음을 전파하고자 합니다.

이것이 1불선교후원회 발족 취지문이다. 40여 년 전에 쓰인 문장이지만 지금 현실에 바로 적용해도 고스란히 순종하고 따라야 할 그리스도인의 영원한 사명이었다.

이 헌금의 첫 번째 대상자는 파키스탄 사람으로 장신대에 유학 중이던 존 빅토말 목사였다. 지금까지 1불선교헌금은 일본, 대만, 필리핀, 우간다, 탄자니아, 가봉, 호주 등 세계 여러 나라 선교사와 신학생들에게 골고루 전달되었다. 이 1불선교운동은 그때부터 지금까지 단 한 달도 거르지 않고 잘 지켜오고 있다.

1989년 1월 29일에는 필리핀 라스바노스 지역 선교사로 신정식, 김행자 선교사 가족이 파송되었다. 마닐라에서 1시간 정도 떨어진 곳에 있는 라스바노스는 인구 3만 명 정도의 작은 도시다. 2층 건물을 얻어 개척을 시작한 신 선교사는 선교와 교육에 힘써 교인들이 점점 늘어갔다. 그러나 이후 선교사들끼리 갈등이 생겨 교회가 나뉘게 되자 안동교회에서는 여러 교회와 힘을 합쳐 라스바노스교회 건축을 서두르게 된다. 그 결과 1994년 6월 17일 라스바노스교회 본당 공사가 마무리되어 헌당 예배를 드리게 되었다.

그 이듬해에는 필리핀 현지인으로서 신학교를 졸업한 유세비오 목사를 담임목사로 청빙하여 목사 위임식을 거행했다. 한국 교회가 서양 선교사들에게 교회를 물려받은 것처럼, 안동교회가 인근 지역에 교회를 개척하여 독립시켰던 것처럼, 외국에 교회를 개척해서 현지인 목회자에게 목회를 맡기고 독립시킨 것이었다.

그 뒤 안동교회에서는 각 기관에서 꾸준히 선교 헌금을 보내면서 라스바노스교회의 부흥과 필리핀의 복음화를 위해 기도하고 있는 중이다.

1994년 10월 3일에는 동북아 선교를 목표로 중국 길림성 용정시에 있는 여명농민대학과 연변교회 사역을 위해 떠나는 장순영, 김정희 선교사 파송식이 안동교회에서 열렸다. 선교사의 꿈을 키우며 안동교회 부목사로 일하던 장 선교사는 유서 깊은 해란강변에 위치한 여명농민대학에서 학생들에게 영어를 가르치며 복음을 전하고 있다. 또한 안동교회 지원으로 완공된 연길교회에서 성경 공부와 전도를 담당하면서 중국 선교의 꿈을 키워가고 있다.

"1981년에 짜장면 한 그릇이 700원이었습니다. 그걸 기준으로

1불 선교를 시작한 겁니다. 지금은 짜장면 한 그릇에 4,000원이 넘습니다. 하지만 환율을 기준으로 1,500원을 1불로 계산하고 있습니다. 처음에는 300명 회원을 목표로 했는데, 현재 가족 단위로 회원이 1,000명이 넘습니다. 1불선교후원회가 생겼을 때 제가 군대에 있었습니다. 그런데 제대해 보니까 어머니가 제 이름으로 이미 1불 선교를 하고 계셨습니다. 제 아이가 셋인데, 저도 아이들 아직 돌도 안 지났을 때부터 그 아이들 이름으로 회원 가입을 해서 1불 선교를 하고 있습니다. 3대에 걸쳐 하는 거죠. 이렇게 대를 이어 1불 선교를 하는 가정이 많습니다.

지난 2009년 우리 교회가 100주년을 맞으면서 새로 시작한 것이 주 파송 선교사입니다. 먼저 다섯 가정을 파송했고, 지금까지 열세 가정을 파송했습니다. 50가정 100명을 보내는 게 목표입니다. 주 파송 선교헌금은 한 가정에 5만 원씩입니다. 파송만 하고 그치는 게 아니라 현장에 필요한 부분들을 꾸준히 지원하기 위해 교회 각 기관에서 십시일반으로 후원하고 있습니다. 꿈나무 교회에서도 하고 있는데, 이번에는 필리핀 선교지에 아홉 살 된 여학생 한 명이 얼굴에 혹이 나서 그걸 떼 주기 위해 한국으로 초청했습니다. 다음 주에 안동성소병원에서 진단을 받은 다음 수술하게 될 겁니다. 수술비 모금도 꿈나무교회에서 했습니다."

선교위원회 이완섭 장로의 설명을 들으니 교육은 물론 전도와 선교도 어릴 때부터 훈련을 받아야 제대로 할 수 있다는 생각이

들었다. 초등학교에 다니는 어린이들이 먼 타국에 있는 또래 친구의 아픔을 치유하기 위해 나서서 돕고 있다니 참 대단한 일이 아닐 수 없었다.

2009년 100주년을 맞은 안동교회가 야심차게 준비한 것은 '열방의 빛 2009 선교대회'였다. 안동과 경북 지역을 넘어 세계를 가슴에 품는 안동교회가 되어야 함을 선포한 것이다.

이번 선교대회를 통해 안동을 넘어 복음의 불모지와 같은 경북 북부 지역에 복음의 물결이 넘실대는 그리스도의 계절이 속히 올 수 있기를 기도하고 있습니다. 안동뿐 아니라 경북 북부 지역에 세워진 모든 주의 몸 된 교회가 현재의 침체를 딛고 부흥의 시간으로 나아갈 수 있는 기회가 되기를 소원합니다. 그러나 이번 선교대회에 보다 큰 목표를 전 가져 봅니다. 우리가 살고 있는 이곳에 전해진 복음이 머물러 있는 것이 아니라 안동에서 새롭게 출발한 복음의 파고波高가 태평양, 인도양 등 대해大海를 넘어 세계 열방으로까지 확대되어 열방의 빛이 되기를 기도하고 있습니다. 뿐만 아니라 초등, 중·고등, 대학·청년들이 선교의 비전과 열정으로 채워지는 성령의 역사를 기대합니다. 안동이라는 작은 도시가 선교의 열정으로 채워지는 순간을 기대합니다. 안동이 작은 도시이지만 세계 열방의 모든 도시 보다 인구 대비 파송 선교사의 수가 가장 많은 도시가 되기를 하나님께 간구하고 있습니다. 아니 이러한 꿈을 넘어 인구의 많고 적음에 관계없이 세계 열방 가운데 가장 많은 선교사를 파송한 도시로 기억되기를 소원합니다. 특히 세계 열방에 복음을 전하는 일꾼들 가운데 우리 어린이·청소년·청년 중에서 세계 선교를 이끌고 나갈 중심인물들이 배출되기를 기도합니다.

김승학 목사의 간절한 기도와 바람은 2011년에도 계속해서 이어졌다. 2년 전의 뜨거운 성령의 바람을 '열방의 빛 2011 선교대회'를 통해 다시 한 번 일으킨 것이다. 세계 선교를 향한 이런 열기들이 삶 속에서 꾸준히 실천되고 있는 것이 바로 주主 파송 선교사다.

2010년 1차로 다섯 가정을 동북아시아와 멕시코 등으로, 2011년 2차로 두 가정을 캄보디아와 동북아시아로 파송한 이후 2013년 3차로 세 가정을 네팔, 우간다, 동아시아 등으로 파송한 데 이어 2017년에는 4차로 세 가정을 로마, 이집트, 콜롬비아로 파송한 바 있다. 모든 후원과 기도는 교인들이 개인과 가정, 구역과 기관을 통해 자원해서 이루어지고 있다.

안동교회 예배당 1층 기도실 바깥벽에는 '복음으로 지구촌을 정복하는 그리스도의 증인들'이라고 적힌 커다란 세계지도 한 장이 붙어 있다. 이 지도의 중심은 대한민국이고, 대한민국의 중심은 안동이며, 안동의 중심은 안동교회다.

안동교회는 빨간색 동그라미로 표시되어 있고, 거기서 세계 각국으로 하트 모양의 화살표가 이어져 있다. 아프리카, 유럽, 오세아니아, 아시아, 러시아, 캐나다, 미국, 남아메리카 등 전 세계 여러 나라에 전부 화살표가 연결되어 있다. 안동교회에서 선교사를 파송했거나 후원하고 있는 선교사가 있는 지역을 일일이 표시한 것이다.

그 아래에는 '해외 선교의 발자취'와 '1불선교헌금'과 '주 파송 선교사'에 대한 안내가 자세하게 적혀 있으며, 각 기관에서 후원하는 선교사들의 이름과 가족, 기도 제목 등도 상세하게 기록되어 있다. 이와 함께 안동교회 주보에는 매주 '금주의 선교사'가 소개되고, 이들의 사역 내용과 기도 제목이 안내된다.

교인들은 교회를 드나들 때나 주보를 볼 때마다 늘 가슴 속에 세계 선교에 대한 꿈을 품으면서 헌금으로, 기도로, 봉사나 단기 선교로 이들을 후원하고 있다. 미국에서 평양으로, 그리고 평양에서 안동으로 옮겨진 복음의 불길은 이제 안동에서 다시 세계를 향해 활활 타오르고 있는 중이다.

이제 안동은
유교의 고장이 아니라
선교의 고장이다

2004년 7월 8일부터 23일까지 안동교회에서는 청년들을 중심으로 인도 첼루루 지역 단기선교를 다녀왔다. 장비호, 양성선 선교사가 섬기고 있는 이 지역 사람들은 대부분이 힌두교인들이다. 현지인들에게 복음을 전하고 아이들을 가르치는 와중에 교회 입당 예배도 드렸다. 교회 이름은 'Good Samaritan Church', 우리말로 하면 선한 사마리아인의 교회다.

단기 선교 팀은 첼루루 학교에서 준비해 간 인형극도 하고, 부채춤도 추면서 전도와 동시에 우리 문화도 널리 알렸다. 처음 보는 주민들과 함께 먹고 자고 마시며, 예배를 드리고 찬양하면서 하나님 안에서는 모든 세계인이 한 형제요 자매임을 느낄 수 있었다. 이 교회는 지금 새로 세워진 예배당에서 현지인인 나라아

나수아미 목사가 열심히 목회하고 있다.

"말도 통하지 않지만 하나님께서는 아이들의 눈망울을 통해 제게 말씀하셨습니다. '내가 이 아이들을 원하노라.' 두려운 마음이 앞서고 긴장감에 난 아무것도 할 수 없는 상황이었지만 내가 아닌 하나님께서 원하셨기에 할 수 밖에 없었고 하나님께서 하셨습니다."

"내가 사망의 구렁텅이에 빠지고 낙망할 때 강제로라도 내 손을 끌어 주시는 신실하신 하나님을 느끼고 만날 수 있었습니다. 이제는 주님의 손을 절대 놓지 않을 것을 다짐합니다."

단기 선교를 다녀온 청년들은 이렇게 고백하며 스스로에게 놀라고 있었다.

2005년에는 5개의 팀으로 나눠 중국, 미얀마, 필리핀, 일본, 베트남으로 단기 선교를 떠났다. 이를 위해 사전에 철저한 훈련을 실시했다. 단기 선교 팀들이 매주 모여 영어로 예배를 드리고, 영어로 성경 공부를 했으며, 〈사영리〉를 영어로 줄줄 외우기를 반복했다. 현지 사정에 대한 정보도 진지하게 수집했고, 기도에도 게으르지 않았다. 미리 준비를 잘해서 가면 준비한 만큼의 좋은 성과와 반응이 나타났다.

2005년 단기 선교 팀을 떠나보내며 김승학 목사는 다음과 같이 당부했다.

인도 첼루루 지역 단기 선교 중 열린 집회에서 안동교회 청년들이 주민들에게 성경책을 나눠주고 있다. 안동교회의 해외선교는 국내에서와 마찬가지로 분가식으로 이루어진다.

우리는 비록 연초부터 계획을 세우고 훈련해 왔지만 이제부터 치열한 영적 전쟁에 돌입했음을 인식해야 합니다. 영적 전쟁에 투입된 선교 십자군들은 영적으로 깨어 있어야 합니다. 하나님의 세미한 음성조차도 놓쳐서는 안 됩니다. 쉬지 않고 기도하면서 주님의 말씀을 붙들고 있어야 우리 앞에 펼쳐질 거룩한 전쟁에서 승리할 수 있습니다. 부족하고 연약한 모습임에도 불구하고 우리를 부르셔서 주의 일에 도구로 사용하시는 하나님의 은혜에 감사하며, 동시에 살아 계신 하나님의 역사를 믿음의 눈으로 목격하는 여름이

안동교회 이야기

되기를 기도합니다.

"하나님 일에는 시련은 있지만 실패는 없다"는 말이 있습니다. 그렇습니다. 교회는 지난 2000년 동안 많은 시련이 있었지만 실패 없이 성장해 왔습니다. 하나님의 일이었기에 때로는 배후에서, 때로는 전면에서 하나님께서 일하셨기 때문입니다. 저는 2005년 단기 선교를 계획하고 준비하는 모습을 통해 하나님께서 친히 일하고 계심을 확인했습니다. 그리고 선교 팀이 출발해서 마치고 돌아올 때까지 세밀한 부분까지 간섭하시고 일하실 줄로 믿습니다.

거룩한 하나님의 일에 하나님께서는 우리 안동교회를 동역자로 부르셨다고 생각합니다. 하나님의 동역자가 될 수 있는 기회를 주셨습니다. 이보다 영광스럽고 자랑스러운 일이 어디 있겠습니까? "주여, 나를 보내소서"라고 응답하며 우리는 출발합니다. 온 성도들은 자신의 심령에 거룩한 씨를 심고, 나아가 하나님의 형상으로 창조된 백성들에게 복음의 씨를 뿌리기 위해 세상으로 나아가는 사람들을 위해 기도의 끈을 끝까지 붙들고 계십시다. 하나님의 부름에 순종하며 거룩한 전쟁을 수행하기 위해 출발하는 대원들의 장도에 하나님의 선하신 인도하심을 기원합니다.

2006년 여름에는 파키스탄, 베트남, 필리핀으로 단기 선교를 갔다 왔다. 베트남은 비전터교회 학생들과 함께 어른들이 따라 갔고, 파키스탄은 최준식 전도사의 인솔로 카슈미르 지역에 가서 구호 활동을 하면서 현지 교회 여름성경학교를 진행했으며,

필리핀에서는 이병철 목사의 인도로 현지인들에게 집을 지어주는 일을 했다.

그런데 단기 선교를 떠나기 전 파키스탄에 엄청난 대지진이 발생하고 말았다. 최준식 전도사 일행은 이 대참사 앞에서 먼저 구호 활동하는 일에 팔을 걷어붙여야 했다. 나중에 정영태 선교사로부터 온 '하나님의 눈물'이라는 제목의 편지를 보면 파키스탄 현지 사정이 어떤지, 우리가 왜 순교를 각오하고 선교를 해야만 하는지를 가슴 저리도록 느낄 수 있다.

한국의 많은 의료진, 구호 팀들과 함께 구호 활동을 하면서 나는 비로소 하나님의 눈물을 보았다. 팔이 잘린 아이의 눈에서, 자식을 잃은 부모의 눈에서, 부모를 잃은 아이의 눈에서, 한없이 하늘을 향해서 통곡하는 사람들의 눈에서 하나님의 눈물을 보았다. 그래서 나는 이곳을 떠날 수가 없었고 한시도 잊어 버릴 수가 없었다.

"왜 이런 일이 일어나야 하나요?"

"내가 이들에게 무엇을 해야 하며, 하나님께서 원하시는 것은 무엇인가요?"

수많은 질문 속에서 긴급 구호 활동을 한 지 두세 달이 지난 뒤에야 파키스탄령 카슈미르 수도 뮤쟈파라바드에 있는 유일한 가정교회 공동체에서 그 해답을 찾을 수 있었다.

그 가정교회 공동체가 세워진 지는 벌써 23년이 되었고, 지도자는 뮤쟈파라바드 시내에서 청소업을 하면서 가난하게 살아가는 크리스천 중 한 사람이었다. 그가 이곳에 처음 왔을 때는 교회도, 믿는 가정도 없어서 세 가정으로 시작했지만 이제 자기 방 옆에 방 한 개를 더 빌려 교회를 시작해서 지금은 크리스천 가정의 수가 32가정이라고 했다. 대부분 가난해서 방 하나를 임대해서 근근이 살아가는 사람들이었고 직업은 모두 청소부였다.

그런데 지진이 일어나기 몇 달 전에 그 크리스천 공동체에서 여덟 살 먹은 한 소녀가 질병으로 시름시름 앓다가 죽었다고 한다. 그래서 그 공동체에서는 아이를 묻기 위해 시내와 카슈미르 전 지역을 다니며 묻을 자리를 찾으려 했지만 모슬렘들의 반대와 땅 주인들의 반대로 자리를 찾지 못했다. 이유인즉 카슈미르 땅은 모슬렘 땅이기 때문에 그곳에 크리스천을 묻으면 땅이 더러워진다는 것이었다.

할 수 없이 크리스천들을 대표한 각 가정의 가장들은 그 곳에서 500킬로미터나 떨어져 있는 크리스천의 발생지이며, 파키스탄 크리스천 조상의 90퍼센트 이상이 출생한 사르고다라는 지역으로 버스를 대절해서 소녀의 장례를 치르러 떠났다.

하지만 불행하게도 장례를 치르고 돌아오는 중에 교통사고가 나서 집안의 가장인 장년남자만 6명이 죽고 많은 사람들이 다치는 사건이 발생했다. 하루아침에 6명의 과부가 생겼고 많은 사람들이 다쳤는데, 그 사고로 죽은 사람들마저도 집 근처에 묻지 못하고 다른 지역 크리스천들이 묻히는 곳에서 장례를 치러야만 했다. 장례를 치르고 돌아온 크리스천들은 끝내 화를 참지 못하고 뮤자파라바드 시내의 청소부 일을 거부한 채 비가 오는 거리로 뛰어나가 울면서 소리치며 데모를 했다고 한다.

급기야 뮤쟈파라바드 시장이 달려오고, 매스컴에서도 이 사건을 다루는 바람에 파키스탄 대통령까지 알게 되어 무척 화를 냈다고 했다. 그제야 카슈미르 대통령은 뮤쟈파라바드 시내 한 구석에 크리스천 묘지로 사용할 땅을 내줄 것을 약속했지만 여전한 모슬렘들의 반대 때문에 1년이 훨씬 넘은 지금까지도 변한 게 없다고 한다.

나는 이 이야기를 들으면서 하염없이 눈물이 났다. 이 사회에서 가장 밑바닥 삶을 살면서 온갖 설움과 멸시를 다 받고도 죽어서까지 자기 몸 하나 원하는 곳에 누울 수 없는 불쌍한 믿음의 형제자매에 대한 한없는 동정심과 주님의 탄식을 느꼈기 때문이다. 하나님은 이들의 눈물과 탄식 기도를 통해서 그 많은 희생을 감수하면서까지 이곳에 복음이 들어오기를 희망하셨다는 사실이다.

구호 기간 동안 115개의 NGO(비정부기구)와 수많은 긴급구호 팀이 일했던 이 지역은 이제 외국 사람들이 거의 다 떠나고 몇 개의 유엔기구와 국제기구 사람들만이 나머지 구호 사역을 위해 활동하고 있다. 그러나 선교사는 단 한 사람, 바로 나만 남았다. 하나님의 눈물을 보게 하시고, 하나님께서 한없이 눈물을 흘리신 카슈미르…….

"주님, 나는 이제 어떻게 해야 하나요? 영원한 생명을 한 사람에게라도 더 주시기 위해 그 수많은 사람들의 희생을 감수하면서까지 복음의 문을 열어 놓으신 주님! 정작 구원받을 백성으로 작정된 한 사람의 영혼이 천하보다 더 귀하기에 그 한 영혼을 구원하기 위해 수백만 명의 희생이라도 감수하실 수 있는 주님! 그 사랑 때문에 죄 많고 허물 많은 나 같은 자도 택하셔서 선교

인도 첼루루 지역에 세워진 'Good Samaritan Church'.
붉은 빛깔 땅 위로 우뚝 솟은 하얀 예배당과 뭉게구름 떠가는 파란 하늘이 한 폭의 그림 같다.

사로 이곳까지 보내셨는데, 힘도 능력도 기댈 때도 없는 제가, 이제 어떻게 해야 하나요. 주님!"

이 질문을 수도 없이 하면서 지진 이후 이곳 피해 지역을 지금까지 60~70차례 오갔다. 그럼에도 불구하고 나는 북쪽 피해 지역에 대한 하나님의 간절한 소망을 알고 있기에 그 소망을 거절하지 못하고 중고 프라이드를 운전하며 죽음의 사선처럼 험하고 위험한 길을 8개월 동안 오가면서 카슈미르에 복지 센터를 세우고, 청소년들에게 컴퓨터를 가르치면서 제자 훈련을 하고, 또 간

혹 NGO에서 들어온 물품들을 나눠 주며 복음을 전하고 있다. "전파하는 이가 없으면 누가 들으리오." 이 말씀을 떨쳐 버릴 수가 없기에⋯⋯.

단기 선교가 3년째로 접어들었을 때 안동교회 청년들 중에서 첫 번째 선교사가 배출되었다. 베트남에 유치원 사역을 돕기 위해 파송된 권경희 선교사가 바로 하늘청년교회 출신 제1호 선교사다. 이후 안동교회 청년들은 권경희 선교사를 후원하기 위해 전체 청년들이 매달 계좌이체로 헌금을 모은 바 있다. 비록 한 명이지만 하늘청년교회의 선교 지향적 비전이 가시적으로 드러난 사건이기 때문에 기쁨은 말할 수 없이 컸다.

이후 단기 선교는 형식과 내용 면에서 더욱 알차게 진행되었다. 2007년 여름에는 장년교회 한 팀, 청년교회 한 팀 두 팀으로 나눠 장년 팀은 호주에서, 청년 팀은 베트남과 캄보디아에서 원주민 사역을 하고 돌아왔으며, 2010년 여름에는 청년들과 장년들이 한 팀이 되어 8박 9일 동안 인도 쳉마리 마을에서 어린이들을 위한 성경학교와 마을 봉사 그리고 빌리지 사역을 진행하고 돌아왔다. 같은 해 여름 중고등부 학생들과 교사들로 구성된 비전터교회 팀과 초등부 학생들과 교사들로 구성된 꿈나무교회 팀은 각각 필리핀 리빠로 비전 트립을 다녀왔다. 아울러 2012년 겨울에는 꿈나무교회 어린이들과 교사들이 한 팀이 되어 캄보디아 씨엠립 선교지로 단기 봉사를 다녀왔으며, 비전터교회 학생들과 하늘청년교회 청년들, 그리고 장년들이 한 팀이 되어 캄보디아 프놈펜 선교지로 단기 봉사를 다녀오기도 했다.

안전하고 편안한 길을 마다하고 1922년 중국 산동성 선교사로 떠났던 2대 담임 이대영 목사, 장로교와 감리교 연합인 조선예수교연합회의 파송을 받아 1929년 일본 오사카 선교사로 떠났던 4대 담임 박상동 목사, 그리고 한국의 썬다 싱으로 불리는 불굴의 복음 전도자 김수만 장로의 후배들로서 이제 안동교회 청년들은 안동과 대한민국을 넘어 세계를 가슴속에 품고 있는 중이다.

안동교회 200년을 향한
새로운 발걸음

"안동은 장점이 참 많은 고장입니다. 사람들의 정적인 성품도 장점입니다. 포용력이 큰 것도 장점입니다. 내 주관을 확실하게 지키는 것도 장점입니다. 여간해서는 흔들리지 않는 믿음도 장점입니다. 이런 장점을 가진 안동이 복음화 되어 예수 마을로 변하기만 한다면 정말 대단한 힘이 될 겁니다. 땅 밟기를 하고 총동원주일 행사를 하면서 다들 이런 비전을 갖게 되었습니다. 교인들이 예전과는 분위기가 많이 달라졌다고 이야기합니다. 안동은 인구가 줄어들고 있는데, 우리 교회는 점점 성도들이 늘고 있으니 희망적이지요. 이제 안동은 전통의 고장을 넘어 활력이 넘치는 젊음의 고장으로 변하리라고 믿습니다."

2006년 여름 안동교회에서 사역하던 이병철 부목사는 힘주어 이렇게 말했었다.

"제가 신학대학원을 졸업하고 첫 사역을 시작한 곳이 안동교회입니다. 2008년 초에 전도사로 부임했죠. 제 고향이 경남 하동이라 안동에 대해서는 잘 알지 못했어요. 그런데 첫 번째 주일에 어떤 백발의 장로님께서 오시더니 몸이 좋지 않아 이사 오는 날 가보지 못했다면서 미안하다고 90도로 인사를 하시는 거예요. 새파랗게 젊은 전도사한테 말이죠. 깜짝 놀랐습니다. 너무 황송해서 어쩔 줄 몰랐죠. 안동교회에서 일하면서 쭉 지켜보니까 우리 교회가 정말 좋은 목회 전통과 토양을 가지고 있습니다. 교인들에게 목회자에 대한 존경과 예우가 몸에 배어 있습니다. 누가 가르쳐서가 아니라 어른들과 선배들을 보면서 자연스럽게 체득한 거예요. 담임목사님이나 부교역자들이 소신껏 사역할 수 있도록 묵묵히 협조합니다. 제가 10년 동안 교인들로부터 목사님 그러면 안 됩니다, 하는 소리를 한 번도 들어본 적이 없습니다. 당회나 제직회도 거의 30분을 넘지 않아요. 길어질 일이 없죠. 대부분 만장일치입니다. 속으로 다른 의견을 가지고 있더라도 교회 전체가 덕을 세우도록 말하지 않고 참고 기다립니다. 교인들은 장로님들을 믿고, 장로님들은 목회자들을 믿는 거죠. 다른 교회들 이야기를 들어보면 그렇지 않은 교회가 참 많습니다. 역대 담임목사님들 또한 대단히 훌륭한 분들이셨고요. 김승학 목사님 보면 정말 놀랍습니다. 그 흔한 골프장, 헬스장 한 번 안 가시고, 등산이나 여행도 모르시고, 연휴 때도 쉬시는 적이 없어요. 부목사들은 다들 휴가 가는데, 담임목사님은 아무 데도 안 가고 교회를 지키세요. 이렇게 110년을 쌓아온 전통과 문화, 이게 절대로 간단치 않습니다. 안 될 수가 없는 교회입니다. 뭘 해도 되는 교회예요."

예배와 행정을 맡아 10년째 안동교회를 섬기던 김인태 부목사는 2017년 가을 어느 날 내게 이렇게 말한 적이 있었다.

정말 그랬다. 그저 선비의 고장, 전통이 살아 있는 지역, 하회마을이 아름다운 동네로만 알았던 안동에 안동교회가 있었다는 사실은 충격이었다. 그런데 더 충격적인 것은 취재를 하면 할수록 알토란같은 기막힌 이야기와 고귀하고 순수한 신앙 간증, 정말 본받고 싶고 존경하지 않을 수 없는 장면들이 계속해서 쏟아져 나왔다는 것이다.

안동교회는 한국 교회가 따르고 배우고 본받아야 할 훌륭한 전통과 역사를 가진 교회다. 오직 하나님의 영광을 위하여 존재하는 이런 교회가 한국에 더 많이 나오기를 위해 기도해야 하며, 구체적으로 이를 실행에 옮겨야 한다고 생각한다.

그리고 지금 안동교회는 빠른 속도로 변화하고 있다. 선교 2세기를 맞아 안동교회는 안동 땅을 예수 마을로 만들고, 지역 사회를 변화시켜, 이제는 안동을 넘어 세계를 향해 나가려는 비전을 품고 꿈틀거리는 중이다.

김승학 목사는 젊다. 그는 뜨겁다. 두려움이 없다. 꿈이 많다.

그래서 더 젊다.

교회 창립 100주년을 앞두고 김승학 목사는 안동교회의 사명 선언을 발표했다.

오늘의 키워드는 변화입니다. 지금까지 그러했듯이 안동교회는 때론 단기적인 계획 하에, 때론 중장기적인 플랜을 가지고 지역 교회와 지역 사회, 그리고 한국 교회를 선도하며 급변하는 현실에 능동적으로 대처해 나가야합니다. 따라서 시대적 상황을 살펴 오늘과 내일의 교회와 사회를 이끌어 나갈 리더십을 갖춘 성도들을 훈련시킬 목회 계획을 수립하는 것은 매우 중요한 일이라고 할 수 있습니다. 교회 창립 100주년을 맞이하게 될 우리 안동교회는 안동교회 성도들만을 위한 교회가 아니라 지역 사회의 모든 교회를 위한 교회, 한국의 교회를 위한 교회, 그리고 세계의 교회를 위한 하나님의 교회를 향하여 거룩한 꿈을 꿔야 한다고 생각합니다. 더 크고, 더 넓고, 더 높은 이상을 가져야 할 때입니다.

제가 소원하고 지향하는 교회는 말씀과 믿음의 훈련으로 헌신된 성도들이 섬김과 사랑의 삶을 통해 거룩한 영향력을 회복하여 삶의 자리에서 하나님의 영광을 나타내고 이웃의 기쁨이 되는 것입니다. 성령의 인도와 역사가 신앙 공동체를 지배함으로써 성도는 믿음 안에서 서로 위로하고, 격려하며, 은혜 가운데 거함으로써 천국에서의 삶을 이 땅에서 미리 경험하고, 더나아가 섬김과 나눔을 통해 건강한 교회 상을 수립하여 하나님의 나라가 확장되는 것이 목표입니다. 교회의 사역과 성도의 삶의 모습을 통하여 하나님 나라의 비밀이 자연스럽게 드러나며, 이렇게 함으로써 하나님의 나라가 누룩처럼 안동 지역에 확장되기를 소원합니다. 이를 위해 우리 안동교회는 다음과 같은 일에 하나가 되어 함께 나가야 합니다.

1. 전통과 현대가 조화를 이룬 공동체로서의 교회
2. 한국 교회와 지역 사회에서 리더십을 발휘하는 공동체로서의 교회
3. 뜨거운 영성을 회복하는 공동체로서의 교회
4. 가정을 치유하고 회복시키는 공동체로서의 교회
5. 미래의 지도자를 세우는 양육 공동체로서의 교회
6. 소그룹이 활발하게 운영되는 공동체로서의 교회
7. 전문적인 평신도 사역자를 양성하는 공동체로서의 교회

여러 가지 상황을 신중히 고려해 계획을 세운다 할지라도 우리 삶의 여정은 오직 하나님의 손에 달려 있습니다. 동일하게 교회의 미래도 하나님의 인도하심에 따라 결정됩니다. 지금까지 그랬던 것처럼 겸손히 하나님 앞에 무릎 꿇고 성령님의 인도하심을 기대합니다. 창립 100주년을 맞이할 우리 교회의 아름다운 미래를 위해 온 성도가 일어나 함께 한 마음을 가지고 주님께 영광과 기쁨을 드리며, 데살로니가교회처럼 온 지역에 아름다운 소문이 퍼져 나가는 교회가 되기를 소원합니다.

안동에는 아름다운 다리 하나가 있다. 안동댐 아래 있는 '월영

환하게 불이 밝혀진 석조 예배당 위로 보름달이 두둥실 떠올랐다.
100주년기념관의 십자가와 'SOLI DEO GLORIA'가 묘하게 조화를 이룬다.
다가올 안동교회의 100년이 지나온 100년보다 더욱 찬란하게 빛나기를 소망해 본다.

교月映橋'라는 다리다. 바닥과 난간을 나무로 만들어 놓은 다리로
서는 우리나라에서 제일 긴 다리라고 한다. 이 다리는 낮에도 물
론 아름답지만 나는 밤에 달빛 아래 펼쳐지는 풍경이 가장 마음
에 와 닿는다. 약간 안개 낀 보름달 뜬 밤에 월영교를 조용히 거
닐면 모든 잡념이 사라지고 마음이 평온해지면서 깊은 신비감에
휩싸인다. 이 다리를 연인이 손을 잡고 끝까지 한 번 걸으면 절대
헤어지지 않는다고도 한다.

안동은 참 달이 예쁜 고장이다. 그 예쁜 달을 가장 멋지게 바라볼 수 있는 곳이 바로 월영교 중간에 있는 달맞이 정자다. 넉넉한 어머니의 미소처럼 안동을 내려다보는 보름달 아래, 달덩이 하나를 가슴에 품고 유유히 흘러가는 낙동강 물결을 바라보면서 이 달과 강을 만드신 하나님께 기도를 드렸다. 안동교회를 알게 해주셔서 감사하다고, 안동교회 같은 교회가 이 땅에 많이 세워지게 해달라고, 안동교회 사람들처럼 살게 해달라고, 안동교회 사명선언이 꼭 이루어지게 해달라고, 김승학 목사의 소박한 꿈과 소원이 성취되게 해달라고.

"반 턴 멘! 쭈아 다 멘 트엉 반 룩
반 브어 롯 롱 라 쫀 더이 송 루온 루온 타이 허 랑 띤 예우 어 이 콩 파이 낫 더우.
반 턴 멘! 쭈아 다 멘 트엉 반 룩
반 브어 롯 롱 라 쫀 더이 송 루온 루온 타이 허 랑 띤 예우 어 이 콩 파이 낫 더우."

12년 전 어느 깊어가는 가을 밤, 다시 교회로 돌아왔을 때 불켜진 교육관 창 너머로 나지막한 노랫말이 흘러나오고 있었다. 리듬은 알 것 같았지만 어느 나라 말인지 통 알 수가 없었다.

안동교회 이야기

"당신은 사랑받기 위해 태어난 사람

당신의 삶 속에서 그 사랑 받고 있지요.

당신은 사랑받기 위해 태어난 사람

당신의 삶 속에서 그 사랑 받고 있지요."

이 찬양이었다. 베트남 단기 선교를 다녀온 비전터교회 학생들이 모여 그때 익혔던 찬양을 베트남어로 다시 부르고 있었다. 예배당 앞 돌계단에 앉아 커피를 마시며 조용히 눈을 감고 찬양을 감상했다. 100년 전 미국인 선교사들에게 둘러싸여 노래를 배우고 성경 공부를 하던 예배당 풍경과 베트남으로 복음을 전하러 떠났던 어린 학생들이 저녁 시간까지 현지어로 찬양을 부르고 있는 지금의 모습이 오래된 영상처럼 아련하게 겹쳐졌다.

저녁 어스름에 교인 묘지를 바라보며
안동교회를 생각하다

안동을 찾을 때마다 제일 먼저 들르는 곳은 안동교회 교인 묘지다. 와룡면 라소리 산 172번지에는 야트막한 산등성이가 이어져 있다. 그다지 먼 거리가 아니고, 오르내리기 좋게 초입까지 포장이 되어 있지만 가파른 기울기 때문에 차를 타고 올라가면 운전이 아찔하고, 걸어서 올라가면 겨울에도 땀이 날 정도다. 그런데도 통과의례처럼 이곳을 먼저 들르는 이유는 두 가지다. 하나는 돌아가신 어른들께 인사를 드리기 위함이요, 다른 하나는 마음을 다스리고 정화하기 위함이다. 저녁 어스름 혹은 비나 눈이 올 때 느낌은 더욱 애잔해진다.

좁지만 운치 있는 산길을 따라 맨 오른편 정자 아래쪽으로 내려가면 회색 갓이 씌워진 비석 하나가 눈에 띈다. 임학수 목사 내외의 합장묘다. 1884년에 태어나 1969년에 하나님의 부르심을 받은 임학수 목사와 1879년에 출생해 1966년에 소천한 부인 박계남 성도가 나란히 누워 잠든 곳이다. 1894년에 혼례를 치렀으니 무려 72년 동안이나 해로한 셈이다.

'21세에 궁내부주사를 받았고, 이듬해 22세에 을사조약 후 나라의 근심이 심하여 서양과 국교할 목적으로 기독교에 들어왔다. 허다한 박해를 받으면서 성경을 연구하고 참된 신앙생활을 했다. 평양신학교를 졸업하고, 즉시 목사의 직분을 받아 복음 사업에 일생을 바쳤다.'

한학자답게 그의 묘비는 유려한 필체의 한문으로 촘촘히 매워져 있다. 하지만 족보를 뺀 그의 삶을 한글로 번역하면 단 세 문장이다. 궁내부주사宮內府主事는 왕실에 관한 일을 총괄하는 관청의 6품 벼슬이었다. 고종황제는 근대화와 관련된 사무를 궁내부에 배치해 직접 관장했다고 한다. 관료로 입신양명할 길이 열렸으나 이를 마다하고 기독교에 입문한 것이다. 동기는 애국심이었다. 을사늑약으로 국운이 기울어져 가는 것을 목도하면서 기독교에 새로운 희망이 있음을 깨달은 것이다. 안동 양반가 출신으로 벼슬까지 지낸 사람이 하루아침에 예수쟁이가 된 데다 신학교를 나와 목사가 되었으니 그가 집안이나 지역 사회로부터 받았을 비난과 조소는 '허다한 박해'라는 표현만으로 함축되기 부족할 지경이었을 것이다.

그가 기독교에 입문해 목사가 되어 성경을 연구하고 참된 신앙생활을 이어가며 복음 사업에 일생을 바친 것은 유림의 고장 안동에 복음이 뿌리내리고 교회가 세워진 역사 그 자체였다. 봄부터 가을까지 그의 묘소 주변에는 이름 모를 들꽃들이 수시로 피었다 지고 사방에서 벌과 나비가 하염없이 날아든다. 나는 그의 묘소를 참배할 때마다 박해와 인내를 되새긴다.

눈을 들어 멀리 바라보면 지평선처럼 굽이굽이 펼쳐진 산골짜기들이 눈에 들어온다. 노을이 질 때면 하늘이 붉은 빛으로 물들다가 급기야 지평선 너머로 태양이 뚝 떨어지며 자취를 감춘다. 계단식으로 깔끔하게 단장된 묘역에는 저마다 수많은 사연들을 간직한 교인들의 무덤이 자리하고 있다. 안동교회 첫 예배자 중 한 사람인 강복영 권찰의 묘는 바라보는 것만으로도 많은 울림과 감동을 준다. 그는 예전 교육관 자리에 있던 선교사 사택에서 선교사들의 수발을 들었을 것으로 추측되는 인물이다. 1910년 8월 18일, 안동교회 최초로 학습을 받은 그는 선교사들이 금곡동에 사택을 건축하고 이사한 후에도 어머니와 함께 선교사 사택에 거주하며 예배 때마다 안동교회 종을 치는 종지기로 일했다고 한다. 1930~1940년대에 예배당 종을 쳤으니 일직교회 종지기였던 권정생 집사보다 선배였던 셈이다. 당시는 예배당 종을 치며 교회 경내에 거주하던 사람을 수호인守護人이라고 불렀다. 현재 선교관과 안동유치원 사이에 있는 주차장이 옛날에는 넓은 밭이었는데, 그는 이곳에서 농사를 지으며 살았다. 1965년 5월 25일 그가 하나님의 품에 안겼을 때 안동교회에서는 교회장敎會葬으로 장례를 치르고 안막동 자택 뒷산에 고이 안장했다가 2013년 안동교회 묘지로 이장했다.

강복영 권찰의 묘 옆에는 그의 아버지 강만성과 어머니 원화순의 합장묘가 나란히 조성되어 있다. 아들과 함께 안동교회 첫 예배자 중 한 사람인 원화순 성도는 일찍이 북후면 옹천리를 떠나 안동읍에 거주했을 것으로 추정된다. 그녀는 주일마다 아들을 데리고 장장 50리 길을 왕래하며 1907년 영주군 지곡리에 세워진 지곡교회에서 예배를 드렸던 믿음의 사람이었다. 그러다 안동읍에 교회가 설립되면서 이들 모자는 안동교회 초대교인이 된 것이다. 원화순 성도는 1910년 8월 18일 아들과 더불어 안동교회 최초로 학습을 받았고, 1911년 3월 2일에는 세례를 받았다. 안동교회 첫 학습자와 첫 세례자가 된 것이다. 이들은 대한제국에서 일제강점기로 이어지는 망국과 식민의 시련기에 굳은 의지로 예수를 믿으며 새 세상을 꿈꿨다. 복영福永이라는 자기 이름대로 영원히 복된 곳에서 평안함을 누리고 있을 그를 생각하면 고난과 시련 속에서도 항상 따사롭기만 한 주님의 평강과 은총이 절로 느껴진다.

맨 위쪽에 새로 꾸며진 묘소에는 김광현 목사 부부와 김기수 목사가 안식하고 있다. 오른쪽 봉분이 김광현 목사와 최의숙 권사의 합장묘고, 왼쪽 봉분이 김기수 목사의 묘다. 오늘날 안동교회의 초석을 놓고 기틀을 잡은 두 거인이 한자리에 나란히 누워 있는 것이다. 두 목회자의 재임 기간을 합치면 무려 61년에 달한다. 이들이 남긴 흔적과 자취는 아직도 안동교회라는 강의 저변을 흘러가는 도도한 물줄기다. 교회의 주인은 예수 그리스도이고, 신앙생활의 중심은 말씀이며, 기독교인의 삶은 끝없는 섬김과 나눔의 실천이라는 것을 평생 동안 온몸으로 증언한 지도자들이다. 이 묘소를 거닐 때면 나를 향해 지그시 미소 짓던 세 어른의 얼굴이 떠오른다. 행복한 순간이다. 하지만 한편으로 예수 잘 믿는다는 것이 얼마나 막중한 사명감과 책임감이 뒤따르는 일인지를 뼛속 깊이 절감하게 되는 순간이기도 하다.

전 보통 혼자 산꼭대기에 있는 묘지에 갑니다. 누구와도 동행하는 일이 없습니다. 수많은 무덤이 있는 묘지가 외딴 곳에 있어 대개의 경우 묘지에 혼자 있음에도 불구하고 겁나지 않습니다. 아마 그리스도 안에서 모두가 한 가족이기 때문일 것입니다. 또한 섬긴 때는 다르지만 할아버지, 할머니, 아버지, 어머니, 형제, 자매처럼 동일한 안동교회를 섬겼고, 또한 섬긴다는 생각은 그리스도 안에서 친숙하게 만듭니다. 설령 동시대에 이 세상에서 함께 호흡한 적이 없더라도 전 그분들의 아들, 손자라고 생각하기에 친숙함을 갖고 무덤 앞에 섭니다. 때로는 그분들의 아들, 딸, 손자, 손녀들을 알고 있기에 마치 한자리에서 함께 예배를 드린 적이 있는 것처럼 생각하고 무덤 앞에 섭니다. 그래서 외딴 산꼭대기 넓은 묘지에 혼자 있어도 두렵기 보다는 믿음의 선배들과 대화에 열중할 수 있나 봅니다. 무덤에 가면 시간이 얼마나 빨리 가는지 모릅니다. 잠시 잠깐씩 묘지 앞에 서 있는 것 같지만 묘지에 머무는 시간은 생각보다 길어집니다.

묘 앞에 서서 믿음의 선배들에게 전 질문합니다. 제가 고민하고 있는 것을 묻습니다. 이들의 답변을 기다리면서 묻고 또 묻습니다. 그리고 답을 기다립니다. "옛날을 기억하라. 역대의 연대를 생각하라. 네 아버지에게 물으라. 그가 네게 설명할 것이요. 네 어른들에게 물으라. 그들이 네게 말하리로다." (신 32:7) 전임 목사님 세 분이 함께 계시는 것이 제게는 큰 힘이 됩니다. 상원로목사님이 교회 묘지로 오심으로 인해 한자리에서 믿음의 거인들을 만나고 대화할 수 있는 기회가 생겨 얼마나 감사한지 모릅니다. 임학수 목사님 무덤 앞에 서서 이전에도 물어왔고, 앞으로도 전 물을 것입니다. 목회에 관한 제諸 문제가 있을 때 상원로목사님 묘 앞에 설 것입니다. 쓸쓸하고 외로울 때 원로목사님 무덤 앞에서 목사님과 대화할 것입니다. 교회 묘지에 계신 아버지, 어머니와 같은 분들의 묘 앞에 서서 전 물어왔고, 앞으로도 물을 것입니다. 그리고 그분들의 설명을 기다려왔듯이, 앞으로도 기다릴 것입니다. 또한 묘지 앞에서 어른들에게 물어왔었고, 또 물을 것입니다. 그분들이 제가 질문한 것에 대답할 것을 기대하며 또 물을 것입니다. 그리고 지혜로운 답변을 기다릴 것입니다. 앞으로도 전 계속해서 묘지가 있는 산을 오를 것입니다. 그리고 반갑고 기쁘고 평안한 마음으로 무덤 앞에 서서 이들과 대화할 것입니다.

김승학 목사는 '무덤 앞에서의 대화'라는 글에서 이렇게 고백했다. 고민이 있을 때마다, 위로받고 싶을 때마다, 중요한 결정을 내릴 때마다, 그리고 기쁘고 감사한 일이 있을 때마다, 놀랍고 감격적인 일이 생길 때마다 홀로 교인 묘지에 올라 신앙의 선배들에게 질문을 던지고 대화를 나눈다고 했다. 이 얼마나 행복한 일인가? 얼마나 아름다운 장면인가?

땅거미가 안개처럼 내려앉았다. 내려가야 했다. 풀벌레 우는 소리가 더 요란해졌다. 나는 교인 묘지에 올라왔다 내려갈 때마다 감사 기도를 드린다. 안동교회를 향하신 하나님의 오묘한 섭리와 신앙의 초심을 잃지 않은 믿음의 선배들에게 대한 충심 어린 감사다. 오늘은 다른 기도를 드리고 싶었다. 좀 무거운 기도였다. 하지만 어느 때보다 간절한 기도였다.

"주님, 10년 후, 20년 후 제가 다시 안동교회를 방문했을 때도 지금처럼 감격스럽고 행복할 수 있게 해주십시오. 10년 후, 20년 후 제가 다시 교인 묘지를 찾았을 때도 오늘처럼 기쁘고 감사한 마음으로 선배들을 대면하며 대화할 수 있게 해주십시오. 제가 현세의 삶을 마치고 하나님의 부르심을 받은 뒤에도, 아니 100년, 200년 뒤에도 안동교회는 선배들이 목숨 걸고 지켜온 신앙의 초심과 중심을 잃지 않고 안동과 이 조국의 어머니 교회 역할을 충실히 감당할 수 있게 해주십시오. 그리고 이 땅 위에 제2, 제3의 안동교회, 아니 셀 수 없이 많은 안동교회들이 세워지게 해주십시오. 예수님의 이름으로 기도드립니다. 아멘!"

안동교회 교인 묘지에 있는 임학수 목사 내외의 묘소. 한여름 갖가지 들풀과 야생화가 만발해 있다. 묘비에 새겨진 대로 그는 허다한 박해를 받으면서 성경을 연구하고 참된 신앙생활을 하다가 하나님의 부르심을 받았다. 예수 잘 믿는다는 것이 얼마나 막중한 사명감과 책임감이 뒤따르는 일인지를 뼛속 깊이 절감하게 된다.

안동교회 이야기

Andong Church Story: The Church That We Ever Dreamed of

지은이 유승준
펴낸곳 주식회사 홍성사
펴낸이 정애주
국효숙 김기민 김서현 김의연 김준표 김진원 박세정 송승호 오민택
오형탁 윤진숙 임승철 임진아 임영주 정성혜 차길환 최선경 허은

2018. 8. 8. 초판 1쇄 인쇄 2018. 8. 24. 초판 1쇄 발행
등록번호 제1-499호 1977. 8. 1.
주소 (04084) 서울시 마포구 양화진4길 3 전화 02) 333-5161 팩스 02) 333-5165
홈페이지 hongsungsa.com 이메일 hsbooks@hsbooks.com 페이스북 facebook.com/hongsungsa
양화진책방 02) 333-5163

ISBN 978-89-365-1304-7 (03230)